汲古選書 44

わたしの中国

―旅・人・書冊―

多田狷介 著

はじめに

一九八六年から二〇〇四年にわたって発表した中国に関わりのある文章を集めて一書を編むことにした。各々分量もスタイルもまちまちであるが、計一七編になる。これらをⅠ・Ⅱ・Ⅲに分類し、組み合わせ、配列した。

Ⅰは旅の部として、旅日記に類するものを集めて第一章から第六章に配列した。第一章「甲戌游華録」は一九九四年夏、約一箇月の中国旅行の日録。もと乾・坤と二回に分けて日本女子大学史学研究会の機関誌『史艸』三七号（一九九六年一一月）・同三八号（一九九七年一一月）に掲載した。今回、乾・坤の別を廃して一章とした。第二章から第六章までは、一九九五年夏の約一箇月の中国旅行の日録がもとになっている。原日録を分割リライトして書肆他の時々の個別の求めに応じて成稿した。それらを、発表順でなく旅の道順で配列した。各々の初出は以下のとおり。第二章の原題は「中国歴史紀行（一）――山東省に漢画像石を訪ねる――」、『歴史と地理』通巻五五六号（山川出版社　二〇〇二年八月）原載。第三章の一・二・三は中国語友の会編／内山書店刊の雑誌『中国語』の一九九七年の一〇月号・一一月号・一二月号に、それぞれ「東北断章①　ハルビン」・「東北断章②　ハルビンから長春へ」・「東北断章③　長春」という標題で連載したもの。第四章の原題は「中国歴史紀行（二）――内蒙古自治区和林格爾の漢画像墓未見の記――」、『歴史と地理』通巻五五九号（山川出版社　二〇〇二年一一月）原載。第五章「寧夏回族自治区銀川市にて」は原題のとおりで、『水戸一高31会還暦記念論文集　華甲』（一九九八年三月）原載。第六章の原題は「一九九五年夏の西安」、『呴沫集』一一（二〇〇四年三月）原載。

Ⅱは人の部とした。彭湃を紹介した第七章は『史艸』二六号（一九八五年一一月）原載。ダッシュの中が原題。何茲全を紹介した第八章は『史艸』四一号（二〇〇〇年一一月）原載。同じくダッシュの中が原題。第九章は雑誌『中国語』の二〇〇三年の七月号・八月号・九月号の専家漫筆という巻頭頁に「中国戦線における日本歌人」という標題で連載、順次三人を紹介したもの。

Ⅲは書冊の部とした。第十章から第十三章まで、標題は原題と変わらない。原載誌・時を附記する。第十章「〈書評〉薛紹銘著『黔滇川旅行記』」（『史艸』二九号　一九八八年一一月）。第十一章「〈書評〉薩空了著『由香港到新疆——香港から新疆へ——』」（『史艸』三〇号　一九八九年一一月）。第十二章「一九三三年秋の河西回廊——〈紹介〉明駝著『河西見聞記』——」（『日本女子大学文学部紀要』五三号　二〇〇四年三月）。第十三章「秦代郷里社会での出来事——雲夢睡虎地秦墓竹簡・封診式より——」（『世界史A指導資料』実教出版　二〇〇三年四月）。Ⅲの書冊中とりあげた三種は民国期の中国人の旅行記である。それ故Ⅰに分類することも出来るが、Ⅰはわたし自身の旅に限ることにし、旅・人・書冊と三部になるようにした。実教出版の高等学校の教科書『世界史A』の分担執筆者に名前を連ねているが、仕事の一端として『指導資料』の執筆があった。第十三章はそのために成稿。封診式中の「穴盗」の節に見える家屋の間取りや塀の配置等に関する愚見を留めて置きたく、捨てるに忍びがたかった。一章にすぎないが簡冊に関わるものを拾ったので、Ⅲは「書物」や「書籍」でなくて「書冊」とした。

なお各章の内容は初出のままを原則としたが、一書にまとめるために表記法その他、最小限の修正、加工を施したところがある。第十三章の跪射俑以外のすべての写真は著者の撮影による。

目次

はじめに

I部 旅

第一章 甲戌游華録 …… 三
第二章 山東省に漢画像石を訪ねるの記 …… 一〇八
第三章 東北断章 …… 一二四
一 ハルビン …… 一二四
二 ハルビンから長春へ …… 一二八
三 長春 …… 一三三
第四章 内蒙古自治区和林格爾《ホリンゴル》の漢画像墓未見記 …… 一三八
第五章 寧夏回族自治区銀川市にて …… 一五三
第六章 西安——法門寺往還の記 …… 一五七

II部 人

第七章 彭湃――〈書評〉華南農学院馬列主義教研室 広東海豊県紅宮紀念館《彭湃傳》編写組『彭湃傳』――……一七一
第八章 何茲全――〈書評〉何茲全著『愛国の一書生――八十五歳の自叙――』……一九〇
第九章 中国戦線における日本歌人……二二三
一 渡辺直己……二二三
二 宮柊二……二二四
三 水飼瑛……二二六
Ⅲ部 書冊
第十章 〈書評〉薛紹銘著『黔滇川旅行記』……二三一
第十一章 〈書評〉薩空了著『由香港到新疆――香港から新疆へ――』……二五四
第十二章 一九三三年秋の河西回廊――〈紹介〉明駝著『河西見聞記』――……二八四
第十三章 秦代郷里社会での出来事――雲夢睡虎地秦墓竹簡・封診式より――……三二五
あとがき……三三九

Ⅰ部　旅

第一章　甲戌游華録

例　言

一　本章は一九九四年夏、約一箇月間の中国旅行の日録である。

二　原本はJET-ACE Desk MemoryというA5版型のノート。一頁横書き二八行、一行におおよそ二〇字から二五字ほどが記され、一六二頁にわたる。その間に、領収書の類、レストランの箸の紙袋、新聞の切り抜き等が貼り付けてあったりする。新聞の切り抜きは、浄書の際に日本語に翻訳した。

三　浄書に際しては原本のとおりを原則としたが、多余にすぎると思われる部分などを削除し、修正した。また若干を補筆した。

四　アラビア数字の一連番号で示した注は浄書の段階で付した。

五　旅行時、人民幣一元が一二日本円前後、一U.S.$はほぼ一〇〇日本円。

旅程概略図

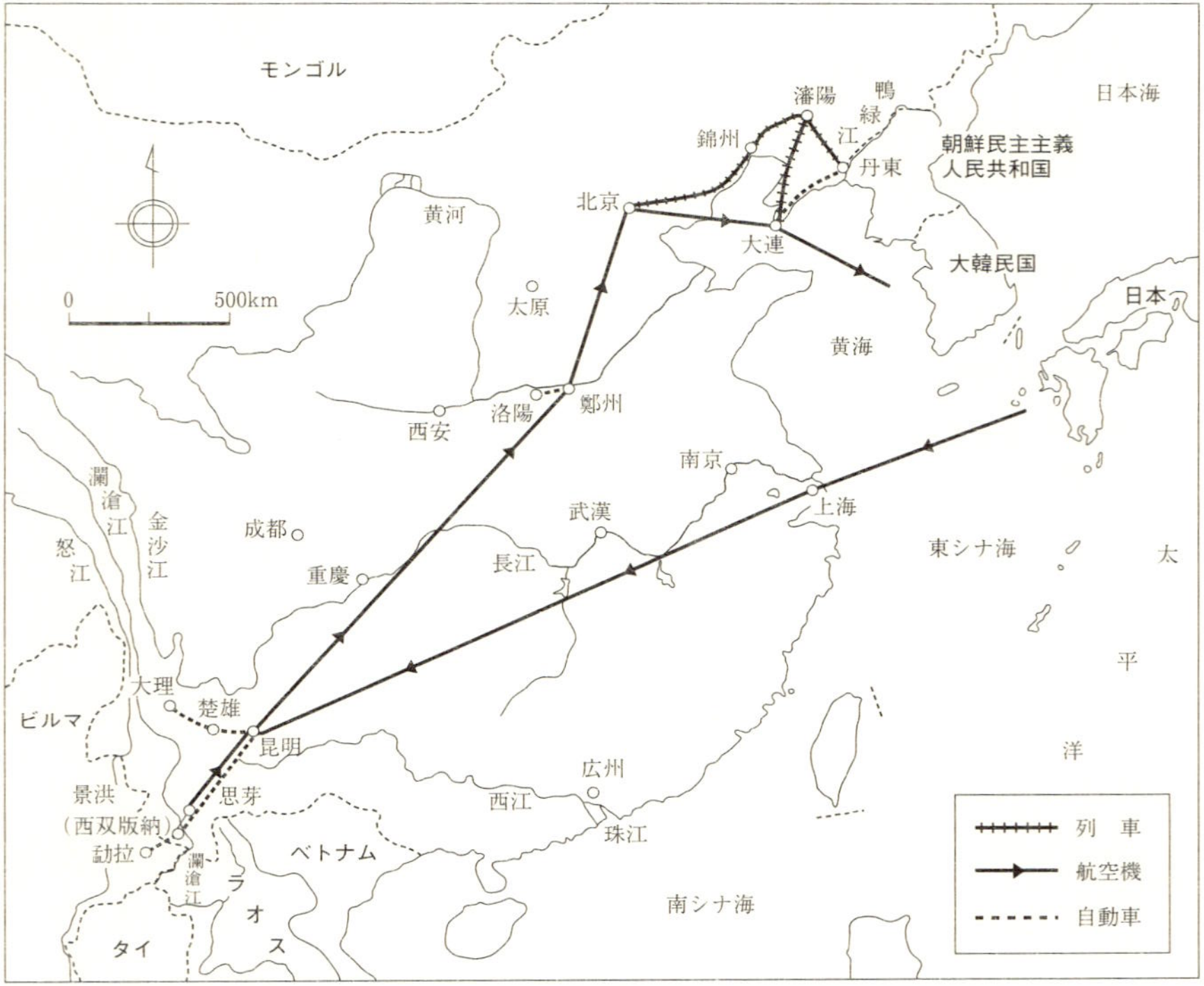
モンゴル
0
500km
黄河
太原
北京
錦州
瀋陽
鴨
緑
江
丹東
大連
朝鮮民主主義
人民共和国
大韓民国
日本海
日本
黄海
西安
洛陽
鄭州
南京
上海
武漢
長江
成都
重慶
瀾
滄
江
金
沙
江
怒
江
大理
楚雄
昆明
ビルマ
景洪
（西双版納）
勐拉
思芽
瀾
滄
江
ラ
オ
ス
タイ
ベトナム
広州
西江
珠江
南シナ海
東シナ海
太
平
洋
列　車
航空機
自動車

八月一八日（木）日本は晴朗、太熱

機内持ち込みのできるサイズのザック八・五kgと肩かけのバッグ四・五kg、トラベラーズチェック三五万円と現金一〇万二千円を帯して正午過ぎ家を出る。京成上野駅一四：〇一発のスカイライナーに乗って成田空港に到る。食堂でざる蕎麦一枚を吃す。六五〇円。ひえすぎてあまり美味《うま》くない。中国国際航空公司（Air China）九三〇便、上海経由北京行き。Boeing 747 combi、席は31Kで右窓際。客席の塡《う》まり具合は七分ほど。

南東方向に滑走路を駆け上って一七：二〇離陸。西へ西へと太陽を追いかけて飛ぶ。晴れているが、眼下白雲多し。翼上の何箇所かに「No Step 勿踩」と書いてある。一九：四五黄昏の上海虹口機場に無事着陸。気温二八度。スムーズに外に出たが、換銭でちょっとウロウロ。

行列して、正規のタクシーに乗って和平飯店と命ず。長寧区→北京西路等を廻るも大混雑で、ひどく時間かかる。運転手の言によれば、もうサマータイムは実施していないそうな。五〇元弱で着くはずのところ、六五元かかる。釣りはチップとしてあげた。宿泊費とは別に四〇〇元をフロントに預け、二一：三〇和平飯店四五八室に入る（ボーイに五元チップ）。

部屋に荷物を置いて、兌換した金など確認した後、二二：〇〇「去散々歩」と言って、フロントに鍵を置いて、南京路を西へ行ってみる。上海での食事を考え、機内食は少しにしておいたので肚子《はら》餓了《へった》。しかし、食堂がない。二軒ほどあったが、中に客がいない。その内の一軒は、酒と菜《りょうり》ならいいが、飯や麺条はないと言う。

河南中路四三二号の王朝酒家（電話：三二一八六一〇）に入る。二人の小姐、ちょっとわたしを疑うそぶりだったが、大哥一人が「かまわぬ。いい」というような合図を小姐に送り、ＯＫ。香茹菜心八・五〇元、魚香肉糸一八・〇〇元、白飯（小）二・〇〇元、青島啤酒（瓶大一）二・二〇元で、計三〇・七〇元。不錯。最後、白飯に香茹菜心の汁をかけ、また魚香肉糸の肉をのせ、太く長い箸を短く立てて持ってかきこんだ。少しでも中国人らしくと思ったが、ちょっと板についていまい。味道総不錯《あじはわるくない》。小姐の先輩株の方、「従哪里来的？《どこからきたか》」と聞く。「従東京来的」と答えたが、わたしのことを華人と決めているのかも。「どこから来た華僑か？」と聞いているのかも知れぬ。下手くそでも漢語を喋って、漢語のメニューで点菜《ちゅうもん》すれば華人と思うだろう。悪い気はしない。小姐や大哥に片手を挙げて挨拶して出る。

二三：〇〇ちょうど和平飯店に戻る。一階のジャズをやるパブ、いま終わったところで、日本人の男女たくさん退席する（ここに泊まっている客でなくて、外に出る如くであった）。部屋に上がってテレビをつけるも、一つのチャンネルしか映らない。サッカーの時間長し。中国もサッカー熱か。ヨーロッパのサッカー試合のようであった。しかしこの部屋はツインだが、広くて立派なものなり（一泊一四〇〇〇日円。日本で日中旅行社に支払い済み）。バスルームやクロークルームなどたっぷりと広い。居間の部分でも七ｍ×九ｍぐらいはあろう。内装は新しくて悪くない。イギリス式なのだろうが、ずいぶんたっぷりと贅沢（で簡素）。成田で買ったウイスキー Canadian Classic 三杯ほど飲む。すでに一二：〇〇を少しまわる。

※　タクシーの運転手は上海人と言った。三〇歳前後の壮漢。毛沢東のせいで、中華人民共和国は建国以来政治運動ばかりやって後れてしまった。香港・台湾・日本、みな進んでしまった……と言う。

※※　機場《ひこうじょう》で三万日円を二五〇〇・七三元に換えた。一元約一二日本円。

八月一九日（金）多雲、体重六二・五kg

六：四五起床。日本をたつまでに疲れていたのか、熟睡した。部屋は北楼で、南に面した窓を開けると、南京路を挟んで南楼である。かつては朝この窓を開けると、下の南京路にhomelessが餓死していたのか[1]。勿論、黄浦江からの船の汽笛も響いてくる。昨夜タクシーの中で聴いた天気予報のとおり「多雲」である。目下はあまり暑くなさそう。バス使い、刮臉《ひげそる》。下着の類、洗面台で洗い、バスタブの上のバーにかける。

八：〇〇になるのを待って、南楼groundの民航（?）のカウンターへ行ったら誰もいない。黒服の親仁《おやじ》の言うには、九：〇〇になったら人が来るとのこと。仕方がないので、外灘に行ってみる。地下をくぐる横断トンネルが出来、対岸には球を二つ貫いたような馬鹿高い展望台[2]（?）が聳立している。こちら側の公園は再開発され、大きな陳毅の銅像や超巨大な人民英雄記念碑などが聳えている。人民を威圧しようということだろう。

早飯を食おうと、和平飯店北楼ロビーに戻ってみると、階上（一階）にＣＩＴＳ（中国国際旅行社）がある。行ってみると、昆明へのリコンファームここで済んだ。ただし手続費一〇元とられる。二三日の一〇：三五の同便の昆明への票を買いに来ていた関西訛りの女子学生みたいの三人並んでいた。カウンターの小姐は「日本語でいいよ」と言い、三人娘は難なく票を買った。そのあと、南楼groundのレストランで広東式の早飯（ヤムチャ）をとる。小籠包子二個、シューマイ一個、黄瓜の漬物小皿一、蛸の酢の物小皿

一、鶏爪の蒸したの三個（小皿一）をもらい、茶を飲みつつ吃す。そしてここまでのこのノート記す。いま九：一五。

この後タクシーに乗り、延安中路、巨鹿路、常熟路等を経由して徐家匯の地下鉄の站《えき》に到る。タクシー代は二七元ほど。領収書を切り、ごまかしなし。上海大衆出租汽車股份公司。三〇元出して、釣りは小費《チップ》にあげる。「往上海火車站」という標識もあるので、これもすでに開通したのか（地図は少し古くなったのか）と誤解して、一台乗り過ごす（実際には徐家匯で折り返したのに、上海火車站に行ってしまうのかと思って乗らなかったわけ）。これを乗り過ごすと、次のまで一時間近く待たされた。テレビドラマのロケ撮影をしている。乗り逃がした一台もこの撮影に協力していたみたい。全くもう、一時間に一本か。乗客の多くは、実用というよりも、子供へのサーヴィスとか、上海見物の一環とかの試し乗りというようにみえた。

地下鉄が発車したのが一二：二一、四つ目の終点錦江楽地には一二：三一に着く。これも地下を走るのは半分の五分もあるかないか。站の周りは工場とアパート群の目立つ郊外といった感じ。みなが降りるから楽地もどこかにあるのだろうが。わたしは改札口を出ないで徐家匯に折り返した。徐家匯をぶらぶら。東方商厦の地階スーパーで買い物する。以下はそのレシートの写し。単位は元。

鉱泉水（エヴィアン五〇〇㎖）九・五〇　天然椰子汁（罐二）六・四〇　黒生啤酒（サッポロ罐一）九・四〇　開心果（ピスタチオ）九・五〇　什果仁六・〇〇　黒椒牛肉（ハム一〇〇g）七・八〇　小計四八・六

実収一〇〇・〇〇　找銭《つり》五一・四〇

この後さらに太平洋百貨なる店に入り、五・三元で膠水（アラビア糊みたいの）を買う。この百貨店の六階で、米粉と冬瓜のスープを食して一二元。小巴に乗り、淮海中路をたどる途中、右手に宋慶齢故居や日本総領事館が存した。西蔵路にぶつかった所が終点で、二元を要した。ここよりしばらく歩いてホテルに戻る。その途中、リチウム電池RC123Aやっと探しあてる。一個三五元のを二個求める。

自室に戻り、うがい薬でうがいをし、買ってきたビールなど冷蔵庫に入れ、すぐにとって返し、一六：三〇ホテルの前でタクシーに乗る。南浦大橋をこえて、浦東新区を車上より看一看。金橋地区のあたりまで行き、ターンして東方明珠（テレビ塔）の傍を過ぎて、延安中路に通ずる隧道をぬけて南京東路に入り、一七：五〇ごろ和平飯店の少し手前で降ろしてもらう。

部屋に上がって、冷えたサッポロ罐ビールとウイスキー少々をハムとピスタチオで飲む。ＮＨＫの衛星放送を見る。高校野球、水戸商業は佐久高校に負けて、ベスト8入りは叶わなかった。

今日瞥見した浦東新区は厖大、広大なものの如し。かなり走ったが、司機の言や浦東新区図によってもごく一部を見たのみだ。デパートや人々の服装その他、経済の発展の規模と速度は、わたしが日本でなんとなく思っていた程度をはるかに超える。ただしその分、治安は悪化している如し。タクシーの運転席のガードの固いこと。背後からのみでなく、助手席からの攻撃にも備えがある。また、徐家匯や淮海中路にも、中高年の男女の物乞いを見る。

和平飯店の建物の絵葉書に今日一日の行動を簡単に認め、一・六元の切手を貼って家人に投函。またホテルを出てぶらぶら。何か食べなければと思って。昨夜も目にした新大地餐庁（九江路二二五〇号　電話三二一四一九九）に入る。上海湯麺一五元、青島ビール大瓶一本二五元（メニューには九・五元とあったみたい）。

この店はカラオケがメインらしい。若い男女の一行や後から一人で入って来た若い男等、つぎつぎに歌う。紙に曲名を書いて従業員に渡すと、映像がでる。ビキニの水着を着た若い女がさして意味もなくうろうろしたりする画面。ここに来てカラオケをやる青年男女はどういう人種なのだろう。上海の人というよりも、少し田舎くさい気もする。ここは東京でいえば銀座の裏通りのような所だろうが（道路は裏通りというには当てはまらず、ちゃんとした大通り）。何故か知らぬが、わたしはこういう男女を見ていても中国が好きである。歌う男女やディスプレイを呆然と眺めていたり。この店を辞し、外灘の風に吹かれる。東方明珠テレビ塔を眺める。浦東の眺望は以前と一変したり。

二二：三〇ごろ部屋に戻り、下着類洗って吊るす。テレビで日本のアニメをやっている。中国で見ると、日本で見るのとはちょっと感じが違うみたい。

今日日中、中国人三人程に道を問われた。その他、わたしは日本人に見えないらしいと思ったが、夜の南京東路では、二回「日本人ですか？」と声かけられてガックリ。無視した。膠水もリチウム電池も買えてまずまず。しかし多目的ナイフ（ブレイド・スプーン・フォーク）は見つからない。家より持参したのは成田の検査でひっかかり、以後面倒と思うが、代わりがないと捨てがたい。

※　中国の若い女性の歩き方。少し外股、反り身で、ホイホイバンバンと歩くのが多い。足も総じて日本女性より長い。こんな女たちのちょっと前の世代が纏足してヨチヨチ歩いていたのだ。女たちがあまりにホイホイバンバン歩くので、それで中国の男たちが纏足を考えたという要素も少々あるか？　これは冗談だけれども、とにかく、前から感じていたのだが、中国の若い女性の歩き方は日本のそれよりも堂々、はばからぬところあり。

八月二〇日（土）

六：三五起床。テレビは日本の衛星放送のニュース番組をやっている。バス使う。パッキングは思ったよりも時間かかる。八：〇〇過ぎチェックアウト。ホテルに払った追加は朝食一回二〇元とミネラルウォーター六元の計二六元で、デポジットの四〇〇元から二六元引いた三七四元が戻って来る。八：二〇ボーイの世話でタクシーに乗る。今日は隔週休みの土曜日のその土曜日で、比較的空いているはずと、中年の司機言ったが、それでも一時間二〇分近くかかる。これではもう上海機場へのアクセスは駄目になってしまっていると言うほかない。五八・五元のメーターに七〇元払って「シャジャノン」「ツェウェ」を言って、お互いに機嫌よく分手了《わかれた》。物凄い不動産ブームで、街から機場まで家が続いてしまった。動物園の前の周辺も一変し、動物園が取り残されたみたいになった。

多目的ナイフはやはり機内持ち込み駄目だった。「不用了《いらない》」と言ったら、係の小姐や大哥たちが、「托運、托運」と言う。これが聴不懂《わからない》のだから情けない。テーブルに紙が拡げてあったので「怎麽写?·」と問うて書いてもらって、勿論すぐ了解。「不用了」と言うわたしに「手続簡単」と勧める。仕方なく背包《ザック》にナイフを入れて、もう一度カウンターに戻って、背包を托運にする。托運を勧めた小姐、わたしがザックを開いてナイフを入れるのを手伝いつつ、「你聡明」と言ったのは?

中国雲南航空公司の Boeing 737-300 型機、Flight No.3 Q4542、定刻一〇：三五は、北に走って一一：〇九離陸。シート№16Cは左右各三列の座席の、左側の通路寄り也。一三：四五着陸。一九八九年に来た時と比べると、機場も機場から街に入る道路やその周辺も大変動。上海郊外と同じようなビルラッシュ。二元でリムジンバスに乗り、一四：一〇昆明飯店に投ず。一泊六七〇元で、一〇〇〇元をデポジット。部屋は№八〇二。荷物を置いて、このノートここまで記し、洗臉《せんがん》。すぐにgroundにおりる。まず「代総点」でトラベラーズチェック七〇、〇〇〇円を両替（→六〇三三・九元）。ついで昆明飯店機票代理処にて飛機票を買う。八月三〇日（火）七：一五発の鄭州行き。[3] 一〇八〇元に手数料二〇元であった。リコンファームは必要ない由。さらに、ホテル内の雲南旅行社という所へ行って景洪のこと尋ねるも、昆明站近くの三葉飯店向かいの長途バスのターミナルに行けと言う。

　タクシーに乗ってそこへ赴き、ボードをにらむに、四六二車次は一七：〇〇発、四三三車次は一五：〇〇発で、いずれも休みなしに七二七kmを二四時間走って景洪（西双版納傣族自治州の州都）に至る。一五座位のマイクロバスで、料金は一〇五・五元。「夜、旅館に泊まるバスは今は運行していない。みな昼夜車だ」と窓口の女言う。ウーン。「太利害《きつい》」と言うと、やたら「一五座位」を強調する。席は確保されているから楽だと言いたいのか？「想一想」と言って、向かいの三葉飯店の旅行代理店に行ってみる。やはり泊りがけのはないと言う。朝九：〇〇発は一〇〇元、一六：〇〇発は一八〇元、ともに二四時間走る。一六：〇〇発は豪華臥車で高い。大いに迷う。途中厠所などの休憩はあると言う。司機に言えばいいと言うことらしい。「我老了」と言うと、中年の女、お世辞顔で「何をおっしゃる。まだ若い」と言う。迷ったが、臥車なら少しましかと思い、「我決定了」と言い、一八〇元払って、明日の票作ってもらう。「西双版納汽車公司」の運行である。座号二五。相手をしてくれた女、ちょうど勤務を交替して下班する時間だったらしく、わたしが辞去しようとすると、「等一等《まってて》」と言って、隣のバスの発着広場を教えてくれた。礼を言って別れて、広場に入って行くと、一六：〇〇を少しまわっていたが、今日のバスがまだ出ないで駐車していた。それで中の様子を見る。背もたれを大きく倒して、ほとんど寝そべるようになっている。上層と下層と二段。上層はつらそうに見えたので、びっくりして司機に票の座号を示して、上か下かと問うに、下だと言うので少しく放心《あんしん》。明日乗るこのバスをあちこちの方向から写真撮る。

雨が少し降ってきた。雨傘を開いて昆明站に行ってみる。前回来た時、成都行きの票を求めて、幾度もタクシーの運転手とこの站に来たっけ。広場には、文山・景洪・麗江等々たくさんの長距離バスが並び、客や司機や票売りの係やらがあちこちに固まっている。写真とる。ウーン。景洪行きはたくさんある。みな昼夜車なり。中に二二時間で行くと表示しているものもある。

この後、站付近の市場をブラブラ。宣威火腿《ハム》の袋二〇〇gで七・二元、四川榨菜一袋〇・五元を買う。男の子を連れた中年男の乞食が、病気の子供のために五毛〔〇・五元〕くれと手を出す。突然だったので、あせって面倒くさそうな顔してしまったが、とにかく五毛出した。さらに北京路を北に戻ると、左側に錦華大酒店という新しく大きなホテルがあったので入ってみる。ロビーでコーヒー一杯（といっても、ポット付でたくさん飲める。ただし不好喝《まずい》、二五元）飲みつつ、この日録を記す。念のためシングルの料金を聞いたら、宣伝のビラをくれる。高級房六四$、標準房五六$。サービス期間とかで、機場への送迎免費だの等の特典を記す。額面のみなら、昆明飯店より安い。いま一八：二三。そろそろここを出よう。

小雨だけれどもやまない。タクシーで昆明飯店へ。メーターなしで、二〇元。若い司機はなかなか学者だった。大理には南詔国等の遺跡があるが、西双版納には古いものは何もない等々。

一九：四〇ホテル別館二階の東驤宮なるレストランに入る。白い帽子の拉祜《ラフ》族（？）の娘たち、美人なり。白ワイン Great Wall（大）六六元。不錯。火腿《ハム》・キノコの炒め物・土鍋で蒸すあのスープ。都很好。感激した。ワイン込みで、一三〇元弱。安かろう。二〇：四〇部屋に戻る。雨傘の一箇所、糸が切れて、布が骨から外れてしまったの、持参の黒糸と針でくっつける。

越谷に電話するも何故か、なかなかつながらない。それで、試しに回した友部にまずつながる。二一：二〇（中国時間の。だから日本時間の二二：二〇）。母と話をし、安心させる。二一：四〇、越谷につながる。千津子に今までのことと、明日西双版納に向かうこと、三〇日に鄭州に飛ぶことを話す。この間、Canadian Whisky 少々飲む。いま二二：三〇。明日は頑張らねば。今ごろは、ひた走るバスの中でひっくりかえって（寝そべって？）いるのだ。

※錦華大酒店→昆明飯店のタクシードライヴァーは、景洪までの臥車の値段を尋ね、わたしが、一八〇元と言うと、「飛機と價銭同じだが、陸を行くバスの方が農村の情況がわかる」と言った。すると、ボードにあった版納五二〇元は外国人料金かな？（翌日、バスに乗り合わせた中国人女性に尋ねると、西双版納への飛行機の中国人料金は三八一元とか）

八月二一日（日）多雲

七：三〇起床。テレビをつける。美容体操兼筋肉強化体操みたいのを、露出部の多いレオタード着けてやっている。「示範教学唐君美」先生が、他に男一、女一の若いのといっしょにやっている。健康や減肥への関心も強くなっている。喫煙の害も以前より広く認識されるようになった。中産階層の成立の傾向ははっきりしてきたということか？　他方落伍する人びとも多くなる。とくに昆明は少数民族のうす汚い衣裳の女性が哀れである（男は衣服ではわからない）。つづいて見た「忍者ハットリ君」や少年サッカー物アニメは勿論日本製。バス使って洗髪する。

しかし、中国は経済第一だ。天安門事件は遠くなった。アメリカの要求する「人権」は、中国の権力や人民にとっても「抽象的な」、それ故、アメリカ側からの勝手な押しつけ、難癖、難題と映るのだろう。食えなければ話にならぬ。「衣食足りて礼節を知る」、まず「人間らしい」物質生活をということだろう。ホテルの窓から望む昆明の変貌もまたすごい。このホテルも一九八九年に比べたら雲泥の差だ。「人並みに食わせる」ことに関して、中国社会主義は失敗したと言うことか？　いまや社会主義権力は手放さず、資本主義経済で行こうということ？　政治権力は土の社会主義、経済は洋か。これがいつまでも並存できるとも思われない。人権の問題もその時（並存が破れる時）以降に解決の可能性が出るのか？　それとも、並存が破れた後は、大混乱、この世の終末みたいなことになるのか？　不気味である。

九：〇〇過ぎ別館二階の昨夜の東驤宮に行き、粥とコーヒー（クリームついてない。忘れたか？）もらう。六元。テーブルを囲んでいた中国人の中から「ムゴイ」[4]と言う大声が聞こえたから、香港か広東からきた商売人たちならむ。

朝食の後、東方東路を西へ歩く。本日は日曜日。工人文化宮の前の広場で、労働法の公布にからんだ大キャンペーンを開催中。大衆動員の方式を相変わらず捨てないわけだが、ビーチパラソルを開いて、テーブルを出して、スピーカーを鳴らし、ビラを配布したりしているのは、結局は公務員＝お役人稼業の勤め人ではないか？　南屏街から南へ、金碧路へ通ずる横丁の、そのまた横丁などブラブラ。ここはお役人様と無関係。メッタヤタラと屋台や屋台に毛の生えた程度の食い物屋が多い。一〇：三〇ごろで、火を起こしたり、野菜を洗ったり、肉を刻んだり、準備、仕込みの真っ最中。何でこんなに飯屋が多いのだ。雨降って来る。金碧路に出た所の衣料品屋の軒下で、少し雨宿り。また東へちょっと歩く。教会あり。日曜日で人群れている。照片《しゃしん》一枚撮っておく、公厠を探してウロウロ。百貨大楼へ行き、そこの最上階の友誼商店のフロアで用足す。friendly shop は今は人民 off limits なんかではない。大歓迎。高級店という程度のことになったのだろう。この後、景星街という露店街を抜けて、ボロいタクシー Lada をつかまえて、一〇元で昆明飯店へ戻る。

　正午なり。向かいの Holiday Inn の三階の桜花飯店で昼食とする。メニューの表記がよくわからず、四品ほどとり、青島一罐と白ワインをグラスに一杯で二三〇元。菜は半分ほどは残したが、美味だった。キノコや海産の干物（タワラモノ）や野菜が多く、腹にたまらぬ工夫になっている如し。いや、美味なる物は美味なのだと知った昨日、今日である。一三：〇〇ちょっと前部屋に戻り、三〇分弱仮眠。一五：〇〇直前チェックアウト。デポジットの一〇〇〇元では足りず、一二〇数元追加。

二〇元のタクシーで三葉飯店に至る。景洪行きのバスすでに停車しており、客もボツボツやって来る。

一六：四九　ついに開車。座位は二五あるが、客は一五人ほど。内三人は広東語の小姐たち。姦しい。

パスポートのようなものを持っていたから、香港人だろう。わたしの座位は№25で下段最後尾右側の窓寄り。つまり西側を望む。

一七：二三　左手畑中に緑色のモスクが見える。

一七：二八　右手に滇池が見えて来る。

一七：四七　自動車道路のような道路に入る（玉渓の手前まで。歩いている人や自転車はほとんど見かけなかった）。三桁№の国道で、途中に料金所がある。時速六〇km制限の標識がある。沿線の作物は水稲・トウモロコシ・タバコ。茶は見ない。

一八：三三　また料金所あり。ここで自動車道路は終わり。

一八：五〇　玉渓の汽車站に入り、二五分休憩。この間小用を足し、晩飯食う（四毛）。白飯とサヤインゲンの炒めたもの半人分と豚肉とネギの炒めたの半人分もらう。玉渓を出ると、雲貴高原からの下りが始まる如し。右手に単線の鉄路が敷設してある。トロッコの線路ではなく、橋梁もちゃんとしたもの。省レベルの工業開発区とかの標識あり。ただし間もなく鉄路も終わる。

※　この夜満月であった。とくに二二日に日付変わった後、さらにまた明け方近く、寝そべっている臥車の右の窓（つまり西側）に、樹翳と雲影を重ね透かして月を見る。稀なる体験とうれし。寝そべって移動しつつ、雲南の満月を眺められるなんて！　ついでに、南下するモンゴルの軍団のことを思いだした。

八月二二日（月）

二：〇〇　小用。車の故障で一〇分ほど停まった時に、わたしのみ頼んで外に出してもらう。

七：〇〇　小用。磨黒と書いてあった。姚荷生氏の『水擺夷風土記』では、製塩の街として栄えていたのだ[5]。面影まるでなし。豚圏のブタ四、五頭を写真に撮る。

八：一五　普洱鎮。ここより道路ドロドロ。目下工事中の如し。思茅の垻子に下りる斜面に茶畑あり。

一〇：三〇　思茅市汽車站に着く。冬瓜の炒め物と赤っぽい米飯（大一碗）で五元とられた。思茅は小さな田舎町なり。景洪にも機場ができて、版納への表玄関の意味も失せたわけで、今後どうなるのだろう。

一一：〇九　思茅を出る。

一五：〇四　勐養。ゴムの樹林あり。この後、土崩れ幾箇所も。大型のブルドーザー一台作業しているのを見かけた。崖側に転落した車も二台見た。

一五：五七　瀾滄江を望む。

一六：一六　景洪中心部の終点に着く。二元で人力車に乗り、版納賓館に至る。最上という一五六元の部屋をとりあえず二泊予約する。

フロントで昆明への戻りの機票のことを尋ねるに、門を出た左手の西双版納ＣＩＴＳへ行けと言う。行ってみると、二五（木）、二六（金）の票はない、キャンセル待ちと言う。一応キャンセル待ちの記名をする。しかしここの小姐、直接雲南航空のオフィスに行けば票あるかも知れないと言う。小雨降りだした中、また人力車を呼びとめ、二元で雲南航空のオフィスに行く（チップに一元はずむ）。二五日はない。二六日はあると言うので、これに決心する。票の情況はけっこうタイト。票價は五〇〇元弱で、昆明飯店内の旅行社の表示よりも安かった。また人力車に乗り、版納賓館に入る。こんどの車夫ははじめに三元と言ったので、チップはあげなかった。

一八：〇〇近く、餐庁に行く。小姐たちの言うに、普通一九：〇〇ごろにはお終いになるとのこと。套飯（定食）にせよと言うのでそうしたが、昆明の豪華ホテルの食事と比べると俄然気落ちした。菜五皿に米飯大一碗と青島ビール大一瓶、これにスープとデザートのバナナ一本が付いて一九元は安いといえば安いが、不味い不味いと思いつつ食べているうちに、持ち込んだ Canadian Whisky のせいか、少し食える気持ちになってきた。

一九：〇〇前、部屋に戻ってバス使う。二四時間あの臥車に乗っていたのだから。バスタブに身を横たえてしみじみとゆっくりする。ヤレヤレ。頑張った。この二楼の（何故か知らぬが、わたしの Room No. は三〇六）サーヴィスカウンターに、ここ数日の食べこぼしのしみなどついたズボンなど、洗濯に出す。

持参のビーチサンダルを下ろし、ブラブラと街の中心部へ行ってみる。乗って来たバスの終点に至ると、いっしょに乗っていて、愛想よくチラシなど配っていた男、店の前でしっかりウロチョロしている。手を挙げてヤーヤーと言うと、呼び込まれる。明日、景洪→勐海→八角亭→打洛辺貿市場のコース、一八〇元払って約束する。受け取りには「版納商業旅行　商業賓館旅游部　収款人　張文聡」とある。七：三〇わたしのホテルの門口に迎えに来る。一八：〇〇ごろ帰着とか。

版納賓館まで歩いて帰る。明朝の食べ物にと、ピスタチオ・牛の干肉等少し買う。その後、賓館門口南側の店で、キノコのスープと青島一本で二〇元弱。スープは美味《うま》い。客に日本の青年男女いたが、わたしは店の女老板《おんなしゅじん》と少し話をしたのみ。

八月二三日（火）

昨夜二三：〇〇前就寝。死んだように寝て、今朝六：〇〇起床。二四時間、七二七kmのバスでの移動はやはり体にこたえたわけ也。ただしこの度はまだ、胃腸も喉もやられておらず、体調不錯。七：三〇ホテルの門口でマイクロバスに乗る。わたしが一号。あと二つのホテルに寄り、司機と導游小姐を含めて総勢一五人、七：五〇出発。

九：三二　勐海[6]（五分停車）

一〇：〇〇～一〇：一五　景真八角亭[7]。寺廟の周囲に民家あり。牛、少女、小僧、大人……みなよし。しかし、すこしずつ観光地化進行する。

一〇：五四　阿克人[8]。婦人は黒帽。土崩れの箇所多し。修復の工事もしている。土地の（少数民族）人らしい。かれらは自動車を自分で持ったり、運転したりするわけではない。変な気持ちになる。役所から日当は出ているのだろうな?

一一：二〇　黎明五分場。ゴム林、水牛、黄牛。牛の背に乗って行く少年。付き添うカラフルな少女たち。

一一：四六　打洛に着き、洛江飯店（正宗川味）に入る。河南省舞陽県から来た五七歳の男の隣座に坐る。同卓の内わたしを除いた七人は舞陽の鉄鋼公司の同僚という。職場の慰安旅行らしい。川味（四川料理）といってもさして辛くなく、隣の男は少々不満そう。

　この後、独樹成林とかいう九〇〇年ほど経た榕樹《がじゅまる》を見て、一二：三〇　また上車。海関を越えて勐拉（ビルマ領）に入る。免税の宝珠玉石店多し。ほとんど中国の延長の如し。

一四：〇〇～一五：〇〇　人妖劇場。オカマが二五人ほど出演。二〇〇人以上入りそうな客席は満員。ほとんどは観光の中国人の様子。「夜来香」がかかってソロで踊ったのには驚いた。観客はかなり熱烈。ダンサーをガードするために舞台下には警官がいる。舞台がはねると、出演者がそれぞれチケットを持って裏庭に待つ。このチケットを買った客が出演者といっしょに写真を写すことができる。大繁盛。これ中国側の人間のやっているビジネスか？

一五：一五　人妖劇場前より発車、ボーダーを越えて、一五：三五　洛江飯店前より発車。

一六：一五　道路途絶。

一七：四五　勐海県中心部の露店の市（烤鶏《やきとり》が美味なる由）に至り、一五分ほど見学したり、買い物したり。わたしは見て、写真を撮ったのみ。

一八：二〇　ホテルの前まで送り届けてくれる。

フロントへ行く。二四日と二五日とあと二日たのみ、三一二元払う。この後正面向かいの景洪ＣＩＴＳへ行き、明日橄欖垻へ行きたいと相談する。若い男が相手だったが、broken な英語を話したがり往生する。あとで「納王華」と署名し、傣族らしかった[9]。しかしこんな仕事をしている以上漢語ができないはず

八角亭の少年僧

がない。事実あとで五五〇元の立派な領収書をホテルの便箋に書いてくれた。二〇：〇〇ちょっと前やっと部屋に戻り、洗臉《せんがん》。

ホテルの餐庁は昨夜あまり感心しなかったので、正門を出た左手の小店へ行く。舗道にも椅子・テーブルを張り出して置く。女老板愛想よく、わたしが「還没吃晩飯」と言うと、素菜炒飯（六元）にしろと決めてくれる。これに素菜湯（二元）、青島ビール大瓶一（七元）で、表示価格どおりの一五元。炒飯は量が多くて食べきれず、半分ほど残す。料理というほどのものではないが、値段のことを含めて考えれば、不錯。文化館の入口の屋台で、竹串に牛の屑肉を刺して、香料をかけて炙ったの、一本〇・五元を三本買う。ホテルの部屋にたどり着く前に食べ終わってしまう。串はホテルの庭に捨てた。

バス使う。ヤレヤレ。水は少し茶褐色（昆明は透明であった）。風呂上がりのところに納王華が馬師傅を連れてくる。明日橄欖埧等参観のこと、五五〇元払い、領収書受け取る。ウイスキー飲みつつテレビ「大進攻序曲」（江沢民の題字）第七集を見る。もう駄目だろよ、こんな劇。過去が間違っていたというのではなくて。過去の正統性をいくら描写、提示しても、当代人の当代の関心は別の所にあるだろう。今日見た傣族の村々、家々にもテレビのアンテナは立っている。だから江沢民題字や「大進攻……」も押しつけるわけだけれど。なおここ景洪のテレビはどうなっている？　済南の電視台、貴州の電視台、チベットの電視台（これは一チャンネルで、ニュースも含めてすべてチベット語でやる）、浙江電視台（四チャンネル。ヨーロッパのサッカーの試合の映像）他が入る。どこの電視台と表示のなかった「大進攻……」の映る五チャンネルが昆明電視台なのかね？　北京の中央電視台は三チャンネルみたい。三チャンネルは「人間万象」という視聴者参加番組をやっている。応募した者が観衆の前で歌などの特技を披露する。上海や昆明のような大都会（のホテルやタクシーの窓から望む世界）やテレビに On Air される当代と、昆明を出てからの地方とはやはりかなり違う。ものすごく違うと言ってよい。しかし、おくれた田舎が向かっているのは疑いもなく大都会の世界なのだ。広大な稲田・牛の群れ・小坊主やカラフルな衣装の娘たちを見てノスタルジーを感じたが、かれらの現在、近未来も極めて厳しいものだろう。

八月二四日（水）晴

日付の替わった明け方、蚊にくわれて目覚む。持参の蚊取り線香をつける。ホテルの備品に電熱利用のベープマットみたいなのがあったが、電源がわからなかった。

　腕時計の目覚ましを七：〇〇にセットしておいたが、まるで聞こえなかった。七：一一に目覚める。今日は一日車を借りあげてあり、楽だとは思うが、それにしても休養のことを考えなければならない。

〔人物篇二〕

今朝の三チャンネル、北京中央電視台の「生活空間」という番組中の「中国的男人与日本的女人」のタイトル下の登場人物。男は一九四八年吉林で人民解放軍（第四野戦軍第五〇軍）に参加、朝鮮戦争に従軍、釜山まで進攻した。のち山東省（即墨）に至り、ここで一九五七年に残留日本人孤児と結婚した。終戦後、女児の父親はすでに死亡していたらしい。母親が女児を山東の農民（養父母）に預けた。日中国交回復以前は、養父母は女児が日本人であることを告げなかった。現在夫（大爺）は寝たきり。床に横になったまま口許の所においてもらった碗から、不自由な手をわずかに操って、好物の麺条《うどん》をすすっている様子など映る。婆さん（かつての女児）が「你看《ほら》、不要掉了《こぼさないで》」と面倒みる。婆さんは大型山東饅頭なども作ってまた食べさせる。わたしより若いはずだが、まったくの百姓家の婆さんだ。「自分自身では、中国公民と思うか？　日本公民と思うか？」との記者の問いに「不知道《わからない》」と笑い顔を作って答える。日本語は一句も覚えていない。「日本人で帰る人もいるが？」との問いには「この大爺を置いて帰れない。孫もいるし……」。記者は彼女は中国公民たることを選んだのだとやや美談調で結論づける。大爺は「村の人も〝世界中さがしてもこんな良い嫁さんはいない〟と言っている」と土語で喋る。つややかな紅色の頬をもった百姓女の「没辦法《しかたがない》」といった感じの笑顔に泣かされた。以上、山東土語で、下に字幕が出た。それで判りやすかった。「講述老百姓自己的故事」

昨夜会った馬師傅の息子、長安という名の軽自動車のVAN（日本のスズキが技術供与を行っている重慶の長安汽車有限責任公司の製品）を八：三〇に宿舎の玄関につける。これに乗ってすぐに出発。橋を越えてから瀾滄江沿いに下流に三〇余㎞走る。途中、長雨による崖崩れ数箇所あり。住民を動員して修復作業中。

九：三五　橄欖埧に着く。傣族の一家が、自分たちの母屋を観光客の見物に供し、代わりに土産物などを買わせる。壁飾りにでもなるような綿布一枚を六〇元で買う。台湾からの若い男たち数名の観光客もいた。近所の寺廟（曼松満と言うらしい）も見学（二元）。この間、乗ってきたVANのエンジンがかからなくなってしまい、司機は自力で坂道を押してみたり、傣族のおっさんにタバコを二本与えて押してもらったりやっている。橄欖埧の市場も船着き場もろくに見ずに、一一：四〇　一旦版納賓館に戻る。餐庁で套飯たのむ。五品ほどに大根と豚肉のスープ、飯大碗一と青島ビール大瓶一で一九元。スープの大根がよかった。部屋に戻って休息しつつテレビ見る。四チャンネルの浙江電視台のニュース。浙江省の漁民が台湾宜蘭の海上宿舎で台風に遇って死亡した。記者が、遺族を連れて杭州空港を飛びたって赴台する省政府の高官にインタビューしている。高官は何だか張り切っているみたい。この春、わたしが訪台中には杭州の千島湖の遊覧船中で台湾からの観光客の焼死事件があり、大陸―台湾間が緊張したが。今度は北京が優位（？）に立ったか。バレーボールのサーブ権の移動みたいだ。

ほんの少しだが昼寝した。司機迎えに来る。車は修理したから「請你放心《あんしんして》」と言う。

一三：一〇　発車。勐養を経由して基諾《ジノー》族山寨（巴朶という集落）に行く。基諾族の民家に勝手に上がって、居室や厨房をのぞいたり、写真を撮ったり、質問したりしてかまわない。行政上の処置が講じられているのだろうが、それにしてもおとなしい民族だな。子供は可愛い顔立ちの者が多い。鶏が跳ねまわり、黒豚がうろついている。午前中の橄欖壩でも思ったが、わたしが少年だったころの母の里〔茨城県稲敷郡桜川村、現稲敷市〕とたいした変わりはない感じ。

一六：五〇　巴朶を出発、帰路につく。余中勐養で司機の知り合いのある民家に立ち寄り、冷開水《おひや》をごちそうになって暫時休息。司機説「西双版納是中国的辺遠」。辺遠の語が胸に迫る。

一七：五〇　賓館に戻る。

一八：一〇　また司機の車に乗り、少し走って泰味餐庁（正式な店名は忘れた）に行く。何が何でもわたしに三〇〇元使わせるつもりだ。彼は基諾山寨からの帰り、泰味餐庁で一人前一五〇元でわたしが二人分持つことを承諾したと解したらしい。賓館に戻って、わたしが洗臉などしていた二〇分間程に、かれはこの餐庁に車で来て、すでに注文してしまったのだろう。かれの家はこの近所にあり、女服務員たちとも顔馴染みなのだ。上客を一人確保したつもりだったのだ。わたしとしては、値段は一応彼に聞いたが、店に着いてメニューを見てから点菜すればよいと思っていたわけ。互いに行き違いがあったということだ。米酒を飲んで、また一瓶土産とかおしつけられて、全部で三〇〇元払って、二一：四〇　司機の車で帰館。泰味というのは何にでも「香茅草」を巻きつけて焼いたようなものが多く、まー「野味」といったものだ。あまり食欲なかった。はやく解放されて一人になりたかった。

〔人物篇二〕

今日の司機は二三歳。父の馬師傅は上海人で、その父母たちはいまも上海にいる。景洪に息子や孫を訪ねてきた時も、この泰味を賞味してもらった。そういうわけで、馬氏には上海に親戚多く、その中には日本人と結婚した者もいる。司機の表哥《いとこ》で、目下日本に行って「一辺打工、一辺念書」している者もいる。その手紙によると、アルバイトで一日三〇〇〇日円もかせげる。もっとも、葱一本が一〇〇日本円もすることもあるそうだが（そういう日本から来たわたしが、泰味餐庁で、何故三〇〇元をけちるのかということでもあるらしい）。

わたしが「司機は多分知らないだろうが……」と言いつつ、映画『青春祭』[10]と『孩子王』[11]が西双版納の風景をよく映して素敵だったと話すと、彼はこの二つの映画を知っていた。『孩子王』はたいしたことないが、『青春祭』はすごくよい映画だと言う。何と、かれの父馬師傅は上海から西双版納への下放青年だったのだ。国営のゴム園農場で働いたという。母親は？　と尋ねると、湖南人という。やはり下放青年だったのかと問うと、これは違って、母の家は先にこの地に移住していたとのことであった。とにかく、馬師傅は上海に帰りそこねてこの地の人となったわけだ。目下は会社を自力で経営し、金回りは悪くない。家の建物だって立派で、お見せしてもいいのだが……と言う。そうか。『青春祭』で、再開された大学入試にチャレンジすることなく、この地に留まり、山崩れで死んでしまう男（副主人公）がいたが……。昨日、景真八角亭から打洛に向かう沿線、「黎明五分場」という地名があった（「黎明小学」という学校もあった）。地図を見ると、他にも「景洪一分場」「八分場」「勐棒三分場」「東風三分場」等々たくさんある。司機に尋ねたら、これらはかつて下放青年たちがそこに所属し、働かされた農場や開墾場なる由。

司機は少し幼い所がある如し。何が何でも三〇〇元の早とちりも含めて、結婚して新婚旅行で絶対に日本に行くのだと言う。日本語はまるで学習していない。「去日本、做什麼?」と聞くと、「いろいろ見物したいのだ」と答えるのみ。「日本は狭くて、歴史は浅く、中国ほど見る所はないぞ」と水をかけると、「経済の発展がすごいそうだ。それを見るんだ」と言う。

ショルダーバッグを部屋に置いてもう一度門を出ると、道の向かい側に人力車二台。二台とも女車夫で、それらが門前のわたしを少しうかがっていたが、道を横断して此方へやって来た。景洪の夜景を人力車上より見物せよと誘う。幾らだと聞くと、一〇元と言う。よしと応ずると、小柄な、黒ズボンに赤いブラウスの女の方に、別の女が仕事を渡したようだった。四〇分程車上より市内を見物。市内見物よりも女車夫の身の上話の方が興味を感じた。

〔人物篇三〕

四川省自貢の農村から来た。四川の農村は貧しくて仕事がなく、食えない。それで当地へ来て稼いでいる。——また女人力六、七台、空でこっちを追い越して行く。わたしの女車夫と親しげに声をかけあって行った。それらもみな同じ村から出た女なる由。——「愛人《おっと》はいるのか?」と聞くと「有」と言うので、「那好啊!」と答えてやった。「要按摩?」と聞くので、「不要」と答えた。一度答えたのに車上隙を空けて都合四回は聞いたじゃないか。どこで按摩をするのだ? 賓館のわたしの部屋でいいのか?——そういえば、昨夜ノックされたので、「誰邪?」と言ってドアを空けたら、漢族というより、少し西洋人ぽい顔立ちの若い男で、按摩しないかと問う。「不要」と言うと、すぐに「対不起」と言って去ったが。部屋でなくて、彼女らに何処かに連れ込まれたらどうなるのだ？　ということは、彼女らは本当に人力車夫稼業だけなのか……？　自貢が塩業の地であること、わたしの朋友〔今井駿静岡大学教授〕が自貢を視察した際に手紙をくれたこと等を言うと、わたしが「外行《しろうと》」に非ざることを察したようだ。その上で、自貢の城市は発展しているが、自分たちのところはひどく貧窮な農村で、どうにもならぬと言う。ただし、彼女の言葉はしっかりした普通話だったので、わたしが「でも、きみは有学問だね」と言うと、自慢も卑下もない調子で、というか大したことないという意味か、わたしには判定つけかねることだが、「初中卒《ちゅうそつ》だ」と淡々と答えた。

種々疑問が沸いて来るが、四〇分で賓館のちょっと手前の例の無名のレストランの所で降ろしてもらう。女老板に瀾滄江ビール一本五元と白菜と豚肉の炒め物（八元）とたのむ。隣のテーブルにいた女性二人連れ。大柄の方は旅行社の英語のガイドと言う。ただし、英語の実力の程は頼りなさそうであった。もう一人ピンクの洋服を着ていたのは傣族で、タイ語でガイドするとのことのようであった。菜はわたしには酢がきすぎだ。ビールも三分の一を残して賓館に引き上げる。今日も一日いろいろな人に会った。

※　今日の基諾族の見学では、湖南省から来たという団体にまぎれて民家に入った。一人で入ってもよかったのだが、団体の到着以前は、その知識も勇気もなかった（司機は入っていいと言っていた。昼休みに修理完了といったあの車は午後も駄目で、かれは車の修理で手が放せなかった）。西双版納には、台湾・香港は当然、中国各地から観光団体が入って来る。中国はいま大衆観光の黎明期を迎えている。日本で言うと、一九六〇年代の前半ぐら

いか。テレビのコマーシャルを見ていると、大衆（都市の中産階層）がマスとして物品や情報の消化に参入して来る段階に至ったという感じ。

八月二五日（木）晴

九：〇〇過ぎ、メイドのノックで起こされる。部屋を掃除していいかと言うから、「可以《いいょ》」と答える。簡単に洗面してビーチサンダルを穿き、「出去一会児」と言って外へ出る。一時間余通りをぶらぶら。傣族のらしい一軒の店で、米線か米干（米線の幅の広いの。キシメンほどの幅）を豚肉少々、韮・モヤシ等といっしょにスープで煮て丼に盛るのを立ち見。器も比較的きれいだし（箸は、この地はすべて竹の割り箸で、使い捨て）、朝食として食べたくなった。一・一元で米線の方をたのむ。この丼にテーブルの上にある唐辛子味噌・咸菜・醤油・塩・砂糖等々を好みで載せて食べる。悪くない。わたしの隣はやっと箸を持てる程度になった二、三歳の幼児で、碗の端に口をつけて同じ米線を食べている。ただし米線というのは、ウドンや蕎麦に比べて、たよりない、あっさりかつ軟らかい感じである。

一〇：〇〇過ぎに部屋に戻り、バスを使う。その後洗濯し、浴室につり下げて、換気扇をまわしておく。こんな作業で正午をまわる。それからベッドの上でこの日録を記し、いま一三：五〇也。

一四：〇〇少し過ぎ、市文化館内の図書館に入ってみる。入った所にカードボックスがあって、これによって請求書に記入して借り出すわけ。閲覧室はない。書庫は見通せるが、中には入れないわけ。カードを繰ってみたが、姚荷生『水擺夷風土記』はなかった。職員の女一人、貸し付けの窓口にいたが、何の質問もせず外に出た。

無茶苦茶に暑い。晴天。何と言うか。蒸し暑いのではなく、カラリと空焼《からや》きされているみたいに暑い。自然と汗が出る。日陰に入ると涼しい。郵電大楼（西双版納傣族自治州郵電局）の報刊門市部で、西双版納州政府接待処編『西双版納概覧』（雲南民族出版社　一九九三年三月　六・九元）と絵葉書などを買う。これより景洪南路を南へ下り、工人文化宮の側の康明食堂という普通の街の食堂に入り、広東の Blue Ribbon（藍帯）Beer 一本をたのむ。ガラスの冷蔵ケースに入っていると思ったが、実は違っていた。やむなし。排骨牛の油揚げみたいな一皿は取り消して、冬瓜と豚肉炒めにしたつもりだったが、二皿来てしまう。排骨牛の方は半分残し、結算のとき「有塑料《ビニール》袋嗎?・」と言うと、親切に二重袋にして入れてくれた。一七元だったか?「你従哪里来的?・」とか言って、店の二、三人の若者わたしに興味を示したが、なまりはきつい。

この店で、自宅と母に絵葉書を書き、郵電大楼に戻って投函。景洪南路を行き、少し大きな店で青島ビール冷えたの一本たのみ、食べ残した持参の排骨牛をかじる。通りに面した席に坐し、道を行く異民族をぼんやりと眺めている。この地に居残ってのんびりしていたい気になってくる。インドネシアやインドシナに残った旧日本兵はどうだったのだろう。十人十様だろうが、何だかかれらの気持ちの一端がわかるような気がする。抜けるような青い空・白い雲・責任のある関わりを持たなくてよい異人たち・けだるい空気……。ここでは怠惰でなくては身がもたない。とは言っても、インドを経営したイギリス人だのベトナムでのフランス人たちはどうだったのだ?　ジャン・ギャバン演ずるペペルモコ……。何やら脈絡なく浮かんでくる。コロンたちだって本国でよりは怠惰にやってたんだろう。それでもコロンの方がうんと活動的で色々インフラや何か、搾取のシステムとともに植民地へ持ち込んだわけか。イヴ・モンタンと誰だったっけ『恐怖の報酬』のコロン（と言うより流れ者）[12]。

一六：〇〇近く外へ出ると、少し雨が落ちて来たので、動力付の三輪車を呼び止める。「版納賓館、多少銭？」ときくと、「随意」と言った。「三元」と応ずると「可以」と言う。鷹揚というか、謙遜なのか？まいったなあ。たしかに「随意」と言った。こう言われてはあまり少しも渡せないだろう。

部屋に帰って昼寝する。一九：〇〇近く目覚めるもひどい疲労感。全く疲れた。病気はない。休憩しようと思っても、テレビが気になる。ケチな根性で、テレビで少しでもトクをしようと思うわけ。二〇：三〇ごろドアをノックされる。「誰邪？」と言って開けると「I am 服務員」と言って、身分証明書代わりか、それともそれに挟んであったのか、小さな手帳のようなものを示す。「够了《まにあっている》」と言うと、すぐに引きさがった。可愛そうなくらい。ということは、昨夜の四川自貢の小姐はここに入ってマッサージはできぬわけだ。

この後街へ出てぶらぶら。景洪南路の傣郷大酒店餐庁で炒麺《やきそば》と冷えた青島ビール一瓶をたのむ。炒麺は辣椒《とうがらし》を入れるかどうか尋ねられた。このレストランは川味の看板も出ていて、必ずしも傣味に限らない。炒麺は油がギトギトと皿にたまっていた。二〇：四〇ごろぶらぶら歩いて帰館。門前、あの四川の小姐と仲間の小姐たち三、四人いて、「あー、日本人！」とか言って、「また乗れ」と言う。ことわる。また「按摩」と言う。笑ってことわり、すぐ構内に入る。

八月二六日（金）

八：〇〇起来。九：〇〇前に掃除の小姐来る。「去吃飯」と言って外出、一時間余りぶらぶら。この間、新華書店のビル（売書はいまや付録みたいで、酒楼を経営している）の一角の食堂で麺条《うどん》小一碗と油条一本を食べる。いまでも糧票の制度はあるらしく、票があれば一・四元、なければ一・五元との請求。この後景洪南路北側の「州師範学校」の門前まで行ってみる。門衛厳重で入れなかった。門柱に北京の新設私立大学の「招生」のビラが貼ってあった。師範学院でなくて師範学校との看板によれば、ここは大学ではないのだろう。帰館して正午過ぎまで寝てしまう。

昼食はホテルの餐庁で胡瓜の炒めたの・榨菜と豚肉のスープ・米飯・青島一瓶で一二・五元。隅の大テーブルで女従業員たち食事始めた。客に食わせるのは付録で、自分たちが食うのが本職なのだよな。ワイワイピーピー、ペチャクチャと楽しそうにやっている。いいではないか。

パッキングして、一四：〇〇少し前にチェックアウト。と言っても支払いも、手続きも何もなし。二号望江楼 River View Building の Counter に一人いた小姐に、司機にもらった水果三個と米酒一瓶をあげる。門前の人力車に乗り、中国銀行を捜すも版納大楼のそれは closed でわからない。あきらめた。

一四：二〇　民航售票処に至り、一四：三〇発のリムジンに乗り、九分ほどで機場に至る。途中ただ田野の中を走る。山脈と白雲と景色よし。

一六：三四　滑走路を南東に駆けて take off。中国雲南航空公司 Boeing 737-300型。Flight No. 4454,

Plane No. 2538。座席は七割ほど塡《う》まっている。わたしの座席はD16で、中央より右側の列の通路側。

　一七：〇八 landing。サテライト方式の廊下を出てショルダーバッグを探るにカメラがない。飛機に乗る直前、タラップの様子を撮ったので、機内に持って入ったのは確か。機場の職員に言ってD16の座席を改めてもらったが、没有了。置き忘れたのを取られたのではないだろう。足の間に置いたバッグにカメラを入れたが、バッグの口を開けたままにしていた。降りる際に隣のサングラスの若い男にやられた可能性が高い。没辦法。一応空港に、三〇日鄭州行きに乗る時、遺失物の櫃を見てみると言っておく。

　おんぼろタクシーの女呼び込み運転手に昆明飯店二〇元と約して、その助手席に乗る。後ろに父と男児みたいの二人乗っている。女運転手は褐色でトンボみたいに痩せている。錦華大酒店にせよ、こっちの方が安くて豪華でとか、客引きする。あまり相手にしなかったが、先に乗っていた後ろの親子ともめている。親が「你別欺負我了《ばかにするな》」等と怒っている。一九八九年にここに来た時の、蚊トンボみたいに痩せた女タクシー助手と同一人物かも知れぬ(13)。あの成長した姿か？　と思って、これまたサングラスした横顔をのぞく。勿論よくわからない。五年たってこのぐらいになってもおかしくない。そうして壊脾気不変了《こんじょうまがりなおらない》。昆明飯店に駆け込んで、五万日円を換金。ザックを預け、向かいの昆明桜花購物中心に行き、カメラ OLYMPUS μ zoom を三〇三八元で買う。亡くしたのとまったく同型と思ったら、滇緬公路でガソリンスタンドに止まったとき、雄大な黄昏の山脈をパノラマで撮ろうとして気づいた。パノラマにはならないのだ。うまくいったと思ったのにガックリ。

　昆明飯店にとって返し、構内のタクシーに交渉。楚雄まで二時間余、五〇〇元と言うのに決心する。ザックを請け出し（無料）、武成出租汽車公司のタクシーに乗る。保雪祥という名の運転手は自ら回民と名乗る。昆明のタクシーは、市公安局の規定により、助手席には客中の婦女子しか乗れない。男が座ると、強盗に早変わりすることを恐れるがためである。外国人のわたしのことは恐れなかったのだろう。助手席に座らせた。

一八：四五　開車。高速道路ができている。昆明―玉渓間の道路と似たようなもの。ただし、地図によると、こっちは高速道路で、昆明―玉渓間は一般国道である。黄昏、彩雲を追って西へ走る。雄大な山なみ。感嘆これを久しうす。ビルマ、雲南戦線を憶う。この高速道路は老公路（旧い滇緬公路）とほぼ同じルートのごとし。こんな山中で無駄に死んだ同胞を思う。残照をうけて黒ずむ山なみは美しいが、無目的だよなあ。無（0）でなくて、他国、他民族に災難を浴びせた大マイナスで、此方も死んじゃうんだものなあ。中国雲南省×××にて戦死、二十△歳、陸軍伍長〇〇〇。かわいそうだったなあ。途中やはり崖崩れなどあり。司機の言では、今年は雨量異例に大なるよし。しかし、昆明―楚雄間の高速道路は総体堅固で立派な構造なり。工事の難儀を思い起こさせる。

二一：三〇過ぎ、楚雄州賓館に至る。ベッドが三つ並んだ部屋（六階―一五号）を一人占めで、一〇〇元。警戒厳重。荷物を置き、外へ出る。ここは彝族自治州で、ホテルのロビーでも、赤い大型の髪飾りをつけた彝族の女らしいのがウロウロしていた。景洪に比べると、同じく自治州の州都でありながら、埃っぽく、殺伐としている感じ。林園酒家なる街の食堂で、昆明啤酒廠製白龍潭ビール一本・豚肉と唐辛子とピーマンの炒め物・豆腐とトマトのスープに米飯をもらって九元。向かいにある当地の豪華餐庁内の桃林

KTVというカラオケコーナーの音が流れる。みな勇壮な彝族の男たちの出撃の歌のような調子で、少々気味が悪い。伊東忠太[14]や鳥居龍蔵は当然ながらよほど度胸があったのだ（鳥居はここは通っていないが）。

豪華餐庁のカラオケとは別に路面で、自転車に引かせた台車の上にカラオケのセットを置いて、通行人に歌わせて金を取る商売もあった。この宿のテレビも映りが悪いが、二四：〇〇近い今でも四つほどのチャンネルが見られる。世界は一つになってゆく。テレビの力はすごい。ファッションや持ち物などもどんどん一つになってゆく。

本日、タクシー代五〇〇元、宿代一〇〇元。昆明飯店は一泊六〇〇元以上だから、タクシーに乗ってここまで来たのもいいだろう。もう一度昼夜車に乗るのは体力上ためらわれる。この宿は夜走るのではない、仮眠の分と思えば上等だろう。

※　二〇：〇〇近くまで、いくらか明るかった。その後、満天の星がきれいだった。星の名を知らないのが残念だが、走って行く西方中空にずいぶん大きな星が輝いていた。宵の明星＝金星＝太白星か？

八月二七日（土）晴

七：〇〇起来。少し前に夜が明けた。バスタブに入らず、シャワーのみにする。髪をタオルで拭ったら、タオルが少し茶色になった。東南向きの窓から写真を二枚撮る。

八：二五宿を出る。すぐ側に大きなバスターミナルがある。そこへ行ってみたが、下関行きは違う場所から出るらしい。南華・大姚・姚安、その他地図にない東瓜とかたくさん行く先表示してあるが、下関はない。それで、また近所の雲南省公路運輸局の売票站に行って様子を聞く。この前から一三：三〇に下関行きが出る。一九：〇〇ごろ着くと言う。これを確かめたあと、少し町中ウロウロしてみたが、タクシーなど何処にも見当たらない。一三：三〇発のバスに乗る以外に手はないみたい。とって返して、捨ててもいいいと思って二八元で、この中巴の票を買う。対号座位《ざせきしてい》四。一三：三〇ではどうにもならない。楚雄州賓館に戻り、ザックのみ預ける。そうして鹿城南路をドンドン歩いて、丘の上の博物館に行ってみた。何と、大規模な新築工事中で、到底開館しているとは思えない。あきらめた。白壁にうすい灰緑色のスレート瓦で葺いた建物が幾棟も建つ。完成したら立派だろう。この向かいは楚雄師範専科学校その他学校関係の牌子《かんばん》が掛かっている。「師専」というのはどういうレベルか？　わからない。帰路は馬車と人力車のやっかいになり、計三元。

楚雄は景洪に比べると、人も市街も土臭く、ほこりっぽい。言葉は老若男女だいたいひどい訛で、よくわからない。男も女も、とくに人力車夫や露店をひろげている人、その他……、何だか獰猛、未開の感じ。人力車夫など、人相を選んで乗ろうにも、なかなか安心できそうな面に出会わぬのだ。

少し下痢気味。子供用のビスケットと海原県[15]産の黄芥菜の咸菜の小パックを買って、これをミネラルウォーターで少々吃し、ビタミン剤を飲んで昼食とする。レストランを二、三軒のぞいたのだが、大同小異で、どうせ油ギトギトの炒め物とこれまた同様の湯で米飯を食べることになる。それでは肚子にこたえると思って。以上、楚雄州賓館の主楼と別楼の一つをつなぐ渡り廊下みたいな所の屋根の下にある石のベンチで記す。いま一二：〇七。

滇緬老公路

一三：二五開車《はっしゃ》。すぐ西へ。運転手は途中顔見知りをただで乗せたり、あるいは乗せた客に適当な運賃を言ったりする。運転しているバスはまるでかれの私物みたいだ。[16] これでは省営公共事業も水漏れ甚だしいわけだ。

一六：〇〇運転手の小用で停車。客もこの機を利用。この後も二箇所で停車。一箇所は餐庁の従業員と何か商売した如し。もう一箇所は道端の給水所で、運転席の後ろにある五〇cm×四五cm×二五cm程の、鉄製の水槽に給水する。漏水するラジエーターへ補給するのかね?

一八：五〇下関のバスターミナルに着く。すぐ人力車に乗り、下関賓館に入る。腹痛く、五一六の部屋に駆け込む。房費一八〇元。冷蔵庫もクーラーもないが、部屋は悪くない。ウーム。
昨夜の夜食かその器の黴菌でやられた如し。腹痛い。街へ出て、中医のいる小さな薬店で症状を説明すると、抗生物質と中薬と痛み止めと三種くれて、一一・五元。

この後、無理に街をぶらつき、交差点を挟んで下関賓館の斜向かいにある大理飯店で炒鍋豆腐と青島ビール一瓶と米飯小一碗たのんだが、半分以上残した。この時抗生物質を飲む。二一：三〇部屋に戻り、二個二元で買った青リンゴを一個食べる。うまし。中薬一包み飲む。好像有点発焼了《すこしねつあるみたい》。快休息吧。

今日通ったのは滇緬の老公路である。山また山、また山を越え、うねうねと上り下る。感心した。両側に大きく成長した桉樹《ユーカリ》の並木。こんな設備投資をしてから日本軍に反攻するのだから、欧米人の考え方・やり方はすごい。中国側もまずはこれに応えたと言うべきか。[17]とにかく、日本軍の精神主義・白兵戦術論では、インパール作戦や拉孟や騰越の守備隊の惨劇になるのは当然だ。牟田口廉也第一五軍司令官らは生き残った将兵や遺族その他国民から戦後何故告発されなかったのか？　生き残った将兵や遺族その他国民はなぜ牟田口らの責任を追求しなかったのか？　できなかったのか？　これは興味ある戦後日本論になるだろう。

※　楚雄のバスターミナル近所の路上で、昨夜もやっていたが、今日の昼間も激光《レーザー》射撃器というので商売している。射的である。つづけて真ん中を射ると点数のアナウンスと同時に「你的本領真了不起《たいしたうでだ》」とか自動的にわめく仕掛け。それはいいとして、それが、今日の昼間は客寄せに軍艦マーチ（勿論日本の）を止むことなく流している。当今、現代化された日本のパチンコ店でも流さないのではないか？　中国人はたとえば韓国人などと比べると、鷹揚というか、いい加減というか。感佩の至り也。

八月二八日（月）

大理洱海水陸一日游六五元の票は昨日買っておいた。八：二〇にその票を買った大理金花旅遊服務公司に行く。すぐに迎えの車が来て、これに乗って船着き場に行く。一五人乗りほどのマイクロバスで、重慶から来たという工場労働者風の男たちといっしょになる。船は〝茶花《ツバキ》〟という観光船で、いろいろなバスから送り込まれる。バスはこの後陸路胡蝶泉の船着き場にまわって待っているわけ。

今日は雲が多く、湖上は少し肌寒いほど。洱海公園、天境閣とか三、四箇所まわる。六五元の内には昼食代が入っていて、船中昼食が出た。ホーロー引きの丼に白飯を盛り、その上に二、三種の炒めた菜をかけた蓋飯也。わたしはこの丼をやっともらって（漫然並んでいたって頂戴できない。順序なんてないので、弱気でいるとただ立っているだけの結果となる）、甲板最後尾の椅子にかけて、持参のナイフについているスプーンで三分の二ほど食べた。後で船室に下りると、菜葉《なっぱ》スープの鍋がある。これを杓子で飯にかけて、船でくれる竹の箸でかき込むのが正式（？）な食べ方らしい。船に乗る際にラッパや太鼓を鳴らして出迎えてくれた白《ペー》族の若い女三人・男一人が、船中でもアトラクションに踊ってくれる。景色のことは記さないが、勿論太好。洱海を山並みがとり囲み、天空高く白雲湧く。湖辺には白壁の白族の集落があって。

胡蝶泉では雨が降ったが、わたしは雨傘を持っていたので助かった。泉の碑銘は郭沫若のもの。泉にいたる参道（？）、ずーっと白族の女たちの土産物屋の屋台なり。雨のため、台上にビニールシートを張って、時々棒でつついて、溜まった雨水をザーッと中央の石畳に落とす。この後、三塔と観音塘を見て、一七：三〇ごろ帰着。

一旦ホテルに引き上げたが、洗臉してすぐ十字路に戻り、南詔徳化碑に行かんとす。大理方向（北）へ八㎞とガイドブックにはある。出租汽車《タクシー》のステーションに連れて行けと言った人力車のあんちゃんが、結局おれが行くと言う。「八公里《キロ》、太遠」と言っても、大丈夫と言う。三〇元で行くと言う。八公里なら四〇分だと言う。熱意にほだされて「行了《よし》」とする。大理に向かうのだからほぼ上りである。頑張る。緑色の薄っぺらい軍衣（もどき?）を脱いで、座席によこす。筋骨たくましい。二三歳。三年間当兵《へいたい》で、東北吉林の部隊にいて、今春除隊したと言う。道理で、おれの腕前（脚力?）は下関№１だ、徳化碑に向かうのはおれがはじめてだとかのたまう。途中二、三度道を聞きつつ八㎞を踏破した。道路から一〇〇ｍほど西に入った徳化碑までいっしょについて来る。すでに鎖で閉ざしてあったのを、声をかけてはずさせる。一元の入場料を払って見学。あんちゃんに写真何枚かのシャッターを押してもらう。

帰りは下り坂ゆえ快調。「軍隊好嗎?」と問うと、心底から「好呵」と応じた。軍役の関係で日本海を見たことがあると言う。「温泉に行かないか?」とか、その他いろいろ案内しようとして誘う。ほぼ一時間半を費やし、一九：一五下関賓館前に戻る。姓を尋ねたら肖と答えた。労苦をめでて五〇元札一枚を与える。びっくりして聾唖者がうなるような声を出し、何ともうれしそうな顔をして親指一本を突き立てた。こんなに純朴に喜ぶ人の顔を見ることは稀である。肖は漢族。白族の人たちの話はわからないと言う。

昨晩の大理飯店で晩飯を食べる。昨晩よりは食べた。四九・八元でよそで買ったごく小さな五糧液で、古老肉と冬瓜の炒め物、三鮮湯と地ビールで三〇元ほどの支払い。

一九：〇〇過ぎ部屋に戻り、洗澡、洗髪。このホテルは悪くない。楚雄のホテルの緊張を感じなくて済む。

※　本日のバスにいたガイドは白族の若い眼鏡をかけた女性。白族は湖南・四川・昆明にも若干いるが、主にこの大理に集住して、人口一二〇万人、少数民族中では大きい方だと言う。運転手も女だったが、やはり白族のようだった。

八月二九日（火）

六：二〇アラームで起床。窓外を見るに小雨。票を買った旅行社の前に八：一五に行く。（下関→昆明の票は八月二七日の夕方、下関に着いたときに五四元で買っておいた）。一五の座席を満席にした中巴は八：二五開車。わたしのシートナンバーは10。左側の窓際のナンバー9は雲南省東南部文山のタバコ公司の職員という小姐。開会《かいぎ》ではじめて大理に来たと言う。右後方の席の二人は武装警察隊（WJ）員。はじめ、軍人なのか警察なのかわからなかったので、確かめようと思って、帽子を見せてくれと言った。帽子の徽章は「八・一」ではなくて、天安門に星の武警ので、帽子の内側に自分の名前といっしょに「怒江駐屯……片馬……」とか所属が自筆で記されていた。これを話題にしたら傣族で、休暇で勤務地の片馬から郷里の玉渓に帰る由[18]。真後ろの席の二人はドイツ人夫妻。どちらも大柄。国語（ドイツ語）の教師で、夏休みを利用して中国旅行に来たと言う。

一三：三五　南華県沙橋にて昼食のため停車（三〇分）。沙橋飯店という看板の飯屋で米飯小一碗・蔬菜湯・大葱と豚肉の炒め物で五元。湯は少々青臭かったが米飯は美味かった。

一四：四〇　楚雄市程家垻にて高速公路に乗る。

一七：五〇　昆明火車站に遠くない三葉飯店前のバスターミナルに着く。歩いて錦華大酒店に来てみるが、そこより少し高い昆明飯店がなつかしく、二〇元のタクシーで昆明飯店に至る。Room No. 七〇二。ダブルベッドで、房費六七〇元。すぐにシャツ二枚他を洗濯する。

二〇：〇〇　家に電話。千津子還没回来。奈津子出る。情況を詳しく説明する。これで一安心。

この後ほぼ一時間かけて、向かいのHoliday Inn（假日酒楼）の三階の梅花飯店で一人食事する。龍徴（Golden Seal）なる中仏合弁の白ワイン七二〇ml（一一〇元）と七〇元のセットメニュー。冷菜はクラゲその他。メインは何かよくわからなかったが松の実やレタスがあった。鶏とキノコのスープ。飯はインドカレー。少し贅沢したが、久し振りに美味しい食事だった。昆明飯店の一階のバーに至り、コニャック一杯とスコッチ一杯をポテトチップスで飲む。中年男のバイオリンと若い男のピアノがポピュラーミュージックを演奏している。「第三男人―The Third Man」と紙切れに書いてボーイに持たせたら、中年男来たりて「これは中国では知られていない」と言う。渡されたメニューから蘇小明の「軍港之夜」をたのんだ。わたしの思っていたよりも雄壮な演奏だった。一曲だいたい定価五元。これはバーへの支払いになる。これとは別に「歌の本」を返す時に、一〇元札を一枚挟んでピアノの上に置いた。

八月三〇日（火）

四：一五　起来。タクシーに五〇元払って五：三〇機場に至る。粥小碗一・搾菜小皿・コーヒー一で一九元。雲南航空公司のBoeing 737-300型機。Flight No. 4681, Plane No. 2689、座位は前艙のF（右列、窓際）。東南に駆けて七：一八離陸。

九：二五無事鄭州に着陸。気温二三度。スムーズに走れば一五分ほどで着くと思われる火車站まで一時間近くかかる（リムジン五元）。火車站付近は物凄い変貌。

一一：一五　洛陽行きのバス発車。料金は一七元。
一二：五五　滎陽の中心部。ここを過ぎると上り坂。
一四：三三　鞏義市小関鎮。市場あり。
一三：五七　大峪溝。炭鉱町なり。
一四：二〇　宋陵。ここで一五分休憩。一九八二年にここを訪れたことある。その時はただの畑であったのに、門ができ、その前に客をあてこんだ店や屋台がある。バスの同乗者、この屋台で中英啤酒のラベルのあるビールを買い、これを瓶のまま飲む。また焼いたり煮たりしたトウモロコシや赤い包みのソーセージやピーナツなどを買う。インスタントラーメンを買って袋の中身をそのまま齧っている者もいる。
一四：五五　鞏義市回郭鎮。
一五：二五　伊河大橋。水少なし。
一五：四五　白馬寺前通過。棉畑多し。
一六：二五　洛陽火車站前のバスターミナル着。人力車に四元払って西江区人民西路の洛陽市迎賓館に連れてきてもらう。三一八房間。まあまあ。冷蔵庫、直通国際電話はない。二三〇元。
すぐに外出。澗西区の洛陽友誼賓館まで五元の人力車で行く。かなりの距離あり。ここのフロントで尋ねるに部屋はある。シングルルームで一八〇元。冷蔵庫もあると言う。安いと言うと、わたしが外国人なのに気づいて、外国人は二八二元だと言う。やはり料金が二本建てなのだ。このホテルの裏手にある牡丹餐館なる日本料理屋に行く。日本のビールはきれている。青島ビール大一瓶と日本酒三本、漬物にざる蕎麦を吃す。ざる蕎麦は海苔の代わりに若布《わかめ》が載っていた。分量はかなり多め。そのあと友誼賓館のバーに至り、ピーナツ一皿でコニャックをダブルで一杯、スコッチをシングルで一杯飲む。カウンターの中の小粋な猫みたいな顔をした小姐は上海女と自称した。九〇元の支払い（日本料理屋の料金は失念）。

牡丹餐館内にいた男：洛陽市九都路〇号　白××　三七歳。独学と言うが、日本語と日本地理などよく知っていた。夜この店でとぐろを巻いて、日本人の相手してアルバイト兼語学研修しているのかな。友誼賓館よりタクシーで帰り、近所の店で買ったインスタントラーメンを食して寝る。

八月三一日（水）

八：二〇起床。まことにイヤになる。どうもマルチフォーカスの眼鏡を牡丹餐館に忘れたらしい。老いぼれた。カメラは掏《す》られるし、下関では薬店に四色ボールペンを忘れ、これは後で取りに行ったらちゃんと取って置いてくれた。掏られるのを恐れていれば、己の肉体の一部とも言える眼鏡まで自ら落として来るなんて。バスにつかり、洗髪。喉、夜中に一度うがいをした。うがい薬の減り早し。ズボンとシャツ等クリーニングに渡す。昨夜買った青リンゴ一個を食し、茶飲む。いま九：三〇。

まずマネーチェンジのために中州中路と解放路の交差点近くの洛陽市軍培大楼とかいうビルディングにある中国銀行の支店に行き、五万日円を換金。さらに郵電大楼に至って、友部に電話する。速男出る。母は歌集のことで竜ヶ崎より来客の由。母が心配しているならんと気がかりだったが、やっと電話できて放心了（二〇〇元の支払い）。この後、洛陽火車站に行くつもりが、方角を間違えた。中州中路をどんどん西に歩き、西関（老城）に至ってやっと気づき、ロータリーでバスに乗って引き返して洛陽火車站に到る（三元）。イヤーすごい変化。站の建物は完全に一新。駅ビル形式也。二階には餐庁・激光射撃器・カラオケ・パソコンでの似顔絵かき等々。赤いタスキをかけた小姐が階段に立って客を呼び込む。真昼間からオープン・フロアで、ガラス窓越しの空に向かってカラオケを怒鳴っている者がいる。一階の食堂で牛肉麺三元、鮮《なま》ビールジョッキ一杯六元を昼食とする。牛肉麺の肉はわずかに申し訳程度。鮮ビール悪くなかった。

　この後、古墓博物館行きのバスをさがして広場をうろうろしていると、年若いヨーロッパ人のアベックが售票亭の男たちと何かやっている。双方まるで通じない。わたしが英語で二人に聞いたら、少林寺へのバスのこと。China と題した分厚いガイドブック一冊がたより。中国人は「少林寺行きのバスは今日はもうない。明朝八：〇〇にここから出る」と伝えたいわけ。紙に中文で書きながら説明するが、わかるわけがない。一段落の後、女が「帰り着くのは何時？」と聞く。これも通訳して、午後五時なることを伝える。わたしの英語でも立派に役に立てて、双方から感謝された。二人はデンマーク人なる由。“I am a Japanese tourist” と言って別れた。自分の用事を思い出し、售票亭の男たちに洛陽古墓博物館のことを尋ねたら、すぐわきの動き出しているミニバス（一五人乗りぐらい）を指さす。これに乗せてもらい、一元。二〇分ほどで市西北の畑の中の博物館に至る。目当ての卜千秋と打鬼図の墓は両方とも電灯がつかず、ガラス戸の水滴以外に何も見えない。実に言語道断。バッグをあずけた寄存処の哥々とその隣の図冊その他土産物売り場の小姐に文句を言うと、この図冊を買えばよいと言う。何ともお手上げ。図冊の類を二〇〇元ほど買う。見終わって二〇〇～三〇〇m歩いて通りへ出て漫然とバスの来るのを待つ。何の物蔭もない。タオルを持っていたので、これを日避けに被り、ティッシュペーパーを二枚石の上に広げて坐す。幸い多雲とはいえ汗はふき出す。まいったなーと思っているうちに案外早く、二〇分ほどでミニバスが見えた。手を上げて乗り込む。帰路は何故か〇・八元で洛陽火車站に至る。

　ここより解放路を歩いて中州中路に入り、一六：一五洛陽博物館に至る。中国人と見られて五元と言われた。その後で「外賓は一二元」と言うから、「わたしは漢語ができて、中国人と同じなのだから五元でよかろう」と冗談を言うと、「規則だ」とむこうも困った様子。五元札を引っ込め、それしかないので一〇〇元札を出すと、面倒になったのか五元でいいことになった。さすが洛陽博物館。悪くない。土産物売り場には『洛陽博物館簡介』（三・〇元）という小冊子しかない（ちゃんとした目録はない）。小姐たち、わたしに絵や工芸品を売ろうとして日本語でつきまとう（感じは悪くない）。彼女らと会話を交わし、遊んで再見する（『簡介』を買ったのみ）。

洛陽市内、歩道橋上のペット売り

　一〇三のバスで〇・三元払って金谷園路と中州中路のぶつかるロータリーまで来て、一七：三〇ホテルに戻る。洗面台で下着類など洗濯。

この日録を記す。いま一八：一九。

一・五元のミニバスに乗ってまず昨日の牡丹餐館へ。酒二本・ビール一本と漬物と焼き鳥（肉大きく、三本のうちの二本のみ食して止める。七味は置いてなかった）。眼鏡を忘れなかったか確かめたが、ないとのこと。と言うことは、帰りのタクシーの中にでも落としたか？　日本の若い男五、六人入って来る。帰りぎわに確かめたら、何か工場の仕事で一箇月来ているような話であった。彼らははじめわたしを日本語の上手な中国人と思っていた。友誼賓館のバーに至り、青島罐一・スコッチをシングルで一。ここも眼鏡を確かめるために寄ったのだが、やはりない。仕方なし。

九月一日（木）

明け方停電し、ずーっと停電。八：〇〇魔法瓶の熱水を持って来た小姐のノックで起床。小姐に問うに、停電は今夜二〇：〇〇までとのこと。「毎週木曜日は停電するのか？」と尋ねたら、そうではなくて「今日は特別」と言うが、うんざりする。洗面所も暗い。クーラーは効かぬ。テレビも映らない。房費《へやだい》まけるべきだよ。懐中電灯で、ベッドの下をなめるようにさらうと、眼鏡あったのだ！

今日第一の仕事は、買い溜ってしまった書冊などを郵電大楼から小包で送ること。たいした量でなくても、ザックに入れて背負って歩くとこたえる。郵電大楼に行くと、係の大哥なまりが強くてよくわからないが、親切にしてくれる。五六七〇ｇが船便で一一八元。これに包装材が二〇元弱。包装材やコンピュータや以前に比べるとても合理化されてきた。その分費用は嵩むわけだ。やれやれ、これで一仕事果たした。

老城区に行き、八路軍駐洛辦事処跡を見学。本来は入場料を取るのだが、客がいなくていい加減なのか、免費《ただ》だった。西安のそれや重慶の紅岩村同様、これは完結した一つの砦だ。日本の史跡にはこういうのあるのかね。この後また呂氏街を西へぶらぶら。通りから奥をのぞくに、そこは辦事処の原形みたいなものだ。辦事処は独特のものではなくて、中国の住居の在り様の延長線上に出現したと見るべし。日本の江戸時代の町場の木戸の仕組みなど類似のことなしとしないが、あれは中国と比べるとあまりにヤワだ。日本はやはり雲南傣族の集落や民家に似て、オープンシステムで、中国はクローズドシステムと言うべきか（建築史にまったく不案内な者の妄言）。

小石橋傍らの洛陽民族博物館は一一：四〇ごろ着いたのに、售票処の小姐は下班していない。勝手に構内に入る。潞澤会館[19]という同郷会館で、外構立派なものなり。鍵がかかっていて、中には入れず、陳列物は見られなかった。この近所に文峰塔[20]というのがあるはずだが、見つけられなかった。

この後表通りに出、地下商業城というところで黒いメッシュの野球帽を買う（六元）。目茶苦茶に暑い。タオルを被って街中を歩くわけにも行かないし。バスに乗り、洛陽火車站に到り、駅ビル二階で靴下を一足買う（三元）。汗をかいたのか、それとも乾きが悪かったのか、足に貼りついて靴ずれができそうなので。一階の二四時間営業の食堂へ。これで三度目。扎啤〔ザーピー、生ビールのこと〕と青椒肉糸、米飯半碗とキノコのスープで二〇元だったか。また二階に上がり、〇・二元で小用をたして小憩する。

小憩の後、站広場の一角にいたタクシーのなかから赤いスズキ・ファミリアの女司機を選び、後漢の光武帝陵の見学を交渉。ガイドブックでは東北二二・五㎞ぐらいとあるので、これをも念頭に二〇〇元ぐらいから交渉しようと思って、相手の出方を待ったら一五〇元と言うので、考えるふりをした後同意。一三：五〇発車。想定していた道路が改修中で通行不能。ずーっと白馬寺前を過ぎて、隴海線の陸橋を越えて遠回りになる。孟津県に入ると、道路改修中で土埃ひどい。村荘に迷い込み、そうなると道路は細く凸凹と水溜りで危険。やっと光武帝陵に至る。[21] 見学料一二元。陵上に立ち、北方黄河を双眼鏡でのぞく。記念に柏（コノテガシワ）の葉を少し手帳に挟む。北邙。西安の前漢武帝陵（茂陵）とはまたイメージが違ってよろしい。この後北魏帝陵群を探すが找不倒《みつからない》。龍馬負図寺というのをちょっと参観。光武帝陵—龍馬負図寺の間、村の廟会（縁日の市）あり、農民老若男女群れている。素朴な感じ。孟津大橋の中程まで行く。黄河、水量多し。土色。滔々と東流す。記念に欄干に寄りて照片《しゃしん》を一枚、女司機に写してもらう。

一七：三〇洛陽市内、王城公園で降ろしてもらう。司機、一〇〇元プラスして二五〇元くれと言う。遠回りだったし、田舎の土埃と日照りで……と言う。わたし二〇〇元と応じて譲らず。一五〇元だから乗ったのだ。道路はわたしのせいではない、とこれまた理屈が通っているのかいないのか？　でも友好的に別れることができた。「慢走啊！」と言ってくれる。つまり二〇〇元払った。彼女にすれば誤算はあったろうが、まー仕方あるまい。二〇〇元でいいだろう。一〇歳、四年級の子（男女の別は尋ねなかったが）がいる。孟津は老家《きょうり》である。ただし、今は父母も洛陽に住むと言う。悪い女ではなかったが、時々カーッ、ペッと痰を吐く。これは彼女が悪いのではない。王城公園内をブラブラ。何しろ二〇：〇〇前にホテルに帰っても電気がつかないのだから。泣けるよ。

バスで百貨大楼まで戻り、璇宮飯店二階の餐庁に行き、腕と顔を洗って点菜する。広式白鶏何とかいう鶏の骨付きの冷たい前菜にシイタケと何か青菜の炒め物。それに青島の瓶一本を頼んだら冷えたのはないよし。他媽的！　それでも二本目も注文。白飯小碗一も頼み、シイタケの炒め物の汁をかけて食う。美味《うま》し。汁を飯にまぶすのだよ。

二〇：一五ホテルに帰る。やはり通電したばかりと言う。汗びっしょりになった今日の下着や靴下など洗う。お湯は出ない。バスタブに水張り、入ってしまう。土埃の頭髪も洗う。この後ビーチサンダルでちょっと外出。ホテルの近所の公園の横の通りにズラーッと夜店や屋台が出ている。主として食い物屋。壮観。試しに幅の狭い木のベンチに腰を下ろし、洛陽宮啤酒というのを一本飲んでみる。一・二元也。餐庁でたのむ青島は一瓶六～七元ゆえ、随分違う。

九月二日（金）晴

八：一五起来。今日のテーマは①鄭州に出、②宿と明日の密県打虎亭漢墓行きの手配をすること。

一〇：〇〇近く退房《チェックアウト》。八一路のバス停まで歩いて一〇三のトロリーに乗る（〇・二元。郵電大楼というバス停あり。ここならそんなに歩かずに乗れたのだ。考え過ぎ）。洛陽火車站の広場に着く。すぐに、前に確認しておいた豪華バスの呼び込みに会う。一六・八元。票は乗車してから買った。別に豪華ではない。値段も来た時とほぼ同じだ。

一〇：三〇定刻開車。白馬寺前など通る。鞏義県は高地と斜面にひろがる。滎陽市の中心に着くと平原

鄭州―河南省博物館付近―

になる。この高度差はかなりのものと見えた。一四：三〇過ぎに鄭州火車站前のバスターミナルに着いた（洛陽に発った時の場所）。すぐ側の鄭州賓館に投ず。ツインの部屋で一一〇元。ひどく安いが、部屋はボロ。それでも一応バス、トイレ付き。空調、テレビもある。国際電話はできない。密県漢墓は問題ない。少林寺や嵩山とセットの一日游で、このホテルから八：〇〇に出る。

顔と腕を洗って外へ出る。暑い。曇天ぎみなのに日差しは強い。乱七八糟。滅多糞。まず大同街入り口の電信電話大楼へ行って、二〇〇元でテレフォンカードを買って、東京に電話。千津子すぐ出る。これが一六：〇〇（日本時間の一七：〇〇）ごろ。特に話すこともないが、無事を知らせなければ。近日驟雨あった由。その他は変化なき如し。車站向かいの大楼の二階で青島一罐で香港式炒飯というのを吃し、一二元。一九八九年の夏、この階下で安い麺条をたのみ、不味《まず》くて食えなかったと思う(22)。鄭州火車站前は物凄い変貌。数日前、機場から来た時の交通渋滞は特別だったらしく、今日は車の多いことは相変わらずだが、まず順調に流れている。

二九路のバスに乗って、逆時計回りに経三路に到り、国際飯店に行ってみる。この後、河南省博物館まで歩く。このあたり立体交差の工事中で、道路が塞がっている。それで二路のバスは経三路までは来ないわけ。博物館は時間がズレているのは承知で来たが、営業しているのかいないのか？　さびれはてた感じ。構内にいた中学生ぐらいの男児たちの話では、「やっている。明日来い」とのこと。国際飯店に隣接した麗晶（Regent Hotel）の二階で、広式冷盤百葉、黒魚清蒸、麺条一碗と青島ビール一瓶で七五元。

二一：〇〇過ぎに戻って、バス使う。また洗髪する。何せ埃がひどい。工事現場の道など、色は違うが、良質の木炭灰の如し。これで雨が降れば粥の如くならん。中国、中国人と土は切っても切れぬわけだ。女媧が、こね上げた泥や泥水の滴りで人を作ったという中国古代神話の由来が納得できる。[23]

今二二：三五。テレビで「風と共に去りぬ」をやっている。別のチャンネルでは、ちゃんとしたスーツ姿の若い男と、これまたナウい洋装の小姐アナウンサーが株式市況みたいなのをやった直後に、額縁入りみたいな画面にして、中国共産党史上の重要シーンをバックに「太陽最紅、毛主席最親……」という毛沢東讃歌を流す。これはどういうこと。とってつけたアリバイ工作みたい。それとも現今の毛崇拝の一端の正しい反映なのか？　わからぬ。

※　今日のバス、車中に花生《らっかせい》や茶鶏蛋などを手提げ籠に入れた男が乗っていて売り歩く。朝飯も食べずに乗ったので、持参のリンゴ、皮を窓から捨てつつ一個食べた後、〇・五元で花生の入ったビニール袋を一つ買う。殻ごと茹でた落花生である。生かと思ったが、生ならもっと硬くて臭いがするだろう。殻の凹部は薄く土色になって土が着いている。

九月三日（土）小雨（少林寺では驟雨）のち晴

夜中にクーラー壊れて止まってしまう。少し蚊にくわれた。もう要らぬと思って、下関で蚊取り線香捨て、虫よけスプレーも洛陽に置いてきてしまった。God damn you！

六：三〇目覚ましで起来。蒸し暑いなか、シャワー使い、刮瞼《ひげそる》。この宿に二泊はできないので、パッキングし、これをクロークルームに預かってもらう。七：三〇にフロントで少林寺一日游の票を二二元で買う。コース中の各所の入場料などは各人の別途負担で、それが二五元ほどになったろう。八：〇〇過ぎ、案内されて格林蘭（Greenland）飯店前で一日游のバスに乗る。普通の大型バスで六〇人ほどいたか。幾つかの飯店からかき集めるみたい。しばらくして雨降ってくる。新密市に至る以前、雨中、パトカー三台ほどがサイレンを鳴らして先導するのとすれ違う。何事と見るに、続いてトラックが四台ほど。それぞれに荷台に胸前十文字、後手に括られた坊主頭の罪犯《ざいにん》が一人ずつ乗っている。これを押さえる武警が各一〇余人も乗っていたか。ウーム。何だい、これは？　暁の手入れの後の押送かと思ったが、それにしては坊主頭だし。銃殺のための刑場送りかね!?　こっちのバスの同乗者はほとんど関心を示さない。降る雨にうたれて、荷台の先端に括られて立ち、周りのトウモロコシ畑を何と見るらむ!?　別して頭を垂れてもいなかった。

密県は老県城となり、新開の新密市に包摂された。新密市街は新築の大ビルが多数並んで、すごい。新密市（密県）は産炭地でもあり、新興工業都市といった感じ。実におそれいった。

肝心の打虎亭漢墓は、ほんの一五分か二〇分の駆け足で残念。懐中電灯役に立った。近刊の部厚い報告書[24]、半分までは読んできたのはよかった。絵（特に彩画）は、近時の中国の見せ物絵の感じに近く、うすっぺらな感じ、何となくもう少し荘厳な感じのものかと思っていたが。とにかく実見できてよかった。

嵩山中岳廟は一九八二年に訪れたことあったが、その時に比べて俗化著し。少林寺は初めて。バスでわたしの隣に坐った若者は、武術学校の教練《コーチ》と名のったが、かれの学校は、バスのプールの真向かいで、登封県公安局小林藍盾武校というのだ。県の公安局が武術学校を経営している。ここに入学した生徒（少林寺近在、他にも滅多やたらに武術学校なるものがある）は、後で登封県の公安に就職しやすいとかあるのかね?

一八：二〇鄭州帰着。民航の售票処に行く。明日の北京行きまだあるという。迷ったがこれに決めた。七：三〇起飛、五三〇元。ついで宿。格林蘭飯店の四一U.S.$に決めて手続き。この後鄭州飯店に行ってザックを請け出し、格林蘭飯店に戻る途中、雨の少林寺で汚れた靴を子供の靴磨きに磨いてもらおうとした。値段を尋ねると、一元と言う。足を出すと、左右の中年女と少年もそれぞれ脚台を出して、わたしの足をひっぱったり、墨をなすりつけたり、一こすりでも参加しようと三人懸かり。何だいこれは!? 後ろの青年靴磨きまでもにじり寄って来て物ほし気な顔している。目茶苦茶。いい加減で足を引っ込め、金を払おうにもどいつに払えばいいのか? それぞれが権利を主張してわめき詰め寄る。はじめの少年の姿は消えてしまった。五元札しかないのでこれを中年女にやる（と言うか、ひったくられてしまった）。すると、もう一人の少年が俺にもよこせと詰め寄る。何が何だか。面倒くさい。「勝手に分けろ」（実際は、二人で分けたりはしないのだと思う）と怒鳴りちらして退去。追っては来なかった。ヤレヤレ。

ザックを格林蘭に置いたが、このホテルも大したことない。うす汚い。鄭州飯店よりはましだろうが。

日中吃したのは、リンゴ一、湯麺中碗、スライスしたトマトに粗目《ざらめ》をかけたもの一皿、ビール一本、茶鶏蛋一個。大したものは食べていない。昨夜も行った、香港式のレストランに行く。あの靴磨きの三人はもういなかった。他の成年男子は並んでいたから、三人の女子供は、まともな（?）靴磨きというよりは、ゆすりたかりとか乞食とかの類か?（乞食を見かけなかったのは景洪である。その分あそこは明るかった）

「涼拌黄瓜」というのを頼んだら、キュウリ五本ほどの分量。キュウリを一〇㎝ほどの長さに切り、さらにこれを縦四、五本に切り分け、中国式ドレッシングをかけたもの。あと香港式炒麺というのは、鉄板に山盛りした焼きウドンみたいなものだが、これまた油ギトギトの大分量。青島一瓶。

ホテルに戻り、站前で買った碭山梨子を剥き、昨日麗晶で買ったCutty Sarkのポケット瓶を空けてしまう。碭山（安徽省）は鄭州にやや近く、かの地の梨は有名ゆえ、ここで売っているのはわかる。しかし、水分は多いものの、粒子が粗く、形もやや無骨で、商品としては大いに改善の余地があろう。二三：三〇就寝。

※　航空人身保険単〈中国太平洋保険公司〉——一〇元の保険料で六〇〇〇〇人民元の保証額。これ、航空券を買った窓口で勧められて買った。

九月四日（日）北京、陰転晴朗

四：一〇起来。五：〇〇フロントに下りる。昨夜預けた五〇〇元の内から二〇元戻ったから、一泊四八〇元。鄭州飯店の一一〇元の四倍以上とる資格はないのじゃないか?

昨夜ボーイ楊某の手引きで見面して、機場まで五〇元と約束しておいた黄色の小麺包車、約束の五：三〇になっても現れない。仕方がないので門口にいた黄色小麺包車に「機場。多少銭?」と問うと、「二十」と明快な返答。「好」と言ってこれに乗る。ボーイ楊某は初め「一〇〇元で予約を」と言ったのだ。これを五〇元と値切ったら小麺包車を紹介した。今朝拾ったのは二〇元で喜んで機場まで来た。五：五〇ごろ着す。

中国南方航空（China Southern Airlines）。B-732型機。Flight No. 3179。座位8F。滑走路を北西に駆けて七：三五離陸。すぐに機首を北東に向けて黄河を越える。八：三八着陸。九：〇一リムジン発車（高速道路代一二元込みで一一二元）。

九：四〇西単の民航大楼着。reconfirm 済ます。ただし、前日（九月一七日）電話せよとのこと。北京の住所を尋ねられた際に「還没決定」と答えたからか? 〇・五元で地鉄に乗り、一つ目の復興門で乗り換えて北京站へ。国際旅客窓口で明後日九月六日の瀋陽行一一次特快の軟席、一〇元の手数料込み二〇〇元弱で入手。山海関を越えて満洲の地を走ってみよう。地鉄で前門に至り、ここより五九路のバスに乗り、天橋賓館にチェックイン。四二〇元。カード効くと言う。これ一二：〇〇ちょっと過ぎ。部屋は〇八〇八（八階）。せまいけれども機能的。日本の中級ビジネスホテルと似たようなもの。冷蔵庫あって、国際電話もダイヤル直通。

一階の（安倶楽）五合庵で、サッポロ罐一、日本温酒大銚子一、天麩羅定食（六五元）とおひたし（一〇元）を吃喝。九月一日付けの毎日新聞をゆっくり見ながら。アジア諸国（民）への補償策に苦慮する村山首相。解説記事に拠ると、ドイツ（旧西ドイツ）の場合は、ナチスの犯罪に対する補償で、ドイツ国とかドイツ国民の行為に関わる贖罪ではないという立場らしい。戦時中に日系人をキャンプへ抑留したUSAの場合は、政府の政策の誤りとして、個個人に補償している。日本は、中国や韓国その他東南アジアの国々とも国家間でけりをつけたことにしている。損害を受けた具体的な人間に補償が行われなければならないということも、被害者の立場からして当然の要求とは思うのだが。難しいことだ……。日本国民は戦時の政権や政府を断罪し、断絶することがなかったから、旧西ドイツのようなやり方もできない。

　食事終えたら散歩したくなった。天橋賓館の前の通りをずーっと北上して、プラタナスの葉が朔風のはしりに裏返り、強い残暑の陽を浴びてきらめく胡同をぬけて、大柵欄に至る。実に何とも、何とも言えない。地下鉄の乗り方はなっておらぬが、北京は優雅でやさしい。胡同の大哥が臍を出して台車に寝そべっていようとも。

鈴懸の葉裏を返す秋風に身も吹かれつつ歩みてゐたり

　前門で地鉄に乗り、崇文門で降りて、歩いて北京飯店に来る。北京に来ると、北京飯店のロビーに来たくなる。中を歩いて、北京貴賓楼の二階でコーヒー（二五元）とEvian 一〇〇ml（三五元）を飲む。残照にきらめき揺らぐプラタナスの葉を西の窓越しに茫然と見る。北京で死んでもいいと思った日本人もたくさんいたのじゃないかな？　中江丑吉は九大病院で死んだ。鈴江言一はどこだ？[25]　山本市朗[26]は最近北京で死んだ。

この後、王府井など歩き――東安市場はとり壊されて更地となり、再建待ち――一九：〇〇ごろ北京飯店二階の五人百姓に行く。中徳 beer（生）一ジョッキ、長城ワイン一瓶（一〇〇元、半分ほど飲む）、マナガツオを焼いたの、天麩羅蕎麦で計二三〇元。タクシーを使い（一六元）、二二：〇〇に天橋賓館に戻る。洗濯し、バス使う。妻子たち等に絵葉書三枚書く。日本への葉書は、従来一枚一・六元だったのが、九月一日より二・五元に値上がりした。

※北京の地下鉄。前と変わって、車内広告がある。日本のほど満艦飾じゃなくて、少しだけれども。客の乗り方は相変わらず田舎ッペ。降りるのを待たずに押し込んでくるから、揉みあいへしあい。乗りそこねるのや降りそこねるのがでる。

九月五日（月）晴

ゆっくり朝寝しようと思ったが、八：〇〇前に起床。二階の中餐館時珍苑で朝食をとる（粥、サラダ、咸菜、茹玉子）。ヴァイキング方式で一人四四元。洛陽、鄭州で埃を吸ったズボンなどクリーニングに出す。一〇：〇〇前に宿を出て天壇北門まで歩いて行く。このあたり絨毯や布地その他生地屋が多い。元隆顧繍綢緞商行なる店に入ってみる。旗袍やブラウスやネクタイ等々。欧米人の観光客多し。この店の少し東側に磁器口大街という名の南北に延びる細い路地がある。ものすごいマーケット。南寄りの方は衣料品店、北へ上ると食料品店や食い物屋で磁器口に出る。磁器口でバスに乗り、終点の東単で下車。東単から一元でミニバスに乗り、友誼商店内を見物。友誼商店よりやや東側の路地の衣料品屋街（ほとんど屋台に毛の生えた程度のもの）はすごい。ロシア人の姿が目につく。ロシア語でやりとりする屋台主もいる。ちょうど昼飯時で、店主や店員が食事をする。米飯は米飯、野菜や肉を炒めた菜は菜で、それぞれに発泡スチロールの器に入れる。米飯の器は各人専用だが、菜の器は小さな椅子の上に置いて、共同でつつきあっている。飯菜を商う屋台が出ていて、ここから買ってくればよいわけ。わたしはこれを食べず、バスに乗り、建国門内大街から西走して復興門内大街の民族飯店に至る。ここの北京海陽宮潮州酒楼で牛肉と竹の子とシイタケの炒め煮、青菜の炒め物、豆腐と海苔のスープ、米飯小碗一、青島罐一、生ビール一で一九〇元の支払い。味は悪くないが、女店員数が多く、あまり愛想が良くない。国営で過剰人員を抱え込んでいるのかね？　それとも下請けに出してあるのかね？　することといえば、飲みさしのビールに注ぎ足すこと（やめさせるが、しまいに面倒になる）。最後に「来米飯」と命ずると、はじめに注文してあったのに、後ろに立っていたウェイトレス、考えもせずに「没有」と言う。わきにいたのがとりなして、すぐに了解したけれども。あまりに古典的ではないか。経済改革はどうした？　店の内装や制服は少しは良くなったのに。

復興門まで歩き、地鉄で前門に至り、前門大街を少しさまよった後、五九路のバスに乗り北緯路下車、一六：〇〇過ぎホテルに戻る。少量の洗濯をする。

余分な衣類とわずかな書冊類など、ビニール袋に入れて紐で括り、九月一五日までこのホテルに預ける。これでザック少しは軽くなったのに、地下の商場に行くと、フランスの Denis Mounié というメーカーのF.O.V.を三七〇元で買ってしまう（中国名は長頸。細長いボトルで容量は記してないが、七〇〇mlほどか）。重量を減らそうとして、これをまたフィルムケースに三杯ほど飲む。その後、中餐館時珍苑をのぞいたが、結局そこには入らず、五合庵に行く。中国式と日本式は全く異なる。日本のは陰々滅々、お通夜みたい。客が居ないかと思われるほど。パラパラは居たのだが、時珍苑は灯ピカピカで、どの卓も人で満ちている。これを見て退散したわたしはやはり日本人。クラゲの酢の物とお浸しで銚子大一本をチビチビと飲む。毎日新聞九月二日付けをていねいに読みつつ。最後は茶漬。やはり日本人は（わたしは？）陰気だ。

食後散歩。北緯路を西へ西へ行くと、虎坊路につきあたる。もっともっと歩いていたかったが、迷子になるのと、明日の朝早いのとが気がかりで、二二：〇〇前帰館。夜になると涼快。本当に北京はいい。

九月六日（火）晴

四：三〇起来。バス使う。荷物少し減ったのでパッキング楽になる。五：二〇フロントに下り、ＶＩＳＡカードで清算。一三六二・四〇元。門前のタクシーに乗ろうとすると、人力車もある。モータープールに集まる者同士で仕事を按配するのか？　「北京火車站」と言ったら、人力車をあてがわれた。「多少銭？」と聞くと、「五」とか「五個」とか「five」とか言った。ところが站に着いて一〇元を渡すと、「No, fifty」と言う。どうもはじめに聞き間違えたとも思えない。やりあっていても仕方ないと思い、五〇元渡した。いかに早朝とはいえ、乗り心地の悪い人力車で、この距離で、阿呆らしい。乗っていた時間は二〇分ほどだったろう。

六：一〇ごろプラットフォームに降り、すぐ乗車。一一次特快、瀋陽行。第一七車廂第一三号座位。六：三五定刻に発車したと思ったら、じきに停車。給水には変な場所だし。女車掌に聞いたが、回答「聴不懂」。時刻表より二〇～三〇分遅れたろう。蕎麦の白い花を見る。線路沿いに山羊を追う人。

七：四九　魏善庄（時刻表になし）通過。

八：一五　廊坊通過。レールを敷き直している。コンクリートの大きな枕木を八人で担ぐ。天秤を利用。前後を四人ずつで。一人の男が器具を手で操作してボルトを締める。

九：〇七　天津着（定刻は八：二二）。一〇分余り停車。来週泰山に行くと言って、わたしの時刻表を借覧したデンマーク人の小姐（と言っても有夫か？）ここで下車。昨年北京で中国語を学び、今は香港で「買的（buyer ?）」の仕事をしている。今日の天津も仕事。泰山は「go with family」。「一路平安！」と言ったら笑っていた。隣のボックスの韓国からの留学生の男女の一組は瀋陽まで行く。北京語言学院で学んでいる由。『地球の歩き方・中国』の韓国語版を持っている。

九：五五　右手に海が見えてきたと思うと、間もなく左も海というか、湿原みたいになり、これがずーっと続く。太沽あたりか。水稲、コーリャン、ブドウ多し。

一〇：四一　漢沽站通過。

一〇：四九　唐山（四五分遅れて、一〇：五九発車）

一二：〇三　一六車廂の食堂車に行き、一時間をかけて昼食。木須瓜片（キュウリと鶏卵を炒めたもの）一・五元、腐竹木耳（湯葉とキクラゲを炒めたもの）一五元、スープ（キュウリと鶏卵入り）一元、米飯一元、HOFBRÄUHAUS（München, Lager 中国蘇州製——冷えてはいないが不錯）七元、以上総計四〇元。これに持参のコニャックをフィルムケースに三杯。

一三：〇三　山海関。一二分停車。この站を出たら関所があるのかと思い、右手昇降口に立って注意したが、不明。

一四：五四　錦西通過。さすが満洲は広大である。トウモロコシが圧倒的に多く、コーリャンが少し。

一五：二九　錦州。一二分停車。

一六：五八　大虎山通過。

一七：四四　新民站通過。ここより南東に折れて瀋陽に向かう。また、このあたり稲田が広がっている。

一七：五二　遼河を越える。荒涼とした感じ。

一八：三五　瀋陽北站着。韓国人の男女と、隣席だった西安の発電所の設計技師と名乗った初老の男とに再見を言って下車。

勝手がわからない。タクシーもあまり站前広場に入って来ない。薄明かりの下で二元で買った地図を見るも、ホテルの見当がつかぬ。手洗いに行きたくなり、站の二階に上がってみたが、電子ゲーム、激光《レーザー》射撃器、ビリヤード等の遊戯場で、探し当てられない。あきらめて站前に泊まると決心。ネオンが見えた天涯賓館に至る。結果は不錯。スイートルームで三二〇元。冷蔵庫はある。国際電話のダイヤル直通は駄目みたい。

五階の餐庁、薄暗く、ナプキンの洗ったの等各テーブルの椅子の背に掛けてあり、もう仕舞ったのかと思ったが、やっていた。白菜とニンジンを茹でた涼菜、空心菜の牡蠣油炒め、炒飯、鶏卵とキュウリのスープで三〇元ちょっと。これに七五〇mlの白葡萄酒一瓶を三六元で買う。

もう少し楽な旅程にして、休養もと思いつつ、結局、中国の魅力にひかれてアタフタ、ドタバタ。今日は一二時間列車に乗り、食事して酒を飲んだだけだったが。それでも北站でウロウロしているときは、少々疲労が蓄積したかと不安になった。今はまた元気回復した。

九月七日（水）晴

七：五〇起来。下着等洗濯して、バス使う。部屋は一二階の一二〇一。窓はほぼ南向き。瀋陽は大都会の如し。瀋陽北站はこの窓からは見えない。朝食は摂らず。九：〇〇過ぎ、まず北站に行く。售票処の二階に行く。明日の「遼二游」八：三〇発、大連行きの票を買わんとするに、退《はらいもどし》票するつもりでその票持って来たと言う若い男に出くわす。硬席で五〇元。これに空調の待合室の代金三元を加えて五三元と言う。一元札がなかったので、五五元渡してこれを買い取る。八：三〇発は八：〇〇発に改まっている由。

恵工広場を経て市政府広場まで歩き、そこよりバスに乗り、老道口なるバスストップを通過、瀋陽站に至る。ホテルのフロントの男に尋ねた際、張作霖の爆殺されたのは老道口のあたりと言う。一旦はそこに行こうとしたが、降りずに過ぎる。ガイドブックでは、張作霖の爆殺の場所は皇姑屯三洞橋とある。これと老道口が重なるのかどうか、不明。

瀋陽站の方がもとの站で、市の旧繁華街もこちら。北站は新開の方面になる。瀋陽站は東京駅を小さく模した如し。站前の通りに面して、煉瓦の大きな建物が多い。日本統治時代のものであろう。中山路から北二馬路に入り、中国医科大学を外から見る。これは旧満洲医科大学。今は九月で、新生を迎え入れる時期。正門のあたりにその飾りあり。

そこから歩いて遼寧省博物館に行く。二階に原始時代から遼代までの五つの陳列室があり、陳列品は立派である。東漢の棒子台の壁画は実物のようにも思える（未確認）。大同の華厳寺などでも思ったが、遼の文化の水準は高い。焼き物も愛《め》づべきである。しかし、遼以後、明清までの陳列室がないのはどういうことだ。二、三の館員に尋ねても「ない」と言う。幾つもの部屋を使って清代揚州の絵画の特別陳列が行われており、それで閉じられているのか？　遼代までは感心したが、その後が見られなかったのは残念。

一三：〇〇過ぎ、博物館を出て、南市の農貿市場そばの国営西域春飯店で昼食とする。店員の勧めに従い、以下のように点菜する。野菜のギョーザ半斤（二五〇g）。メニューでは一斤より。これを頼んで半斤にしてもらった。はじめ四分の一斤はダメかと尋ねたが相手にされぬ。ナスと豚肉の炒め物、ネギと竹の子と牛肉の炒め物、これにBeck's（貝克）というビール瓶一（ドイツのビールで、福建省甫田県でlicense生産している）。合計五〇元。ビール以外はすべて半分は残した。これだけあれば三〜四人の菜になる。万一四人で足りなかったら、米飯小碗とスープを添えれば充分だ。腹が膨れて少し困った。

中国医科大学正門

昼食時に地図を確認。一三路のバスに乗り、大南門下車。ウロウロして、やっと張氏帥府にたどり着く。料金一〇元（中国人は二元。遼寧省博物館も同じだった。これいささか釈然としない。昨日の車中一緒だった西安の発電所の技師は、列車も飛行機もホテルも、中国人と外国人の料金差別はなくなったと語ったが）。三階建て。二階まで見学できる。西隣は中国の伝統様式の三つ四つ中庭のある建造物で、ここを通って入る。張氏帥府が現役だったころはこのような入り方ではなかったろう。正面から真っ直ぐに入ったはずだ。

くたびれてタクシーに乗ったら、ちゃんとメーターを倒した。基本料金の七元ですぐに故宮に着いてしまう。故宮はざっと見た。時間に追われたのとくたびれたので、また正陽街でLadaに乗る。この司機遠回りしたように見える。メーターに一六元と表示される。一六元渡そうとすると、「我的服務態度太好」なのだから二〇元くれと言う（ウム? 矛盾していないか? 愛想はよかったが）。苦笑いしつつ二〇元渡す。こうして、一六：〇〇ちょっと過ぎ、九・一八陳列館に至る。ここは爆破の現場の如し。日本側が建てた記念碑が、記念に倒されたままになっている。すぐ側を 図們—瀋陽 というプレートを下げた列車が北の方へ走っていった。陳列館は一六：〇〇までなのだが、入れてくれた。展示物は写真パネルが多い。しかも九・一八よりずっと後の、解放戦争まで含んだ中共中心のものである。ここが柳条湖事件の現場というのが取り柄で、展示物はそうたいしたものではない如し。

出ると、うまい具合に北站行きのバスが来たのでこれに乗る（一元）。一七：〇〇過ぎにホテルに戻る。一階の売店で買った開心果（ピスタチオ）や康師傅麺（熱湯を注ぐラーメン）で、昨日の残りのワインをやる。くたびれてウトウト。

今日の瀋陽は朝から風強く、土埃たつ。バスタブに湯はって入浴、髪洗う。ホテルに帰りついてから窓外雷鳴とどろき、雨降る。これで埃はおさまろう。しかしひどい土埃。さすがに土地の人も顔をしかめ、口を覆っている。老婆も含めて女性では、ネットだかヴェールだかで頭から顔まですっぽりくるんでいる人も少しいる。テレビ見る。サッカーの試合。西安○○隊だの、瀋陽××隊だの、解放軍の△△隊だの。サッカー場の塀はエプソンやパナソニック（松下）やその他の広告だ。何も西側と変わらない。国営テレビでもコマーシャルタイムはたっぷりある。毎日の股票（株）相場の情報も。社会主義市場経済て何だ。「社会主義」のところは中共が政権を握り続けるというくらいの意味ならむ。経済は資本主義、政権は一党独裁というのが、どこまで続くか。現段階は韓国の朴正熙時代のような、一種の開発独裁かも。

九月八日（木）晴

六：○○起来。七：一○ホテルを出る。站が近いので楽。「遼二游」には軟席車が三輌ある。わたしの持っている票は一一車廂一一座位の硬席。「游」なのだから軟席にしたいと思った。とりあえず七車廂の一隅の硬席に座し、車掌が来るのを待つ。結局車掌は現れず、ずーっとこの席で来てしまった。あまり混んでなく、清潔。この列車は瀋陽北を出たら終点大連までノンストップ。快調に走る。車中所在なく、殻つきの落花生一袋を買うに三元。

八：○○　瀋陽北発。

八：一六　蘇家屯。このあたり水稲田。

八：四七　遼陽。棒子台漢画像墓へはここで降りるのか。
八：五七　霊山站。
九：〇七　旧堡站。
九：四七　大石橋（営口である。港はかなり離れている）。
一〇：二二　熊岳山。このあたりリンゴ畑。
一〇：五四　得利寺。石光真清『望郷の歌』[27]。
一一：二二　普蘭店。
一一：三五　三十里堡。
一一：四五　金州。乃木大将の漢詩[28]。
一二：〇八　大連站に着き、地図を買う。

站前広場は工事中で、バスの様子もわからない。ウロウロ。はじめて着いた土地でタクシーが信用できるのかできないのかもわからない。出鱈目に吹きかけられるなら乗りたくない。結局ザックを背に、歩いて大連賓館（旧大連ヤマトホテル）に至る。シングルルーム（№四二七）。バスの栓壊れている。廊下にルームナンバーの表示なくて、ウロウロ。一泊七二〇元（八五U.S.$）。手入れしてあるとはいえ古い。今時この古さでこの値段は高かろう。三つ星の表示。テレビは日本のものはいる。勿論冷蔵庫はある。

チェックインしたのは一三：三〇ごろ。洗顔した後バスに乗って（〇・三元）站にとって返す。最小限明後日の丹東行きの手当てをしようとするも、わからない。朝から、車中の落花生と水のみ故、飯も食わねばならぬ。站近くの通りで、台北式快餐とある看板にひかれそこに入る。壁の品書きを見回して「魯肉飯八元」を頼む。魯肉飯はこの春に台湾で覚えた名前なり。今日食べたのは大碗の白飯の上にキュウリ等の咸菜が少しのっていて、別の一皿は上に香菜を散らしたよく煮込んだ牛の筋肉であった。不味《まず》いも美味《うま》いもない。不味いからというのではなく、飯も菜も四分の一ほどずつ残した。それからまた站の周りを色々尋ね歩き、結局タクシーに乗って（結果からすればそんなに遠くはなかったのだが）、北崗橋近くの鞍山路傍の長途客運站に至り、情報収集。

この後、バスを乗り継いで大連港客運站に至る。周辺、日本時代の石造りの立派な建物も幾つか残っている。微かなる海の香り良し。站に上がって種々見回す。烟台、威海への便が多い。海を見るのは好き。船を見るのも好き。コンコースをブラブラしていたら、若い男が寄って来て、片肘を曲げて、かしげた頭の耳の所に持ってゆき、寝るまねをして「気持ち良くなる薬買え」というようなことを言う。勿論一蹴したが、麻薬の類であろうか？　瀋陽―大連を列車で走ると、われらの父祖たち流血苦闘の地との感慨を催せり。

夜、ホテルの日本料理屋（割烹清水）で、銚子大二本、酢の物、漬物で二〇〇元ちょっと。某大手商事会社のAと言うわたしと同年配の男性から話をうかがう。今月やっと大連開発区に段ボール製造の公司の設立認可を得たという。A氏の言うに、少年のころ大連で過ごし、今会社を定年になったような年配で大連を訪れる人が多いと。さもありなん。旧制中学在学中に終戦を迎えた人も六〇の定年だろう。鶴見尚弘横浜国大教授は錦州中学の生徒だった。

※　アカシカの大連と聞いたが、見るのは「法国梧桐」つまりプラタナス。今日の女タクシードライヴァーは、大連の名物として「法国梧桐」と言った。

※※　Ａ氏曰：東京に戻って三箇月ほど留守にしたらもう変わっている。つまり変化がきわめて激しいということ。

九月九日（金）

七：〇〇過ぎ目覚める。ひどく疲労した感。バスにひたり、幾分回復す。ＮＨＫの国内・国際ニュースを見る。「旅順一日游」のバスに乗るには八：〇〇までに站前に行かねばと思ったが、疲れていて間に合わず。一五路のバスに一站乗り、青泥窪橋で降りてブラブラ。少し雨が降ってきたので傘を開く。火車站の方へ行くと「旅順一日游」と記したプラカードを手にかざした小母さんがいる。シメシメと思い、「我去」と言う。小母さんは網を張っている漁師みたいなもの。同類の小母さんや娘っ子二人ほどにリレーされて、小巴に送り込まれる。客は総勢一七名。大柄な山東人の女ガイドがつく。この小姐なかなか雄弁、有能。

九：一三　大連火車站を発車（料金は六三元）。

一〇：〇五～一一：三〇　旅順監獄。ここは博物館になっている。乃木大将の「山川草木うたた荒涼……金州城外斜陽に立つ」の漢詩を刻んだ大石碑もここに運ばれて倒されてあり。安重根はここで処刑された。瀋陽―大連の列車の眺望にも思ったが、このあたりもまた日本近代史の舞台なのだ。父祖たちの流血、揮涙の地なのだ。日本列島の内にのみ近代日本の史跡があるわけではない。

一一：四五～一二：三〇　白玉山。旅順口を見下ろす。二個の鳶口を左右から近接させたみたいに狭まっている。なるほど。ここを塞がれたらロシアの艦隊はどうにもならないはずだ。広瀬中佐、杉野兵曹長。

一二：五五～一三：一五　ロシア人墓地。日露戦争中のロシア兵戦死者の墓地には「明治四拾年大日本政府建之」と側書した慰霊塔がある。第二次大戦末期のソ連兵戦死者の墓も隣接してある。

一三：一五～一四：〇五　昼飯。ロシア人墓地前の「郊外酒楼」にて。蝦仁肉片、鶏蛋湯、米飯（小碗）、ビール（米国Wister）一瓶で計五二元。

旅順口

一四：三〇　山海経探検楽園（テーマパークなるものの一種か？ちゃち）

一四：三五～一四：五〇　旅順口海岸。本当に狭い。

一六：三〇～一八：〇〇　白雲山公園、金沙灘海水浴場、老虎灘。この間、とてもよい景色。老虎灘に北朝鮮の旗を煙突に描いた汽船が停泊していた。ハングル表示には気付いたものの、夕闇ではっきりしないから、はじめ韓国の船とばかり思った。旗をみれば確かに「北朝鮮（ベイチャオシエン）」だ。ガイドの発声でやっと気付いた。気付くの遅れてカメラに収められなかったのは残念。さびれた気配。実際に営業しているのかどうかは別として、「海上楽園」などの看板が出ていて、客を招く設備ある如し。

一八：〇〇　老虎灘発。市内に入ってから、車えんこする。替わりの車を待って四〇分程空費。

一九：一〇　大連火車站。

一九：五〇　大連賓館に帰投。

二〇：〇〇過ぎ、大連賓館内の清水に行く。昨夜のＡ氏にまた会う。専ら聞き役にまわり、種々話をうかがい、有益であった。氏の言によると、旅順は近時レーダー基地としての機能を強化しているらしく、外国人の立ち入りにはますます神経を尖らせている由。今日わたしが面倒に巻き込まれなかったのは幸運であった。バスのガイドは気をきかせて、わたしのことを「華僑」と同乗の客たちに紹介したのに、わたしが「不。我不是華僑。我是日本人」と言ってしまった。後で、わたしにのみ「ぶち壊しで、マズイじゃないの」みたいなことを言った。そー深刻に言ったわけではなかったが。

二二：〇〇ごろ部屋に戻る。ＮＨＫのテレビ、上海の日本対中国の女子バレーボールの試合をながす。中国優勢。そろそろ旅の終わりと思いけり。丹東に行って、それで苦労の仕舞いとしよう。明朝頑張らないとたどり着けないな。

九月一〇日（土）晴

昨夜、清水の後、ちょっと門口を出て、近所のスタンドで野球のミットを小さくしたような形のパン（ビニールの袋に二枚入り、一・六元）を買った。残っていたコニャックを飲みつつ、夜食としてこれを胃に入れた。眼鏡を外していてよく見えなかったが、一箇所青（黒）黴みたいなのあったかも知れない。そもそもスタンドの小母さんは四・五元だかのいんちき日本語片仮名が書いてあるビスケットのパッケージを勧めてくれた。銭を節約するのと、なるべく普通の中国人が食べるものを試食してみようという気があって。それが最悪の結果。

明け方四：○○過ぎか。猛烈に腹が痛くなる。水状の下痢数回。上からも吐く。腹痛耐えがたく、大理で買った痛み止め二錠と抗生物質二カプセルを飲む。それでも痛み止まらない。少し寝られるようになったのは七：○○過ぎ。今日の丹東行きは問題にならない。寝ている。九：三○ごろ小姐が部屋を掃除に来たので、フロントに下りて今日も泊まることを告げる。兌換の窓口で二万円をチェンジ。部屋にもどって来て、まだ働いていた小姐に「我肚子有点児疼了」と言うと、屑籠のサッポロビールの罐一とミネラルウォーターのペットボトルとをつまみ出し、口に当ててゴクゴク飲む真似をして「冷的の飲み過ぎで痛くなったのだ」と言う。中国人は冷的は体に悪いと思うかも知れないが、今回のはあのパンに黴菌があったのだろう。小姐が退出するのを待って、またカーテンを閉めて寝る。

一三：○○近く、やっと起きる。抗生物質二カプセルをまた飲み、身づくろいして外出。中山広場から一五路のバスに乗ると、次が青泥窪橋（○・三元）。ちょっと歩いて動物園に至り、ここより八路のバスに乗ると、次が北崗橋（○・三元）。空気は爽快だが、陽ざしが強い。野球帽を被って北崗橋の長距離バスのターミナルまで歩く。明日八：一○発の丹東行きの票買う。三六・六元。座位は一三。口の中が粘い。冷たいミネラルウオーターを買い、少しずつ口に入れる。

帰りも同じバスで青泥窪橋に至る。椅子に座りたかったが、空席はなかった。動物園の前や脇の通りは自然発生の労働（人足）市場なのだ。だいたい若い男だが、「磚工」「木瓦匠」「染漆」等、自分の職種・技能を大書し、他に若干の宣伝文句などを書いた四〇cm四方程度の紙切れを地べたに広げている。内装材の品質や色見本のようなものを広げている者も多い。この手の者は洛陽でも少し見かけた。その時は何だかわからなかった。大連で読めた。

大連站前は清水建設の現地法人かが大建築工事のための基礎工事をしている。工事現場を囲って、地を深く掘り、たくさんのダンプカーが出入りしている。以前に比べて乞食・物乞いの類が少ないと思う。体さえ丈夫なら仕事は転がっているか？　農村からの民工潮（以前は「盲流」と言っていた）がなければ、高速道路や鉄路も含めて、建造工事は不可能になる。各地、すごい建設ラッシュだ。

丹東に入る前に整髪剤を買わねばと思い、青泥窪橋の大商業区域をさまよう。高価な香水などやたらに並んでいるが、男物の整髪剤など見当たらない。何を探しているのかと陳列ケースの内側の女店員が問う。「男的整髪油」といい加減に紙に記すと、「髪乳」と書くから「対」と応ずる。上海家用化学品廠（天潼路一三三号）製の「美加浄 栄養髪乳 Hair Cream」などと表示してある一〇〇g入りのチューブを六・六元だかで買った。

さらにバスに乗り、一四：四〇ごろ大連賓館に戻る。何か食べてみようと思い、また清水に行く。天井の明かり消え、客は一人もいない。わたしがテーブルに着いたら明かりを点けた。月見蕎麦、青島小瓶一、燗酒銚子一で一三〇元。蕎麦は棒みたいで少し残した。あとはどうにか平らげて部屋に上がる。

大理で買った漢方薬「腸胃薬　沖剤　楓蓼」というの一袋八ｇを飲む。八ｇの薬というのは分量多く、口の中ゴソゴソガサガサして飲み込むのに気合をいれる。[29]　一五：〇〇～一九：〇〇また寝た。切符を買いに行っていた間、またベッドメイクしてくれたみたい。カーテンを閉め、テレビを消して寝ていると、ほとんど物音聞こえない。何か世の中から見捨てられたような感じ。しかし今回の腹痛にはまいった。まさか死ぬとは思わなかったが、旅に病むのは一層切ないことである。

二〇：一五　母に電話。「大連とは満洲じゃないの」と言う。「そー。昨日広瀬中佐の旅順口に行ってきた」と答える。日本は今までずっと暑い由。この後何か食べねばと思い、一階の中餐庁に行く。青島ビール一瓶と肉糸炒麺をもらう。二〇：三〇になると照明をおとし、各テーブルに蝋燭を運び卡拉ＯＫタイムとなる。大きなスクリーンや天井のカラフルと言うか何と言うのか、目をまわし、目をむくような電光ミラーボール（？）や。日本人の発明した卡拉ＯＫは世界中にはびこっているらしいが、中国人もこれが大好き。また、今日見ていると、日本と違うのは卡拉ＯＫでの歌をバックに男女あるいは同性相擁して踊るのである。中国は本当に一九六〇年代後半の日本のように、大衆娯楽・大衆消費の時代に入っている。昨日の山海経探検楽園だの、中岳廟わきの封神宮だののお化け屋敷は笑止だが、あれらも例証。また各地にディズニーランドのような游地（楽園）が開設されている。

九月一一日（日）晴

六：〇〇起来。腹はどうにか八分どおり回復したのではないか。シャワー浴び、ＮＨＫのＢＳテレビのニュースを見ながら身じたく。一泊七二〇元×三＋国際電話（越谷・友部）一五五元＝二四一五元を現金で払う。七：〇〇過ぎに門を出、一五路と八路のバスを乗り継いで北崗橋の長距離バスのターミナルへ。今日は日曜日で乗客が多くなくて助かる。

八：一〇定刻発車。ところが一〇分も行かぬうちに「車壊了」。八：四〇発の車が追いついて来たので、これに乗り移る。うまくいって補助椅子でなくて正式の椅子（№42）に座れた。そのまま進むのかと思ったら、この車一旦北崗橋に戻る。連絡のためか？　一昨日初めて票を買いに来たとき、門口にいた男が、最後の八：四〇発のでなくて、八：一〇発のにせよとアドバイスしてくれたが、この事故のことなのだなと悟る。最終便で「車壊了」だと「没辦法《おてあげ》」となるわけ。

九：一五　乗り移った車で北崗橋から再スタート。この車、サスペンションは比較的よい。ただし、運転手痔でも悪いのか、それともシャーシーの下の行李入れに割れ物でもあるのか、道が少し凸凹になると、極端にスピードをおとし、いらいらさせられる。

九：五三　瀋大高速道路（片側二車線プラス路肩。中央分離帯あり）に乗る。

一〇：〇一　金州で高速道路を下りる。

一一：一五　普蘭天市中心部。垂柳。

一一：二八　槐樹の並木。婚礼の車の行列（七、八台）。

一一：五八　楊樹房。

一二：二五〜一二：四五　普蘭店市唐家房鎮のドライブインで昼飯。

一三：四〇　庄河市明陽鎮。

一四：〇八　庄河市中心部。ここは遅れている。建築ラッシュなし。降りる客を目当てにバスに寄ってくるのもバイクでなくて人力車。

一四：五〇　青堆鎮。プロパンガス（石油気）のボンベを運ぶ人。

一六：三五　東港（旧東溝）市北井子。

普蘭店市唐家房鎮のドライブイン

一七：〇四　東港市中心部。

一七：二四　東港市前陽開発特区別墅〔別荘〕売り出し中。

一八：〇〇　丹東火車站側の長距離バスのターミナルに着く。

満洲の赤い夕陽の沈むのと競争のようにして、ようやく丹東の街に入った。バスを降りて、ターミナルの向こうに見えた桜花賓館というのに来たら、一足先の中国人の客で部屋はなくなったと言う。別なホテルを紹介してくれと言うと、歩いて三、四分の鴨緑江大廈に連絡してくれた。二六〇元でダブルの部屋があると言う。喜んでここに来ると、四六〇元とか四八〇元とか言う。外国人とは知らなかったので二六〇元と言ったので、外国人は別料金だと言う。「太貴。四百……」と言いかけると、わたしが四〇〇元と値切ったと思ったらしく、電卓を叩いて四〇八元と言う。「好」と応ずる。

洗臉し、すぐに餐庁に行って食事する。牡蠣油で青菜を炒めたの、揚げ豆腐、竹の子とキクラゲと貝柱などの鍋物、キュウリと鶏卵のスープ、米飯小一碗に土地の三八度の白酒半斤（五〇〇g）の瓶一本、土地の鴨緑江ビール一本を含めて三〇数元。味はまあまあ。No.六〇三の部屋も、冷蔵庫やBSテレビの受像器もあり、二つ星にしては悪くない。

二〇：〇〇ごろ火車站に行く。票の売り場は閉まっている。站前広場、若い男女が羽根蹴りやバドミントンをしている。列車を待つ合間かと思ったが、荷物もなく、自転車で来ている者もいたりする。站前広場が夏の夜の遊び場になっている。ただし、大気は結構冷える。子供に大衣を着せて、自転車に乗せて遊びに来ている者もいる。站前広場から延びる大露店街をブラブラして二一：〇〇帰投。

※　大連―丹東間は、水稲田多し。広漠たる面積である。また街道の両側、とくに東港市に入って以後、コスモスの花多し。

九月一二日（月）晴

七：〇〇起床。ここの洗面所は熱湯豊富に出る。シャワーだけで済まそうと思ったのを改めてバスにつかる。気持ちよし。七：三〇フロントで明日夕方の票を依頼する。一八：五三丹東発北京行きの二八車次特快。「第一希望は軟臥（下舗）だが、軟臥がなければ硬臥でもよい」と言って五〇〇元預ける。

バイキング方式の一五元の朝食。アワ粥も食べてみる。食えぬことはない。九：〇〇前ホテルを出、ホ

鴨緑江端橋

テルの前の通りをほぼ真っ直ぐ南東に一㎞ほど行くと鴨緑江公園につきあたる。一元払って鴨緑江の岸に出る。さらに六元払って鴨緑江一号と表示した大型の遊覧船に乗る。乗っている時間は三〇分程度。河の中程どころか、かなり朝鮮（新義州）の岸近くに寄る。この後一〇元払って鴨緑江端橋に上る。この橋（第一橋）は一九一一年に日本の朝鮮総督府鉄道局の手によって竣工した。はじめは鉄道橋で、橋の中央部が九〇度旋回して船の航行を妨げないように工夫された。「満洲国」期の一九四三年、すぐ上流に鉄道大橋（第二橋、今の中朝友誼橋）が作られるに及んで、第一橋は道路専用橋に改められた。朝鮮戦争時、一九五〇年一一月から翌年の二月にかけてのアメリカ軍機によるたびたびの爆撃で第一橋は破壊されて廃橋となった。一九九三年に残存部の補修工事を行い、鴨緑江端橋と命名して観光スポットとした（以上、上橋票の裏面の「鴨緑江端橋簡介」による。なお橋際の説明の看板の文章も上橋票の裏面の文章と同じ）。橋を旋回させるための運転台も残っている。ここに上がると、大丈夫とわかっていても怖い。高くて、足下を緑褐色の江水が滔々と流れて。上手の第二橋を見ていると、中国→朝鮮へは乗用車・トラック・マイクロバスが何台も行く。列車の通るのには出くわさなかった。端橋を下りた後、また三〇元払って、一人でライフジャケッ

朝鮮民主主義人民共和国側の船舶

トを着けて快速艇に乗る（運転手男一人、外に何故か助手席に女一人）。朝鮮側の岸ぎりぎりまで行く。岸辺の警備艇や貨物船へ数メートルまで接近するから乗り組んでいる男たちがよく見える。陸側の公園、観覧車が動かずにある。日本統治時代からだろう、石刻の虎だの、柳の並木だの、結構人は出ている。多くは中国側を向いて腰を降ろしている。自転車を押す男。自転車はそんなにボロでないみたい。自転車を改造したような手漕ぎの車に乗った身体障害者もいる。衣服の色はパッとしない。食い足りているかどうか？　そういうことはわからない。ただ一つ異様だったのは、漁《すなど》る人の多いこと。船員は船から釣り糸を垂れている。陸の釣り人も多い。中州や岸辺の砂浜から水に入って網を引いている者も双眼鏡にたくさん入る。これに対して丹東側では、老人が一人だけ半分趣味みたいに（？）水に漬かって網を打つだか、押すだか、引くだかしていた。両岸の建物を比べれば、丹東側が圧倒的に新しく、多くて、立派。

ついで、昼飯も食わずに歩いて錦江山公園[30]に至る。ここの山頂の錦江亭より北朝鮮がよく見える。今日は双眼鏡が大いに有効（旅順見物のときもとても役に立った。大理洱海で宿に置き忘れたのは残念だった）。沿江の建物群の裏手は広い水田地帯なり。双眼鏡で見る限り、水田は中国と同じ。刈り入れ前で黄一色。白い

踊る朝鮮族の女性

建物群もそー貧弱には見えぬ。船からの双眼鏡では、この後背地がわからぬから、錦江山公園に登ったのはよかった。亭のground（一階というか基段というか）で、朝鮮族の、主に中年の女性ばかり二〇余人、朝鮮のド演歌みたいなテープ（音割れている。これ隣の売店で流している）にあわせて、自然と踊りだす。本当に自然と体が動き出すというように、二人、三人と楽しそうに踊りだし、踊りの輪がふえる。写真撮ったらニコニコしていた。何やら立ち去りがたい気分になった。衣服は一般の中国人と同じ。朝鮮語で楽しそうにペチャクチャやっていた。酒も持参していたようだ。男は一人もいなかった。民族って何だ？　涙ぐましい気持ちになった。

亭を右手に見つつ正門近くまで丘を降りると、以前の日本の神社の跡がある。「明治四十五年六月　大久保光麿　奉納」と彫った手水石などあり。門柵の石の日本人名その他はセメントで潰してあった。勿論、鳥居や神殿の影も形もないが、参道の石の畳み方、太鼓橋など、日本の造った神社にまぎれもない。これもまた、民族て何だ。この時すでに一三：〇〇過ぎていた。

少し疲れたので、基本料金五元でタクシーに乗り、鉄路沿いの道を西南走して「抗美援朝紀念館」に至る。中国人一五元、外国人四〇元とある。通るかどうか五〇元札を出したら三五元の釣りをくれた。一〇元で求めたパンフレットによると、これは一九五八年初建だが、一九八四年に中共中央と国務院の批准を経て「拡建」することになり、一九九〇年一〇月「奠基」、一九九一年六月工事開始、一九九三年七月二七日朝鮮戦争停戦協定調印記念四〇周年の日に合わせてテープカット開館と言う。巨大な「抗美援朝紀念塔」の金文字は鄧小平のもの。鴨緑江を挟んで真っ直ぐに朝鮮側に対している。紀念館には展示物が陳列されてあり、他に戦闘場面のパノラマ館と戦車や飛行機の野外展示場とがある。ためになった。しかし朝鮮民主主義人民共和国の人たちが見たらどう思うかな？　この紀念館はあくまで中国の義勇軍ほか党・政府・民間がいかに力戦奮闘、朝鮮を助けたかということ。門前に江沢民の一文を金文字で刻んだ大きな石碑がある。これは北朝鮮に対するデモンストレーションだな。「忘れるでないぞ、あまり手数をかけるでないぞ」と言う。

バスに乗り、七経街（火車站より真っ直ぐ北東に伸びる）と七緯街の交差点に出る。近所の朝鮮料理屋で、今日の課題のもう一つ、「冷麺」をやった。三三元。あまり口にあわぬ。量も多く、半分ほどでやめる。途中で少し上等のソーセージを買い、ホテルの売店で長城ワイン（一瓶二四元）と開心果（ピスタチオ、一袋一五元）を買って一六：〇〇前に部屋に上がる。下着類などを洗濯してから、昨日買って冷蔵庫に入れて置いた桃を食べる。

一六：一五フロントに下りる。票はどうなったか？　最高。九月一三日の二八次特快、一四車廂一九号（下舗）。一八：五三丹東発、一二二一㎞を走行して翌朝一〇：〇〇北京着。乗車券一九七元、特快券四五元、寝台券二四六元で計四八八元。朝五〇〇元預けたが、さらに四〇元を追加した。一三元は瀋陽鉄路局丹東站の領収書のある「取票送票服務費」である。とするとあとの三九元は何なのか？　票を取ってきた若い不精髭の男とフロントで出くわしたが、この使い走りの男の取り分なのか？　フロントも認めている。まー仕方なかろう。望んでいたベストの票なのだ。三九元は働いた男の取り分でいいだろう。

部屋に戻ってワインを半分ほど飲む。この部屋は№六〇三、窓は南西。一泊四〇八元で悪くない。双眼鏡を弄んで、窓から外を見ていたら、丹東站前広場の毛沢東の巨大な立像の上半身が見えた。この像は何故か西を向いている。落ちる赤い夕陽に手を挙げているのだ。西を向いているのは「東風は西風を圧す」と言うことか？　それとも平清盛流に、沈む太陽も呼び戻さんとの気概か？　廊下に出て、裏手北東を見ると、丹東六中である。日本式の学校建築のようにも見える。昼休みが長いから夕方にずれ込むのか？　生徒が校庭で整列したり、行進したり、廻れ右みたいなことをしている。各グループに軍服の若い男がついて指導している。初歩的軍事教練ということか。

丹東に来た目的（鴨緑江に浮かんで北朝鮮を見ること）は十分に果たした。明日夜の票は入手した。ヤレヤレ。しかし気を緩めてはならぬ。要小心!!

二〇：〇〇過ぎ、晩飯を食べに、火車站の真向かいの太陽という名の新式飯館に行く。中国で一人で食事するのは不便なことが多い。この飯館では、壁面にメニューが表示されていて、この中から選んだものをたくさんいる小姐たちに告げると、コンピュータでプリントアウトされた精算書が来て、待つうちに現品が運ばれた。五元の扎啤（生ビール）一杯と餃子半斤（〇・九元）を飲食。店の奥に横書きの標語が掲げてある。まず左端に、地平より半分まで姿を現して光輝を放つ太陽のマークがある。上段に大字で「太陽員工務請牢記〔太陽の従業員はしっかりと心に刻むべし〕」とあって、下段にやや小さい字で「価格、衛生和質量関係我們生死存亡〔値段と衛生と味とが我々の生死存亡に直結する〕」とある。この標語の下に、贈り手の名義は読み取れなかったが、縦二行に金色の糸で「吃得好　花得少〔食べておいしく、値段はやすい〕」と縫いとられた真紅のペナントが下がっていた。たしかに衛生に気を配っているようで、いずれも紙で包んだコップ・小皿などがあらかじめ各テーブルの上に配置されている。これにまた紙袋に入った消毒済の箸が届く。ここまでは良い。この後、菜が来ると、小姐がコップや小皿の包み紙をはずしてパッパッと床に捨てるというか、撒くというか。おかげで床は良く言えば桜吹雪の後のよう。結局紙屑だらけ。これは何だろう。客はまるで気にしない。それどころか、また箸の袋を捨てたりして協力、助勢。隅の一角に塵取り箱を出して紙屑を集めたりする小姐もいるが、さしたる効能を目指しているわけでもなさそう。中国人は紙吹雪が景気良く感じられるのかねえ。わからぬことの一つである。小姐の言によれば、この店は一〇：三〇～一四：〇〇、一七：〇〇～二一：〇〇の営業なる由。

今宵上弦の月明らか也。

※　ポットの湯をまるで使わなかったら、朝ポットを換えに来た小母さんに「おまえは何故茶水を飲まないのか？」と聞かれた。詰問されたわけではないが、何やら恐れいって「今日は飲む」と答え、さっそく朝茶を二、三杯飲んだ。

※※　丹東の一番の目抜き通りは錦山大街で、七経街の一本北西寄り。両側に新しい銀行や百貨店が立ち並びなかなか立派な馬路である。丹東は中国の辺境中の第一の城市というのが売り物である。

九月一三日（日）晴朗

八：〇〇過ぎ、一階のセルフサービス方式の餐庁に行き、一五元で粥二杯その他を吃す。ついでフロントから当ホテルのマネージャーに電話して、虎山行きのことを尋ねる。わたしはhuと発音すべき虎山の虎を間違えてfuと発音した。すると「韓国の釜山か?」と問い返された。「何を馬鹿なこと」と思ったが、たしかにわたしが発音を誤った。かれはすぐに姿を現した。日本語がとても上手だった。一二〇元あげてくれと言って、虎山行きのタクシーを手配してくれた。

サンタナの新車で、九：二〇ホテルを出る。途中で九連城という村、集市〔定期市〕の日とかで、道路両側に露天の列。一〇：一五虎山着。山海関でなくてここが明代長城の東端だったのだ、と近年宣伝している[31]。いや驚いた。これでは新築の長城だよ。おまけに目下村の青年たちが紅旗をたてて延長工事の真っ最中。本当の東端は山のてっぺんで、双眼鏡で視認するのみ。まあ痕跡をたどってその上に新築しているということか。観光資源を造成しているわけだ。丘陵をアップ・ダウンする街道。並木は垂柳〔シダレヤナギ〕・

長城工事

楊樹〔ポプラ〕・槐樹〔エンジュ〕等。ここを飛ばして帰る風景が宜しい。本日、晴朗。雲一つない紺碧の空・緑の灌木の山・青く大きな靉河《あいが》・枯れトウモロコシ・サツマイモの畑・黄金の水田・僅かなコーリャン……色はみな原色に近い。点綴される自転車の村娘の紅い衣服がこれらのバックとよくマッチする。冬は荒涼たる景色になるのだろう。

一一：一五ホテルに帰着。運転手に一二〇元の料金の他に一〇元のチップを渡す。ホテルの床屋に入る。散髪して襟首を剃るだけと簡単。その後「マッサージするか?」と問われ、応諾したら全身を揉まれた。揉まれ慣れないわたしが顔をしかめたり呻いたりすると、北京で按摩を覚えたという気のよさそうな小姐が笑う。大力なり。マッサージを入れてたっぷり一時間半余り。料金は二〇〇元。ケチケチ旅行には少し贅沢だったが、何事も体験研究。体はたしかにほぐれた。小姐曰「你有点瘦。応該多吃点児。多吃蔬菜〔あんたは少し痩せている。もうちょっと食べなければいけない。特に野菜をたくさん食べるとよい〕」本当?

ホテルの餐庁で午飯。その後部屋のBSテレビで大相撲の中継を見ているうちに午睡。一七：〇〇近く起来。バス使い身支度。一八：〇〇チェックアウト。二・五泊の計算だろう。一〇一〇元。ザック背負って丹東站へ。途中二五元で白ワイン長城一瓶買う。他に安物のソーセージと中国版カッパエビセンみたいの。

一八：五三定刻に発車、北東に走り出す。外は闇。同室はわたしより年配の白髪の男一人と四〇前後の男たち二人。四〇男のうち一人はガス会社の「経理〔辞書を引くと、支配人・経営者・社長などと説明してあるが、いま一つわからない。とりあえず中国語のままにしておく〕」と自称。この三人にもう一人が加わり、ビジネスの話している如し。老百姓とか投資とか一千万とかいった断片的な単語しかわからない。無聊ゆえ、携帯用ラジオを取り出して、イアホーンで聞く。朝鮮語の放送が幾つか入ってくる。この中には北朝鮮のもあるだろう。などと思っているうちに北京放送の国際放送の日本語放送が入ってくる。女のアナウンサーが江沢民のパリ訪問その他を語る。一九：四〇からは雲南省迪慶チベット族自治州の個人経営のトラック輸送業の繁盛をレポート。

白髪の男は居民証を出して見せてくれた。北京市城東区在住、王〇〇、六八歳。一九四二年に鉄道員となり、ずっと変わらず四〇数年勤めたという。北京から全国どこでも「軟座《ママ》」で行ける退職鉄道員優待パスを持っている。これも見せてくれた。「已経退休了吧（もう仕事してないんでしょう）」と言ったら、そうでもないようなあいまいな口ぶりだった。優待パスで第二の仕事でもしているのか？「丹東へはしょっちゅう来るのか？」と聞いたら、「めったに来ない……。」弟の所に用があった。弟は丹東で医者で、血液学が専門」と言う。一九四二年は戦争最中。「東北で鉄道員していたのか？」と聞くと、「不、関内」と言うから、華北交通か？「若いときに日本語習ったけれども忘れた」と先に同室の中国人たちと話していたが。居民証やパスなど見せてもらったお返しにわたしの名刺を差し出すと、モグモグと読もうとするので「タダケンスケ」と音読すると、「マツダ、ツノダ、キムラ、コイズミ」とか、若いころの日本人同僚だろう、姓を挙げる。この老人は根っからの組織（の中で働く）労働者だったのだな。そういえばそんな風貌にも見える。農民、企業のマネージャー、労働者みな相応に顔が違う。わたしが時刻表や地図やノート等取り出したせいか、ガス会社の「経理」は、わたしのことを「学者？」と尋ねたが。元鉄道員が読んでいたのは『独剣寒星』なる題名の講談本。

九月一四日（水）晴

六：〇〇ちょっと前に白髪氏が起きたので、わたしも起きてしまう。髭剃り、顔洗う。この寝台車の洗面台で持参の石鹸を初めて使用した（それまで何時も宿の石鹸）。六：一五太陽出る。六：三九唐山に至り五分間停車。ほぼ定刻である。昨夜は本渓を過ぎて瀋陽に至る前、二二：三〇ごろ消灯して、被子《ふとん》をかぶった。夜中二：〇〇ごろ小用に立ったのみでよく寝た。これなら没問題。昆明―景洪の二四時間バスに比べれば天国。

七：三〇　白髪氏が茶鶏蛋を食べるので、わたしも何か食べないと彼が気を使うかと気を使い、昨夕買ったカッパエビセンみたいの（Be・Beという商標で二〇g入り。マレーシアの企業との合弁公司が汕頭で製造）とリンゴ一個と安物ソーセージ三分の一を吃す。これだけ食べれば十分だろう。あと熱い紅茶でもあるといいのだが、嶗山のミネラルウォーターを飲む。備えつけのポットに湯はあるが、コップがない。●リンゴも数年前までの小さくて虫食いだらけの酸っぱそうなのに比べると、随分改良品種になった。もっとも輸入物もあるのかも知れない。●街頭やバスの中での喧嘩口論もめっきり減ったように思う。●衛生観念も少しずつ普及・深化している如し。●総じて、以前よりは「有礼貌」の方向に進んでいる。

一〇分遅れで一〇：一〇北京站に着く。白髪氏に「再見」と言ったら「さよなら」と応じてくれた。地鉄で前門まで（○・五元）。前門から五九路のバスで北緯路下車（○・三元）、天橋賓館へ。予約より一日繰り上がったが、没問題。九○九の部屋。この前は八○八だから、一階上で、一つ東側（内側）に寄るが、差不多。多分房費も同じ四二○元。この前の方が角部屋で、少しだけ広く、窓も広くて眺望がよかった。このホテルのシングルは日本のビジネスホテルに近く、せせこましいが、設備は一応ちゃんとしていて、値段も安く、フロントから裏方まで応接も悪くない。日本式のトレーニングが積んであって at home な感じになれる。安心できる。

一二：○○、一階の五合庵に行き、中徳利の温酒で天麩羅定食をゆっくりゆっくり食す。酒を燗する機器が壊れているのか、なかなか適温にならず、三度目でがまんする。一三○元余。部屋に上がり、さすがに安心したのか、洗濯もせずに一六：三○まで寝てしまう。

一七：○○過ぎ、北に歩いて、陝西巷という路地を歩む。地元の人向けの屋台が並び、大柵欄西街に通ずる。玉田飯店はあったが、人が変わったみたいで小姐の姿を見ない。もっとも最初に会った娘が何時まで娘であるわけもないが。前門大街を挟んで、大柵欄街の反対側、つまり東側の鮮魚口街もさまよう。この後天安門広場を北上し、西長安街を通るバスに乗り、民族飯店の中の魚国に行き、銚子三本、野菜サラダ、金平牛蒡、ザルソバを飲食。二一三元。日本人のマスターはいなかった。小姐に尋ねると、目下探親〔里帰り〕中と言う。バスを乗り継いで天橋賓館に帰る。

九月一五日（木）晴

七：四〇起来。下着類洗濯してバス使う。冷蔵庫の冷えが悪く、小姐に留守中に直しておくように頼む。二階の時珍苑でセルフサービスの朝食。ここは鴨緑江大厦のそれ（一五元）より高くて四五元。もっともコーヒーも茉莉花茶もあるが。

バスに乗り、前門に着いたのが一〇：〇〇ちょっと過ぎ。八達嶺方面の一日游のバスしか残っていない。その他はどんなところがあるのか不詳なるも、とにかく一〇：〇〇をまわっては遅すぎる。ならばと、海淀図書城に行くことにする。西直門まで地鉄（〇・五元）、そこからバスで動物園まで行き（これはいくらの距離でもない）、動物園から頤和園行きのミニバスで海淀で下りる。少しウロウロしたが、海淀図書城は見つかった。一つの雑居ビルに幾つもの出版社の販売部みたいのが店を出している。このビルの周りにも本屋が広がっている。古本屋もある。日本の戦前・戦後の古本（大体ひどく汚いが）もある程度の量並べてある古本屋も二軒ほど見た。①『像章精品薈萃』（北京出版社　一九九三年九月　一三元）②接培柱著『戦争博徒山本五十六』（世界知識出版社　一九九四年二月　八元——ただし店のサービス期間に当たり、これの二割引き）③『中国文化研究』'94秋之巻・総第五期（北京語言学院出版社　一九九四年八月　七元）の三点を買いしのみ。

この後、初めて北京大学を見学。構内を出るところで買った「北京大学燕園」なる略図によると、南校門から入り、図書館正面を写真に撮り、未名湖に行き、東南校門をちょっと出入りしたことが判明する。正門である西校門もスノーの墓も蔡元培像も李大釗像も見ないでしまった。未名湖畔で、ピスタチオをかじりつつウイスキー五ccとコニャック三ccを飲んでおそい昼食とする。景色よし。哲学系建系八〇周年とかで、同窓集まるらしく、群れて写真をとったりしている。わたしぐらいの年輩の人が多いように見えた。

一八：〇〇過ぎホテルに帰投。冷蔵庫だめ。フロントを往復して、やっと別の冷蔵庫ととり換えさせる。朝小姐に頼んでおいたのは効き目がなかったわけだ。茶水を換えるボーイに言ってもラチあかぬ。フロントも一度はうやむやにされそうになった。一度目だけだったら空しく待ちぼうけをくわされるところであった。これでおそくなり、一九：三〇ホテルを出る。どうも中餐は食べたくない。前門で地鉄に乗って東四十条で下車。ここの站前にある五つ星のデラックス大ホテル港澳中心一階の〝もきち（茂吉）〟なる日本飲屋に入る。豆腐と豚肉の煮込み、鯵の干物（長さ一二～一三㎝ほどと小さい）、焼きナス（冷えていて不好）、ザルソバ、スズキの握り（二個付け）、アサヒの罐ビール一、銚子大二で五五六・九〇元。換算すると六八〇〇日本円ぐらいになる。わたしの出入りする日本の安飲み屋なら、これで四〇〇〇円以内だろう。と言うことはこのクラスだと中国もあまり安くはならないわけだ。若干安いのは人件費のみか？

　前門まで地鉄に乗り、前門から小型タクシー。メーター一二元と出る。零銭がなく二〇元だしたら釣りがないと言う。一五元あげるから五元は「找銭（釣り）」せよと迫ると、喜んで五元よこした。

　冷蔵庫チェンジしたのもだめ。チェンジしたときには着いていたフリーザーの霜が融けてしまっている。部屋の配線に問題があるのか？　このことフロントに言うに、夜中の部屋替えとなる。ルームナンバー一三〇一。

九月一六日（金）晴

七：五〇起来。バス使い洗髪。時珍苑にまた行く。粥がおいしいから来るのだが、今日は遅かったのか、残っている菜の品数少ない。日本の女子学生風の二人連れが二組いた。なおこの宿、ロシア人の男客が多い。多分買い出しだろう。

一三〇一部屋の窓は南向き。陶然亭公園の亭が見える。一〇：〇〇近く宿を出、バスで前門に至り、前門から地鉄で建国門站に至る。ここまでは順調だったが、この後方向を間違えてウロウロ。やっと北京国際郵電局に至る。太田幸男氏たちと侯外廬の家郷を訪れた一九九〇年にすでに一緒にここに来たことがあったはず。書籍と衣類とナイフ一個総量五九〇〇gを船便で一七八・二〇元。洛陽で送ったときよりも時間がかかる。送る人も多いから仕方がないか。郵電局から南、東と歩いて友誼商店に至る。土産物をそろえんとして。玉の馬一個二〇〇元、龍井茶二罐入り一八〇元、ネクタイ一本八五元、ネッカチーフ一枚一二〇元、旗袍一件二四〇元、彫漆（堆朱）三盒一一七元、計九四二元。

小麺包車にも、小型タクシー（ダイハツシャレード等の軽自動車）にも乗らず、友誼商店からミニバスに乗って前門に至り（二元）、前門五九路のバスで北緯路（〇・一元）と来て、一五：〇〇近くにホテルに帰る。シャツや下着など最後の洗濯する。

ＮＨＫで大相撲見る。昼飯の代わりに昨日の残りのカッパエビセンもどきとピスタチオとリンゴ一個を食しつつ、これまた昨日の残りの白ワイン長城等を飲む。今日の仕事は、小包を出したのと土産物を買ったのと。これらをそうそうにきりあげて休息。それなのにくたびれた。一七：〇〇までベッドで午睡。

友誼商店でタバコSalemの「沙龍網球公開賽'94、一〇月一七日〜二三日」というチラシをもらった。一九七二年ニュージャージー州生まれの張徳培という「高手〔名手〕」が「京城再展雄風!」、「各大高手」と手あわせすると言う。セミプロだ。いやアメリカではプロで、中国にもこれを受け入れる状況ができつつあるということか。サッカーもセミプロだが、大連隊はじめ人気高い。

一九：〇〇過ぎ、バスで前門、前門より小型タクシーで北京飯店へ。一〇・四元と出たメーターに、運転手は一〇元でいいと言った。五人百姓で、松茸土瓶蒸し、刺身盛りあわせ、月見納豆、酒銚子小三本、キリンビール罐一で五〇〇元弱。昨夜の港澳中心よりも北京飯店の方が気持ちよい。日本人のマネージャーもいる。普通の小姐は上下セパレートで、筒袖の上着の桜色のペラペラの着物もどきを着ている。しかし、別に悪くはない。少し格が上の大姐は縦縞の単衣に白足袋、ちょっとましな草履を穿つ。大姐はカウンターの残りの皿などかたづけるように小姐に無言で指示する。ただ一人黙然と酒飲んで、以前に見た焼き物の台や白いキャップを被っている焼き物係の男やその後ろの竹の格子などを眺めつつ心なごみていたり。タクシーで帰る。チップ込みで一五元。

二〇：三〇家に電話する。無事にここまで来た。明後日帰国のはず。洗面台の水龍頭《じゃぐち》具合悪く、ボーイに言う。すぐに二、三人やって来て直した。今度はまずまず。

九月一七日（土）

七：四五起来。時珍苑で例の自助餐。日本人のツアー組も少しいる。中国の高校生のスポーツ選手の団体か、体格のいいのがゾロゾロ入ってくる。食事の後バス使う。いよいよ今日が最終日。一箇月自分の好きなようにあちこち見学参観。疲れもしたが楽しんだ。今の日本で、わたしのような年頃で、贅沢な幸せと言うべきであろう。大陸の衝撃の質量は台湾とは比べものにならない。台湾はなつかしくおだやかで、別してパンチを蒙るわけではない。

一〇：三〇ホテルを出て、太平街を真っ直ぐ南に歩いて行く。今日で終わりの北京の午前の風。裏返る槐樹の葉。休日の土曜日だが、人出は多い。人びとはリラックスした感じに見える。豚肉を売る攤子《やたい》があって、小母さんの客が来て、若い兄ちゃんが店（攤子じゃなくて、一応構えてある奥の店舗）の方からひき肉をバットに入れて持って来た。小母さん客にもう一人の小母さん客が加わり、「痩肉少（赤身が少ないね）」とかイチャモンをつける。兄ちゃんは何か弁解して……。こういうのが面白い。また小学二、三年ほどのガキが槐樹の陰に隠れている。反対側の歩道を自転車を押して歩いているカアチャンがガキの方を指差して何かわめいている。ガキは「我不餓、不餓」とか言っていたから、カアチャンは「御飯を食べろ」とでもわめいていたのかな。

陶然亭公園の南東隅の護城河上の交差点に至るに変貌甚だし。立派な道路になっていて、河の両岸も柳などが植えられて整備されている。橋上より西を向いて写真を撮る。一〇年前にこの近所の僑園飯店に数日滞在していたことがあったが、あの当時と比べると大変な変化。立派になった。ただし、交差点をくぐる地下道は小便臭い。ホームレスか出稼ぎか、たむろしていてやや恐い感じ。なかに聾唖者の一群あり。「木瓦匠（大工・左官）」とか「木瓦油（大工・左官・塗装）」などと記したボール紙が見える。これは求職用の看板である。出稼ぎに来てこの辺で難破してしまったのや、それに近い者がいるのだ。

北京南站（旧永定門站）もなつかしく行ってみたくなるわけ。站内やその周辺の店や店員や売っているものは以前と一変。すべて一変しているのだから当たり前と言えば当たり前なのだが。以前この辺の食堂、メリケン粉の皮のみ厚い餃子と茹玉子しかなかった[32]のに。旧永定門と長距離バスのステーションもなつかしく、辺りをウロウロ。

ミニバスに乗って北京站へ。四元は高いと思ったが、護城河沿いの外郭の大道を疾走する。これも参考になった。北京の変貌はすごい。建築中の別墅やアパートの売り出し広告など。北京站前より建国門大街まで歩き、一元でまたミニバスに乗り、西長安街の民航大楼に来る。このミニバスで隣合わせに座った男。「二六歳、明日サウジアラビアに行く」と言う。「回族か?」と尋ねたら、「ノー、ウイグル族だ」との答え。わたし「アラー・アクバル」と挨拶する。一七歳から一九歳までパキスタンに滞在したと言う（英語と漢語でやりとりする）。サウジには、アラビア語とイスラムの教えの学習のために行く由。新疆から出て来たと言う。新疆の何処かはききそびれた。この青年は天安門広場で下車。下車するときかれが握手を求めて「再見」と言うから、「good luck!」と返した。

民航大楼二階でリコンファームのそのまたリコンファーム。今朝ホテルから電話したが、人が出ないので、それならと思ってやって来た。この時一二：三〇ごろ。土曜日の昼休み時間で、一人しか執務していない。客は行列し、三〇分近くかかった。

バスに乗ろうとして「民族文化宮去嗎?」と尋ねたら、「不去。歩けばすぐだ」と言われた。違いない。

民族飯店内の魚国でザルソバ、焼き魚（イシモチ、中国語で「黄魚」と言う）、漬物で、サッポロ罐一、銚子三本と昼酒飲む。四五元の焼き魚を入れて計二七四元であった。日本人の中年男たちの団体が入って来て、「先生！　先生！」などと言っている。添乗員もいた。学校の教師かどうか不明。地方議会の議員にしては質（？）がそろってい過ぎるようだし。まあどうでもいい。

一四：〇〇過ぎ、小型タクシーで天橋賓館に戻る。秋晴の日差し強し。タクシーの助手席に座して、街を眺め、空を仰ぎつつ北京はいいなあと思う。今日でおしまいなのだ。フロントで明日五：三〇のモーニングコールたのむ。空港へのタクシーはすでに今朝手配した。車のナンバーと色を記した確認の紙をもらってある。料金は二五〇元。かなりの割高なのだが、早朝確実に空港に着かねばならないので、安全料。部屋に上がり、南に臨む窓から外を眺めつつウイスキーを少々。大相撲を見ているうちに午睡。一七：〇〇過ぎバス使う。

夜ホテルの兌換処でT／C二万円と現金一万円を換金。言わないつもりだったのに、もみあげと襟足の伸びたスリムな小姐に「我明天回国了」と言ったら、「那我祝您一路順風」と聞きとれた。何故かいささかの感傷を覚えたり。「一路順風」か。

二階の何とかいう潮州餐庁に上がる。とはいえ、もう腹に入らない。青い蔬菜を炒めたのにビールを二罐もらう。今度の中国でわかったのだが、ここもそう。横にしたバーにZ字ないしS字を縦に引き延したような形の細い鉄製のフックを掛け並べる。フックの下端に牛や豚の内臓だの蟹だの苦瓜だのがぶら下がっている。漢代の画像石の絵とまったく同じなのだ。鄭州の町中の店でも見かけたが、ここ潮州餐庁にも同じ眺めがある。

※　今日西単で買った『中国証券報』（新華通訊社編刊　一九九四年九月一七日付）の「新華証券倶楽部理事の所属機関紹介」欄を訳出してみる。今日は新華証券倶楽部常務理事王栄梓の所属する「北京市房地産〔土地・家屋・不動産〕信託投資公司の紹介」である。最初に顔写真のある王理事の紹介記事を訳す。「王栄梓、一九五三年五月生まれ。現在北京市房地産信託投資公司証券部副部長。北京半導体部品第三工場工場長、北京時計工場党委員会主任・同宣伝部長、北京市房地産信託投資公司証券取引課課長〔原文は経理〕を歴任。次いで本文を訳す。「一、公司紹介：北京市房地産信託投資公司　一九八七年北京市人民政府と中国人民銀行本店の承認をえ、中国人民銀行北京市支店・中国工商銀行北京市支店・中国農業銀行北京市支店・交通銀行北京市支店・中国人民建設銀行北京市支店・中国銀行北京市支店・中国人民保険公司北京市支店ならびに北京市綜合投資公司が共同出資して設立したノン・バンク金融機関であり、北京市人民政府の指導下にある経済機関である。行政系列では北京市計画委員会の系列下にあり、業務上は中国人民銀行北京市支店の指導・管理・調整・監督並びに会計監査を受ける。全国第一の土地・家屋・不動産信託機構であって、独立採算・自主経営・損益自己負担で経営している。／七年間の経営の結果、公司は土地・家屋・不動産関連の開発・投資・経営と人民幣並びに外資金融の役割を一つにまとめた綜合的・多機能的な金融企業となった。公司は現在九個の経営・管理部門と五個の全額投資の子公司を有し、北京を中心に深圳・珠海経済特区、上海浦東経済開発区・天津・西安・青島・北海等大中都市に及ぶビジネス・ネットワークを形成している。／二、証券業務部紹介：公司内に証券業務関連の三つの課がある：上海証券業務課は上海徐匯区中山南二路八五九号にある。一九九二年七月開業、現在三つの取引所があり、先進的な自動証券信託システムを採用し、株式・国債の先物委託業務に従事している。北京証券業務部は北京西城区阜内大街二九〇号に位置し、一九九三年二月に対外営業を始め、主として、上海株式の委託業務とＳＴＡＱ系統の法人株の委

託業務とに携わっている。北京東安門証券営業部は東城区東安門大街一九号にあって、主として有価証券の売買・発行・譲渡・支払い等を業務としている。／公司法人代表、総経理：孫同越／副総経理：呉学道・馬林・鞏万銘・張孟江／公司総経理孫同越は全従業員ともども国内外各界の友人たちの業務に関しての問い合わせを歓迎し、互いに助けあい、ともに手を携えて前進し、ともに発展したいと願っている[33]」。

九月一八日（日）晴

五：〇〇起来。腕時計のアラームを五：〇〇にセットしたのにベルのセットを消してしまい鳴らず。しかし「主動地醒了」。五：三〇に頼んでおいたモーニングコール（叫醒）は鳴った。バスは使わず。窓のカーテンを開けて、明けてゆく北京の空をみながら刮臉する。

パッキング。六：〇〇少し過ぎにフロントに下りる。四二〇元×四泊と電話代や洗濯料で一七八九・五〇元。予約しておいたタクシー六：二〇に来る。日曜日のせいもあるのか快調。若い司機 hyundai（現代）という韓国車をぶっ飛ばし、七：〇〇前に機場に着いてしまう。二五〇元の約束料金に二〇元の小費をプラスしてあげると、喜んで握手を求めてきた。祝您一路平安も言ってくれる。大変早く機場に着いてしまい、いささか待ちくたびれた。

CA九五一便、八：五〇 take off のところ九：二五になった。滑走路は真北向き。五五分で大連に着くとアナウンスしている（北京―大連は四〇〇㎞とか五〇〇㎞とか言った）。Boeing 747-combi 。座位は19Hで通路寄り。中国国際航空公司。予告のとおり、一〇：二〇海上より入って大連周水子国際機場[34]に着陸。

晴れていて海も街もよく見えた。候機室で約一時間待たされる。落花生の形の木の彫り物の盒子二つを四〇〇元で買う。

一一：五〇北北西に駆けて離陸。雲量やや多かったが、黄海よく見える。旅順港によく似た地形も見えたが、やはり別だろう。大連―東京二六〇〇km、二時間五〇分とのアナウンスがある。隣合わせたのは地方の人らしい中年の夫婦者。外モンゴルへ二人で行ってきたと言う。食事直前、唐山市で製造された罐ビール一個を飲みつつ少し話をした。息子が日本の大学を休学して、昨年九月からウランバートルの大学に留学している由。この息子に招かれ、息子の様子を見に行ってきたということであった。二日程モンゴルを見物。息子の友人のモンゴル人の家を訪問、慣れないモンゴル料理も御馳走になった。息子の専門はまだ未定だそうだが、いいことだと思う。日本でも、モンゴルに関する専門家をもっと養成する必要があろう。若い時期に留学するのはとてもよいことだ。機内食はローストビーフかチキンに、パンとクラッカー。米飯はなし。早朝より何も食べていなかったから、待ち遠しかった。ローストビーフをもらった。

機上ほとんど海淀図書城で買った『山本五十六』を読む。そーインチキな本ではない。一五：四六無事着陸。スカイライナーで日暮里下車、常磐線、日比谷線と乗り継いで、一八：二〇帰宅。一家無事。ザックを計量するに一〇kg程。ほかにショルダーバッグと大連で買った花生盒子二個の入ったビニール袋。体重六三kgで、出発時とほぼ同じ[35]。

註

（1）例えばエドガー・スノーやニム・ウェールズの著述等にあったはずと思うが、今さがし当てられない。代わりに一九三七年暮れの見聞としてロベール・ギラン著／矢島翠訳『アジア特電一九三七〜一九八五—過激なる極東—』（平凡社　一九八八年六月）六七〜六八頁参照。

（2）これは展望台ではなく、本日後記の東方明珠テレビ塔。

（3）オフィスの壁にかかっていたボードの表示では鄭州は一一九〇元、西双版納は五二〇元。思茅は三六〇元であった。

（4）広東語。文字で記せば唔該の二文字になる。サービスに対して「ありがとう」とか「済みません」と言った意味で用いる。

（5）姚荷生著／多田狷介訳『雲南のタイ族—シプソンパンナー民族誌—』（刀水書房　二〇〇四年一一月）四九〜五二頁、「磨黒—塩の街」の節を参照のこと。

（6）旧仏海。王越主編『中国市県手冊』（浙江教育出版社　一九八七年五月）五一五頁参照。

（7）景洪県人民政府／景洪県地方志編委会編『西双版納旅游指南　A Guide to XISHUANG - BANNA』（一九九三年四月）の五頁に「景真八角亭は流沙河の上流河畔の勐海県勐遮郷に位置し、勐海県城より隔たること一六km。西暦一七〇一年に建てられた。亭の全体は三一面、三一角を呈する。亭閣が八角に分かれるので、〝八角亭〟と称する。八角亭は上級の仏教僧侶が仏事を協議する場所である。その西南には好い景色の景真湖があり、孔雀公主が水浴した所と言い伝えられる。また傣族の伝説〝葫蘆信〟の生まれたところでもある」とある。

（8）ガイドに教わってこの文字記したが、いま手許の書物数冊を繰っても、該当のものは出てこない。文字に誤りがあるのだろう。

（9）後述の馬司機（二三歳）の言によると、納の字は別に傣族とは関係ない。馬氏と同様かつてこの地に下放して来た者の氏なるよし。劉宋何承天撰／清王仁俊輯『姓苑』（一巻　玉函山房輯佚書補編）に「臨湘有納湖。本属納氏」とある。臨湘は湖南省東北隅に位置する。

（10）原作は張蔓菱の「有一個美麗的地方」。張暖忻監督、北京電影学院青年映画製作所一九八五年作品。日本での公開題名も『青春祭』。

（11）原作は阿城の『孩子王』。陳凱歌監督、西安映画製作所一九八七年作品。日本での公開題名は『子供たちの王様』。

（12）フランス映画『恐怖の報酬』は、ジョルジュ・クルーゾー監督、一九五四年の作品。イヴ・モンタンの相棒役はシャルル・ヴァネル。

（13）拙著『中国彷徨』（近代文藝社　一九九五年五月）一一五頁参照。

（14）『伊東忠太見聞野帖清国Ⅱ』（柏書房　一九九〇年一二月）参照。一九〇三年五月三日に楚雄を通過している。太田毅著『拉孟—玉砕の戦場の証言—』（昭和出版　一九八四年八月）中に、第二次大戦末期の雲南戦線で捕虜にした日本兵のために中国側が楚雄に設置した収容所に関わる記述がある。ある日本兵の回想では、「保山収容所に五日いて楚雄の町へ連れて行かれ」、ここの「中国の陸軍病院に入れられた。米人の軍医が診察してくれた。／この病院には日本兵の患者が五〇人ほどいた」（二六九～二七〇頁。他に二〇九頁も参照せよ）と言う。五一年ほど前、こんな境遇でここに日本人がいたのだ。

（15）雲南省玉渓地区にある県。住民には蒙古族もいる。

（16）大東文化大学中国語大辞典編纂室編『中国語大辞典』（角川書店　一九六四年三月）の「黄魚」の項に「無賃乗車客・船頭やバスの運転手などが乗せる・俗語」とあるのに当てはまる。なお薩空了著『由香港到新疆』（新

華出版社　一九八六年六月）に、一九三九年、重慶から成都の間、著者たちが運転手の黄魚あさりに悩まされる記述がある（七八頁）。この書については本書第十一章。

（17）バーバラ・W・タックマン著／杉辺利英訳『失敗したアメリカの中国政策―ビルマ戦線のスティルウェル将軍―』（朝日新聞社　一九九六年三月）を読むと、「中国側も」「これに応えた」とは言いがたい。なお、Tuchmanの原著は一九七一年刊。

（18）一九九五年八月二三日付けの『雲南公安報』に「怒江沿岸の〝守り神〟―保山市公安局芒寛派出所にて―」なる記事があった。保山は片馬より一二〇㎞以上南方だが、武警の勤務情況は変わるまい。以下に訳出する。

保山市公安局芒寛派出所は亜熱帯河谷の怒江の沿岸に所在する。管轄区域内には漢・傣・彝・リス・苗・回等一三の民族が住んでおり、治安情況は複雑である。一九九三年には派出所全体の警察幹部の努力の結果、管轄区域の刑事事件の九三％に関して犯人を検挙し、治安事件のすべてを取り締まり、各種の違法な犯罪を厳しく打撃し、一旦は失われた二六〇〇〇余元を人民大衆のために取り戻した。平常の仕事をきちんと遂行するかたわら、社会治安の総合管理や大衆予防・大衆管理の活動に積極的かつ自主的に参加し、社会治安の安定化・管轄区域一帯の安全の確保のために貢献した。

派出所の警察幹部全員は幾重にも重なる困難を克服している。刑事事件一つを解決するのにも、ごく普通に地理的環境の劣悪さや後れた装備をものともせずに山を越え川を渡ってつらい野宿の旅をし、昼夜を分かたずに頑張るのだ。去年の一二月六日、警察幹部たちは凶悪な強姦事件をようやく解決した。休息する暇もなく、翌日、副所長張友海は二名の警察幹部を連れて幾つもの山を越え、二人の強盗犯人を逮捕した。このような長期の治安工作こそが、警察力と任務の釣り合わない矛盾を間違いなく処理してくれている。人民大衆の利益を保護するために、眠らないつらい幾夜を過ごすのか、人は知らないのだ。

経済や文化の発展につれて、芒寛でも相次いでダンスホール・ビデオルーム・カラオケホール・テレビゲーム室等の文化娯楽施設が出現し、一般大衆の郷村文化生活を豊かにした。それと同時に賭博や喧嘩騒ぎ等社会治安を攪乱する問題を誘発した。社会の雰囲気を浄化し、塵を一掃するために、派出所は郷党委や行政機関に総合的な統治についての見解や方法を積極的に提出した。郷党委や行政機関の指導の下に派出所は関連する職能部門と共同で、管轄地域の社会治安に対して怠ることなく総合的統治を堅持し、〝誰が主管し、誰が責任を負うか〟の決まりをはっきりさせた。警察幹部は積極的に各村寨に出向き、各種の文化娯楽施設に関して逐一帳簿を作成し、「治安請負責任書類」に判をつかせ、取り締まりを厳重にし、きちんと検査するよう強く督促した。規定に違反した三軒の娯楽喫茶室と三軒のテレビゲーム室を取り締まり、公共の娯楽施設の治安秩序を大幅に改善した。彼らはまた治安管理組織二三個七四人を回復させ、治安共同防衛隊一二個三五人を組織して、怒江沿岸地域の一団の人的戦闘力とした。派出所はこの隊伍をしっかり統制し、よく指導したので、この隊伍は社会治安の維持の上で積極的な作用を発揮した。芒寛派出所の警察幹部は自らこのような辛い汗水と心血でもって、怒江沿岸区域において五四四㎢の土地を警護し、三万余の人民の安寧を保護している。

同じ新聞に「自動車のナンバープレートについての豆知識」というコラムがあった。中国旅行中何がしかの実用性があるかも知れぬので、これも以下に訳出しておく。

△大型自家用自動車のナンバープレートは赤地に白字。
△小型自家用自動車のナンバープレートは緑地に白字。
△公安専用自動車のナンバープレートは白地に赤で〝ＧＡ〟として黒字。
△武装警察専用自動車のナンバープレートは白地に赤で〝ＷＪ〟として黒字。

△軍用自動車のナンバープレートは白地に赤い漢字で〝甲・乙・丙………〟として黒字。
△大使館の外国籍自動車のナンバープレートは黒地に白字でさらに中空の〝使〟の字の標識。
△領事館の外国籍自動車のナンバープレートは黒地に白字でさらに中空の〝領〟の字の標識。
△その他の外国籍の自動車のナンバープレートは黒地に白字。
△試験中の自動車のナンバープレートは青地に白字で、数字の前に〝試〟の字の標識。
△練習中の自動車のナンバープレートは白地に赤字で、数字の前に〝学〟の字の標識。
△臨時のナンバープレートは白地に赤字で、数字の前に〝臨時〟の二字
△自動車の仮登録用〔原文「補用」〕のナンバープレートは白地に黒字。
△車両の〝移動証〟は白地に赤字。
△自家用自動車のナンバープレートの文字は二行になる。上の一行の小字は省・直轄市・自治区の名である。
これに認可証書を発行しかつ監督する管理機関を表す〇一から九九までの代替符号が続く。
△自家用自動車の番号は一般に五桁の数字となる。つまり〇〇〇〇一から九九九九九までとなる。
△番号が一〇万を超えたときには、A、B、C等のアルファベットで代替する。つまりAは一〇万を表し、Bは一一万を表し、Cは一二万を表し、最後のZは三三万を表す。
△アルファベット中のIとOは使用を避け、数字の1や0と混淆しないようにする。

(19) 潞は潞州。明・清の潞安府。治は今の山西省長治県。澤は澤州。清の澤州府。治は今の山西省晋城県。前日洛陽古墓博物館で求めた賀官保編写『洛陽文物与古跡』（文物出版社　一九八七年三月）には山陝会館の項があり、これと同一建造物のようにも見えるが、名前が一致しない。

(20) 同上『洛陽文物与古跡』に文峰塔の説明あり。なおそれには八路軍駐洛辦事処の説明もあり。

(21) 尾形勇『中国歴史紀行』(角川選書　一九九三年七月)は「ここ孟津県にある光武帝陵〝原陵〟は、まだ盗掘されていない可能性があるという意味でも、貴重な大墳丘である。ただし、これは孝文帝が築いた地神を祭る壇(方沢壇)であるとの異説もあり、問題がないわけではない(高浜侑子「東漢光武帝陵位置探討」『復旦学報(社会科学版)』一九八三年四期)」(一二九頁)と言う。

(22) 拙著『中国彷徨―大陸・香港・台湾―』(近代文藝社　一九九五年五月)一三八頁参照。

(23) 袁珂著／鈴木博訳『中国の神話伝説』(青土社　一九九三年三月)開闢篇第六章中の「女媧、黄土をこねて人をつくる」の項(上巻一三〇頁～一三二頁)参照。

(24) 河南省文物研究所『密県打虎亭漢墓』(文物出版社　一九九三年一二月)

(25)『アジア歴史事典5』(平凡社　一九六〇年八月)の宇野重昭執筆の「鈴江言一」の項によれば、鈴江は「(一九)四四年(上海より)帰国、翌年三月病没した」。鈴江言一著／阪谷芳直校訂『中国革命の階級対立2』(平凡社　東洋文庫　一九七五年八月)の巻末の阪谷の解説によれば、以前にも入院したことのある九大病院に入院したが、再起不能。「北京日本人墓地に眠る鈴江言一の墓碑―〈鈴江言一碑〉の文字は、斉白石の筆という」という。

(26)『北京三十五年―中国革命の中の日本人技師―』(岩波新書　上　一九八〇年七月、下　一九八〇年八月)の著者。

(27) 石光真清は一九〇四年一〇月、少佐に進級して遼東守備隊付となった。それから間もなく、自殺した得利寺兵站司令官の老大尉の後任となった。石光真清『望郷の歌―石光真清の手記―』(中公文庫　一九七九年一月)五二～五五頁参照。

(28) 日露戦争時、第三軍司令官に補せられた乃木希典は一九〇四年六月七日第三軍激戦の跡、金州南山を訪れ、

「金州城下作」と題して「山川草木轉荒涼／十里風腥新戦場／征馬不前人不語／金州城外立斜陽」と詠じた。猪口篤志『日本漢詩鑑賞辞典』（角川書店　一九八〇年七月）四七三～四七四頁参照。

(29)「沖剤」を辞書で引くと「湯などでといて服用する粉薬」とある。それを知らなかった。

(30) 法村香音子『優しい同学　愛しい中国』（社会思想社　現代教養文庫　一九九二年一〇月）によれば、旧名は鎮江山。丹東は旧安東。法村香音子『小さな〝長征〟―子供が見た中国の内戦―』（社会思想社　一九八九年九月）ともども日本敗戦前後の安東が描写されている。また古山高麗雄「鴨緑江で思ったこと」（同『一つ釜の飯』小沢書店　一九八四年五月　所収）は、対岸新義州ともどもこのあたりのことに関連する同憶。古山はまた鴨緑江に架かる橋の由来についても述べている。

(31) カメラに収めた「虎山長城簡介」なる立て看板の文を日本語に訳すと以下の如し。

虎山長城は明代の万里の長城の東の起点である。東経一二〇度三〇分、北緯四〇度一三分に位置し、遼寧省寛甸満族自治県境内にある。南は中朝両国の境界たる鴨緑江に臨み、西は靉河に臨み、開放都市丹東から二〇km隔たっている。／虎山長城が初めて建造されたのは今から五百余年以前、明の成化五年（一四六九年）のことである。長い年月風雨にさらされ、人手に損なわれ、すっかり荒廃してしまった。一九九二年六月、国家文物管理局が虎山長城の修復を正式に承認したのをうけ、寛甸満族自治県は同年九月一八日に修復工事を開始した。／修復後の虎山長城は虎山南麓を起点として、北に向かって伸び、最も高い山頂部を越え、丹寛公路を跨いで全長一二〇〇mに至る。城楼・戦台・馬面一二座、烽火台三座を有し、城壁の底部は幅五m、上部の馬道は幅四m。城壁の高さは八mで、六m以下の部分は石積み、上部二mの垜口と女墻部は明代青磚の模造磚で築造する。／山に依り水を傍らにし、うねうねと起伏する虎山長城は、わが国の万里の長城線上最も特色ある一段である。虎山長城の修復は、民族の文化を発揚し、子々孫々に幸福をもたらすうえでかならずやきわめて大きな役割を果たすにちがいない。

寛甸満族自治県

（32）既掲拙著「第一章　乙丑游華録」中の「一九九四年一〇月一八日（金）」の記述を参照せよ（四六頁）。

（33）文中「総経理」「副経理」は原文のままにした。会社の名前も原文のままとした。

（34）日本統治期にも「大連周水子飛行場」が存在した。軍用・民用両用の記録を拾うことができる。わたしがトランジットしたこの日も、カヴァーをかけた軍用機も駐機していた。

（35）家に着いたときの残金はT／C四万円。現金五万五千円、人民幣五〇〇元程。四七万円程を持って出て、一〇万円程を残して戻って来た勘定。

第二章　山東省に漢画像石を訪ねるの記

一九九五年夏、上海から南京に至り、南京医学院（現南京医科大学）の副院長を務められた姚荷生先生を訪い、御高著『水擺夷風土記』の拙訳刊行のお許しを得た。[1] その後、北京を経由して山東省済南に赴いた。以下は漢代の画像石を見学するために山東省内に滞在した五日間の日録を整理したものである。変化の激しい現在の中国ではもはや体験できないこと、旧聞となってしまったこともあろうし、他面また、変わらない文物、風光、人情もあるだろう。いずれにしろ、ほとんど個人的な短見、感懐を表白することになる。旅行当時、一人民元は一二日本円前後であった。なお、一元＝一〇角＝一〇〇分で、日常会話では、元を块《クァイ》、角を毛《マオ》と言う。

長清県孝里鎮孝堂山石祠を訪ねる

八月二四日（木）晴。二九七車次直快（普通急行）は八：五四北京站《えき》を発車、一六：三〇済南站に到着。経三路の山東珍珠大酒店（Pearl Hotel）に投ず（一一階の一一〇四号室、ダブルルーム、一泊四八八元）。

八月二五日（金）晴。七：〇〇目覚まし鳴る。ひどく疲れを覚えたが、バスを使うと回復する。フロントでＣＩＴＳ（中国国際旅行社）や中国民航の售票処を尋ねるが要領をえない。とりあえず、珍珠大酒店より二〇〇ｍほど西に位置する済南飯店に行ってみる。そこの門口に山東友誼旅行社という看板がかかっている。ここに入って小姐に、《済南市交通旅行図》中の済南西南の長清県孝里鎮の孝堂山石祠址を示し、「タクシーとガイドを頼みたいが」と言う。小姐は裏の男の上役と相談したり、電話をかけたりしたすえ、「行ける。ガイドは不要。往復一二〇㎞と見て、一㎞につき二・八元ゆえ、三三六元。三五〇元を旅行社に前払いすればそれでよい」と言う。

「三〇分ほどで車がくるから待て」との事。承知し、田舎へ行くのだから万一の備えにと思い、腹ごしらえをする。近所の飯屋に問うに、米飯しかないと言う。しみ豆腐を煮たの一枚、茶鶏蛋《けいらん》一個で大碗の飯を半分食す。「多少銭《いくら》？」と聞いたら、こんな少量しか注文しない客はいないのか、暗算にまごついているようだったが、一・四元の請求。近所の露天の兄さんから梨三個を買って（一元）バッグに入れ、九：四〇に旅行社に戻ると、すでに車が来ていた。九：五〇出発。Ｑという姓の司機《ドライヴァー》は三〇前だろう。細君は化学の高級教師と言うから、高級中学（高校）の教師だろうか。子供は一人と言う。わたしは子供の性別は問わなかった。

路程の三分の一ほどは幅の広い堅固な新大道、三分の一はそれを作っている途中で、ガタガタ埃だらけ。三分の一は旧路で、趣あり。往路では三度ほど農民に道を聞いた。一一：一〇孝堂山麓について、石がちの丘陵を登って行くと、塀を巡らした堂があり、鍵がかかっている。司機が門扉を叩いたり、呼ばわったりしてくれる。「駄目か？　ここまで来たのに」とあきらめきれない気持ちになったころ、やっと堂守の老人が出てきて、門の右手の部屋に招き入れて、お茶を一杯いれてくれた。愛宕元（京都大学）、曾布川寛（京都大学）、刑義田（台湾　中央研究院）等の名刺をタバコの空箱より出して見せてくれる。その他徐松撰／愛宕元訳注『唐両京城坊攷——長安と洛陽——』（平凡社　東洋文庫　一九九四年五月）や刑義田の拓本請求の信書等も示す。わたしもやむなく名刺一枚を渡す。

こうして鞘堂の中にある祠堂を見せてもらった。石造のこの祠堂は現存する漢代唯一の建造物で、目測、

孝堂山、祠堂は頂上近くの土塀の内の鞘堂の中にある

済南—済寧間の路線バス

間口約四m、奥行き二・五m、切り妻形の屋根高二m強[2]。懐中電灯をホテルに置いてきてしまったのが残念。こんなに簡単にここに来られるとは思わなかった。ここまで来られるかどうかのみ気がかりで、懐中電灯のことまでは気がまわらなかった。刻画、刻字を注意して見る。後刻のされ方等、やはり実見することは大切。見終わった後、司機が、堂守に三~四〇元あげてくれというので、五〇元差し出す（ここは参観料の票等ない。つまり、一般の参観人を恒常的に想定した体勢にない）。堂守が〈孔子見老子〉画像の拓本を差し出すから、くれるのかと思ったら、必要なら五〇元とのこと。これも五〇元払って受領して、祠堂を辞し、丘陵を下る。孝里鎮はにぎやかなのかもしれないが、この孝堂山麓は、ほんの小さな集落で、食堂兼雑貨屋みたいのが一軒あるだけ。司機もわたしも帰った方がよいという気持ちで一致。

一一：五五発車。復路は一度も問路せず、どんどん走って、正一時間で珍珠大酒店に着く。午後は昼寝。一九：四〇、三階の潮州菜館に行く。①馬鈴薯と人参の細切りの炒め物。あっさりした軽い味。上品。很好吃《おいしい》。②清蒸鯇魚。鯇魚は草魚とも言い、鯉に似た淡水魚。これも美味であった。③小碗の揚州炒飯。以上にワイン一瓶で一時間余。一〇％のサーヴィスチャージ込みで一三八元。部屋に戻り、昨朝北京站で買った二鍋頭《アルグォトウ》をちょっと試したりして、茫然とあり。安酒はアルコール度の高い、厲害《はげしい》のがいい。中途半端なのは駄目。

済南から済寧へ

八月二六日（土）晴。七：三〇起来。済南站東側の天橋賓館前のバスターミナルに行く。ここから済南市交通局の運行する、済寧行きの普通の路線バスに乗る。料金は一八・五元。
九：五八　天橋賓館前発車。
一〇：二二　自動車道（有料）に入るも一〇分ほどで右折して一般道となる。
一〇：四〇　大澗溝なる集落。
一〇：五三　仲宮鎮（済南市歴城区）。
一一：一四　柳埠鎮（同右）。
一一：二八　窩鋪（柳埠鎮下）。市の開催中。
一一：五二　丘陵頂上で泰安市区内に入り、下る。
手許の《交通里程表》は、済南→肥城→汶上→済寧と京滬線の西側、平野部を南下するルートで、一八六kmとなっている。今走っているこのルートは、京滬《けいこ》線より大きく東にはずれ、泰山の東側の花崗岩の丘陵地帯を走って、泰安に回り込むのだ。陽射しは強いがさわやか。
一二：二九　黄前鎮。
一二：五二　泰安の中心部。
一三：〇七　料金所、自動車道に入る。
一三：三四　大汶口大橋を越える。一面トウモロコシの畑。
一四：一八　泗河大橋を越える。左手に鉄道橋。
一四：三五　曲阜のバスターミナルに。五分間駐車。

一四：五〇　曲阜料金所を出る。
一四：五八　兗州火車站前。
一五：五〇　終点済寧火車站前広場着。

泰安以南の平野部、トウモロコシ、コーリャン、サツマイモ等多し。麻は少々。モータリゼーションはかなり進行。ガソリンスタンドやドライヴイン等も。

済寧火車站正面の写真を撮り、中に入ってみる。埃っぽい。あまり待合いの客はいなかった。問訊処のおばさんは親切で、外に出てきて、済寧賓館を教えてくれる。正面に止まっている路線バスに乗れば知らせてくれると言う。二路のバス、〇・五元。無人售票車で、乗り込んだ客は入り口の箱に五毛を入れて、五毛の票一枚を票の束からむしり取るのだが、運転手の隣に陣取ったおばさんが、運転手と無駄口をききつつ見張っている。彼女は車掌だろう。これはどうしたことだ？　人件費の節約、合理化にはならない。車掌の作業を軽減して、監視労働にきりかえたのだ。車掌が元来していた手間を個々の乗客がして、車掌はこれを見張っている。上海や北京でも〈無人售票車〉の標識を見かけたが、あれらも同断なのか？　とにかく今日のは一種の奇観と言うべきである。

一六：四〇済寧賓館に至る。火車站から見て、北北西方。シングル一泊七〇元。かなりの田舎ホテル。フロントで「ここは済寧で第一のホテルか？」と問うと、「そうだ」と言う。站の問訊処のおばさんもそう言っていたけれど、済南の旅行社の総経理Y氏は、「太白楼というのが最好」と教えてくれたが、済寧賓館の近所の目下建て直し中のビルがそれらしい。部屋（二三九号）に荷物を置いて後、ちょっと外出。

その際、フロントに居た大哥《わかもの》に「街上有食堂嗎？」と問うと「有るには有るが、うちのホテルの餐庁の方が良い。夕食は一八時からの営業」との答。街上どうも食堂のようなものを見かけない。東西に走る太白楼路と南北に走る共青団路の交差点にある大商場に入って、Remy Martin 二〇〇 ml のポケット瓶を九一元、太平奶塩梳打餅（Saltine Crackers）二二五 g を四・五元で買う。

一八：二〇、賓館の中庭の餐庁（？）に行く。五元で定食のチケットを買えと言う。安いと思ったら、サヤインゲンと豚肉の炒めたの一皿と大碗の飯のみ。朝飯も昼飯も食べてないので、これでは足りない。土地のビールは三元だった。別メニューで焼鶏丁なるものを頼む。さいの目切り鶏肉とタマネギとトウガラシの刻んだのを炒めたもの。一〇元。大量。これを頼んだら、トマトと鶏蛋入りのスープも付いてくる。昨日済南站の二階の商場で買った〈利拍神〉なるアルコール度三八％の白酒をフィルムのケースに一杯持っていた。これと土くさい菜《りょうり》があう。コニャックはもったいない。

一九：三〇部屋に上がる。小姐が来て、バスルームのお湯がでるのは二一：三〇までと言う。バスルームは中庭に突出していて、網戸があり、外気にふれる。入浴後、下着類を洗って吊るす。また夜の街に出てみる。このあたりは市内の中心地と思うが、さして繁華ではない。工人文化宮には激光《レーザー》射撃・ビリヤード・子供の遊戯用のトランポリン・回転木馬等が並んでいる。太白楼路の芸術館をのぞいてみる。極端に照明をおとしたホール内のスクリーンに向かってカラオケ狂が絶叫している。部屋に戻って見たテレビは抗日戦ドラマであった。

嘉祥県武宅山村武氏祠画像石

八月二七日（日）晴。七：三〇起床。八：〇〇過ぎあの食堂に行き、二元の朝定食をもらう。粥（ひどく薄い米の粥。粥というよりは湯《スープ》だ）、厚皮の田舎風餃子五〜六個、ゆで卵。全部は食べなかった。朝起きたときに見たテレビはレーニンの講話だか業績だかをイラスト入りで長々とやっていた。その前後、海外資本や合弁事業の派手なコマーシャルが流れるのだ。

九：〇〇フロントに下り、押金《ほしょうきん》一〇元返してもらう。女支配人（三〇代？　器量よく、少し風格ある）みたいな人に〈有文化《きょういくのある》〉タクシーの運転手と注文つけ、嘉祥県下の武氏祠漢画像石群を見たいのだと頼む。電話してくれる。もう一人フロントにいた中年女性ともども協力的である。「今日は日曜日で、タクシーも忙しいからすぐには来ない。ちょっと待て」と言う。「明白、明白」。やがて現れたのは、赤い夏利《シャレード》の麺的《ヴァン》で、五〇歳、姓Hと名乗った師傅《おやかた》はやや小柄、褐色の顔色はまだ農民から抜けきっていない感じである。握手して彼にまかせる。京杭大運河の橋上で、夏利と彼の写真を一枚撮る。それを送るために済寧市内の彼の住所を紙に書いてもらう。電話番号も書いてくれ、電話のあるのが自慢のようであった。

九：四六　賓館前より発車。

九：五五　給油。

一〇：二〇〜一〇：五〇　済寧市西郊の京杭大運河を見る。師傅が老運河を案内してくれる。老運河沿いの古い集落の様子をつぶさに見る。

一一：一五　嘉祥県城。

一二：一〇　武翟山（もとは武宅山といった由、石標にあり。宅《タク》と翟《タク》は同音）武氏祠画像陳列館着。一元と印刷した参観票に大きく伍元と赤いスタンプが押されたものを買わされる。七〇歳の朱錫禄氏が案内してくれる。氏の編著『武氏祠漢画像石』（山東美術出版社　一九八六年一二月）を二五元で購う。また〈荊軻刺秦王〉図のある拓本を三〇〇元で購う。朱氏は「土居淑子がここを訪れたことがある」と言う。『古代中国の画像石』（同朋社　一九八六年六月）の著者土居氏が亡くなられたことを告げると「還年軽《まだわかいのに》」と驚かれた。他に一人でなく団体で来た日本の学者もいるとのこと。*Art and Political Expression in Early China*, Yale University Press, 1991 の著者 Martin J. Powers のことも、名は口から出なかったが、記憶にあるらしかった。辞するとき、庭の石碑の前で朱氏との合影を撮る（H師傅がシャッターを押す）。一二：五五帰路に就き、一四：〇〇済寧站に着く。メーターは八〇余元。師傅は二五〇元を要求したが「二〇〇元でいいだろう」と言うと納得した。

火車《きしゃ》の售票処に行ってみる。済南まで八元で、一五：一〇発の列車がある。これをメモした紙を見せて、「何時に済南に着くか?」と尋ねるも、係員は窓口の奥の方で威張りちらして怒鳴っている。後ろからは客がつめかけるしで、すぐにあきらめた。小用を済ませて広場に行くと、昨日乗ってきたバスが停車していた（昨日から居るのではない。今日済南から来た）。司機も車掌も同じクルー。これに乗り込む。何故か今日は五毛安くて、一八元ちょうど。

一四：三五　発車。

一五：二〇　兗州火車站。

一五：四三　曲阜師（範）大（学）前。

一五：四七　曲阜のバスターミナル。客の呼び込みでなかなか発車しない。

一六：二五　発車。

一七：一〇　事故発生。

老運河

武氏祠画像陳列館前にて　朱錫禄氏と

街道で右に寄せて、近傍の村落に戻って行く出稼ぎの大工みたいな若者二人を降ろした直後、農民の運転するトラクターがバスの左後部に衝突し、バスは走行不能となってしまった。乗客はさほど騒ぎたてたりはしない。〈没辦法《しかたがない》〉といった感じ。バスのクルーと農民夫婦が、事故の始末や責任の所在についてやりとりしているのだろうが、たいして迫力なく、何だかよくわからない。その内に済南市交通局の後続便のバスがやって来たから、客はみなそれに押し込まれる。最後に押し込まれたのはわたしだが、居残った車掌は「謝《シェ》！」と言って手を合わせた。必ずしもわたしに言ったわけではないだろう。迷惑をかけた皆さん、世話になる後続車のクルーに「すまん！」ということだろう。

一七：三〇　発車。

今度のバスのほうが、シートもサスペンションも上等。押し込まれた人たちの多くは席がなく、立っていた。中年の女車掌が、わたしを老人と見たのか、最先頭の二つある座席中の通路側の席を譲って座らせてくれた。「多謝！」もっともこのまた前方に、バタンと開くと車掌用の椅子があったのだが。

泰安—済南間は昨日と違って、京滬線に沿った幹線国道一〇四号を走った。六三kmの内、はじめの二〇km余は道路工事中でスピードが出ない。ときに渋滞して動かなくなることもあった。沿線、飯屋・宿屋・ガソリンスタンド等ほとんど切れ目なし。道路工事は簡単頑丈な機器と膨大な人力で。何しろ長城を作った人たちの後裔である。

二〇：四五　昨日出発した天橋賓館前に着く。ここより五元の麺的に乗り、珍珠大酒店に至る。ダブルの北向きの部屋（一二一六号）。

三階の餐庁は二一：〇〇で終わりとのこと。これ以降は照明を落としてカラオケタイムに切り替わる。ホテルの前の小さな餐庁に行く。キュウリとキクラゲの酢の物、蓮根の薄切りのトウガラシまぶし、炒飯。これに一本三・五元の済南の地ビールRunning Leopard Beer（RLB）というの二本。以上で計二〇余元の支払い。メニューはじめの見開きのページのみ見て注文したので、二品とも前菜になってしまった。実は何ページもあったのだ。価格はホテルの餐庁に比べると一桁安い。

ハルビンへの航空券を入手するまで

八月二八日（月）薄曇り。七：三〇頑張って起床。バス使い、二日分の洗濯をして吊るす。今日の仕事はハルビン行きの飛機の票を手中にすること。それ以外の特別の課題はない。九：〇〇、ドライクリーニングのズボンを小姐に渡した後、外出する（部屋の掃除の際、部屋にいないほうがいいだろうし、朝食も摂らなければならないから）。経四路に出て、一停留所東の大観園までバスに乗る。〇・五元。やはり票を自分で箱に入れる方式。車掌は見張ったり、指示したりする役。大観園の交差点をつなぐ陸橋の上より眺めるに、あちこちに巨大な新しいビルが建って、目覚ましい。北京から済南に着いたときは田舎に来たと思ったが、済寧や泰安から来たら目がまわる。この陸橋からの眺めなら、北京から来ても蔑視できまい。

陸橋を下りて、ヨーグルト一本をストローで飲み、ミネラルウォーター一瓶を買う。露天の女老板《しゅじん》はひどく嬉しそうな顔をする。站前街、経一路、緯三路などをブラブラ。豚肉屋がずらりと並んだ路地があった。鶏肉屋もあり、客の前で鶏を絞め、湯に突っこみ、羽根をむしり、内臓を出し、使えるところは洗っ

大観園交差点の陸橋

てからまた腹腔に詰め戻して、客に渡す。八百屋、果物屋もある。第一百貨商店でTSING TAO Riesling一瓶二六元、Remy Martin三五〇ml一八〇元を買う。ホテルのそばまで戻り、ソーセージと康師傅のインスタントラーメンを買う。

そうこうしているうちに一一：〇〇をまわったので、済南賓館前の友誼旅行社に行ってみる。暫時待つうちに、済寧に発つ前に千二百元を預けておいたHという若者が現れた。すでに票はここに届いているような小姐たちの口振りに反し、Hは「パスポートを出してくれ」と言う。「これを持って票を受け取りにゆくのだ」と言う。何と!! それじゃわたしと出くわさなかったらどうなったんだ!? Hと珍珠大酒店まで歩き、わたしはいったん部屋に上がってワインとミネラルウォーターを冷蔵庫に入れて来て、それから二人で麺的に乗り、済南站近辺の民航の票の取扱所へ行く。票価は一三二〇元（ここの壁に貼ってある表では、中国人なら済南→ハルビン五五〇元）。保険料二〇元と旅行社への手数料三〇元も払う。手数料を受け取ったHは領収書を切り、「一元銭不昧《ごまかしなし》」とか宣う。わたしの所持する《済南街区交通旅行詳図》を広げつつ、Hに民航のリムジンの発着場所と時刻を尋ねる。Hは「この地図は古い。旅行社に行けば新しいのがある」と言うので、待たせてあった麺的に乗って戻る。何ということはない。かれらのオフィスのデスクのガラスの下に広げてあったのは、《済南城区鳥瞰立体万格坐標商旅交通指南図》というので、これならわたしも珍珠大酒店の部屋のバインダーに有ったのを頂戴している。別にこっちでなくても、前記の地図でも、辛庄高架橋の航空大厦が指示できないわけではない。時刻のことは、航空大厦の電話番号を紙に書いてくれ、わたし自身で電話せよと言う。

H青年は悪い奴じゃない。だが、地図を見る能力（というほどのことではないのだが）とか、広くサーヴィスの問題、いまだし。とはいえ、今夏は交通関係規則の遵守の全国キャンペーンでもあるらしく、タクシーもかなりメーター料金を守る。Hの「一元銭不昧」も含めて、商業倫理は向上しているのかな。ともあれ、かれら旅行社の助力で孝堂山にも行け、済寧へのアプローチの情報も得、ハルビンへの航空券も入手できたのだ。Hや小姐たちに礼を言って旅行社を辞す。

先刻康師傅麺を買った店の大娘《おばさん》がわたしを認めて声をかけてくれる。さっきなかったリンゴが入荷したというので、立派な大きなリンゴを二個と冷えた青島ビールを二罐買う。ホテルの前の、烤肉店の行列に加わって豚足を一個買う（四元だったか？）。これを持って正午部屋に上がり、昼食とする。康師傅麺一個、リンゴ一個、豚足一個、青島ビール一罐、コニャック二杯。豚足は脂肪部分が多い。これに甘いタレをつけて遠火で緩やかに炙る。まずくはないが、何しろ油っぽい。むかし、NHKラジオ中国語講座で、担当の黎波先生は「〈油っぽい〉は中国人にとってはプラス概念。油《ヨウ》と聞いたらカッと燃えちゃうンスカラ。男も女も油と聞いたら目が輝いちゃうンスカラ…」と言った。それに比べて日本の飲み屋にある豚足は、ただ塩ゆでしたのを冷まして酢ミソで食べるのだ——わたしは好かぬ故、ほとんど食べたことはないが——。

テレビはかつてゲリラ活動に参加した農民等を含めた老抗日英雄へのインタビュー番組を毎日やっている。済南のテレビ局が制作、放映する。インタビュー対象は当然ながら山東省の英雄である。腹がふくれ、テレビを見ているうちに午睡。

二〇：〇〇腹も空かぬが、ミネラルウォーターのペットボトルにワインを詰めてバッグに入れて外に出ると、街は停電。ホテルのボーイに尋ねると、「経三路だけだ」と言うので、少し東に歩いて、電灯の点いている餐館に入る。一人旅はこんなときまったく困ってしまう。小姐と相談の上、キュウリとクラゲの前菜と紅焼鶏と炒飯一碗とする。炒飯は半分以上食べたが、二皿の菜はどちらも半分以上残す。以上、持参のワインを飲みながら。はじめ白飯と頼んだのに、小姐が「鶏蛋入り炒飯の米飯」と助言してくれる。これを吃しつつまた思った。中国人はやはり油が好きなのだ。これは米飯の油まぶしだ。油が大事だが、おまけとして鶏蛋を割り入れるのだ。二三：〇〇就寝。

本章はここまでとする。翌朝、済南機場から黒竜江省ハルビンに飛んだ。この東北行の一端は次章に留めた。なお、東北より北京に戻って以後の内蒙古自治区呼和浩特市行、寧夏回族自治区銀川市行での見聞は第四章と第五章に記した。

註

（1）姚荷生先生は一九一五年生まれ。一九九八年没。江蘇省丹徒県人。鎮江中学から清華大学に進み、西南聯合大学を卒業（生物学専攻）。一九三八年暮れから一年余、雲南省政府の行った西双版納地域調査事業に加わり、その際の体験・見聞を『水擺夷風土記』（大東書局　一九四八年刊、上海文藝出版社　一九九〇年影印）にまとめた。『雲南のタイ族―シプソンパンナー民族誌―』（刀水書房　二〇〇四年一一月）は多田によるその日本語訳本。

（2）　厳密な数値その他は佐原康夫「漢代祠堂画像考」（『東方学報』六三冊　一九九一年三月）、信立祥『中国漢代画像石の研究』（同成社　一九九六年三月）を参照されたい。

第三章　東北断章

一　ハルビン

一九九五年八月二九日、済南より飛行機でハルビンに至り、中央大街（旧称キタイスカヤ街）の馬迭爾（マジャール）賓館に投じた。馬迭爾賓館は朝食のチケット込みで一泊五二七元（一人民元約一二日本円）。

夕方、中央大街を北に歩いて松花江岸に行ってみる。独り者や子連れや、女が男にすがりついたりしているカップルやが、江辺に下る石段に座して暮れてゆく西側を眺めている。実に茫漠と私もまた石段に座し、かつもたれていたのだ。

乙女らのもすそ短みそこばくの夏を知るなりキタイスカヤに

翌三〇日は小雨降るなか、路線バスで往復して、西北郊外平房にある侵華日軍七三一部隊罪証陳列館を見てきた。

夕食後、ホテルの自室で三〇日付けの『哈爾浜日報』を見ていたら、「五〇年前的日軍炸弾昨爆炸」との見出しが目に飛び込んだ。平房区の農民が道路工事中に旧日本軍の遺留した三五kg爆弾を発掘、信管を抜く作業中にこれが爆発。一人が死に、二人が重傷を負った。「記者は知らせを受けて直ちに事故現場へ急行した。爆発現場は酷たらしくて見るに耐えない。爆死した斉広躍の頭は粉砕され、体躯とは分断されていた。ついで市立第三病院に駆けつけると、劉元國が夕方五時になってようやく手術台から下りてきたが、危険な状態を脱してはいなかった。斉広春もまだ緊急処置下にある」（農民の集まっているトウモロコシの茂る事故現場と血痕の飛散したままベッド上で治療を受けている被害者との写真二葉有り）。二二：〇〇のテレビのニュースでも報道した。医者と足をつるした被害者の映像など、何しろ中国の報道写真はダイレクトに写す。

馬迭爾賓館

三一日は九：〇〇過ぎ、ビザの延長申請に市公安局外事科の五番窓口に赴く。まず、隣の六番窓口を指し（あご指し？）、外国人簽証延期申請表（一〇元）を買わせられる。これに記入すればいいのかと思って五番に戻ると、この用紙と同じサイズの白紙を自分で用意して、これに表とは別途延長申請の理由を書けと言う。かつ中請表も理由書も鋼筆で記入せよと言う。「鋼筆はどこにある？ 貸してくれ」と言うと、意外

夕暮れの松花江畔

そうな顔をして、自分であつらえよ、当方の知ったことか、といった感じ。仕方なく一旦引き下がり、中央大街の中山商場で一番安い英雄牌万年筆を五・八元で買う。インクと白紙も別に買う。ホテルの自室に戻って、書類作成。一〇：一五これを持って五番窓口に行くに、居ない。六番も居ない。勤務時間だろうが！　それでも一五分ほどで五番の女が出て来たからいい方だろう。書類と開いたパスポートを物憂げに眺めてから何か言う。後ろに並んでいた連中の援助で「顔写真をコピーして来い」と判明。コピー部屋に行くと、コピー機の係と一枚につき一元受け取る係と小姐二人が張り付いている。

コピーしてもらって五番窓口に出すと、またパスポートを開いて、東京の大使館が出したビザのページもコピーせよと言う。コピー室に向かいつつ、憤懣やるかたなし。中国に来て、役所と関係をもたなければならない羽目になると大変だ。人民は窓口にへばりついて、卑屈に愛想笑いしたり、あるいはまた誰もいない窓口で辛抱強く待ったりしなければならない。「走後門」や「拉関係」に狂奔しなければならない道理だ。こっちはただの一人ゆえどうにもならぬ。結局、ビザの延長はハルビンではあきらめた（後、北京では特別ひどいめにもあわずに目的を遂げた）。

公安局を後にして、東大直街と龍江街の交差したところにある哈爾浜第六九中学の前にたたずむ。昼休み時間で、たくさんの生徒が街路に出ている。学校のトイレが龍江街に面していて、生徒がそこを通って校舎に出入りしている。このトイレを使わせてもらおうと思って入りかけたら、「エイ」と声をかけられた。何とちゃんと番人がいて、一般利用者からは〇・二元徴収するのだ。改めて見直せば、東大直街に面した書店・薬店・電器店・美容室等々、学校の直営か、そうでなければ学校が家主だろう。

午後は、東北烈士紀念館（偽満時代はハルビンの警察庁舎と、売店の中年男は言った）に行く。犠牲になっ

侵華日軍七三一部隊罪証陳列館（上）　松花江上のフェリー内（中）　中外民貿市場。買い出しのロシア人女性あるいは娼婦か？（下）

東北烈士紀念館

哈爾浜市公安局

た〝烈士〟の写真と略歴がズラーッと各部屋の壁に並んでいる。朝鮮族（人）も多い。延々眺めて行くと胸にこたえる。討伐で追いつめられて、窮死・餓死・病死のようなケースがかなり多いのではないか。「変叛」（日本側あるいは国民党側への寝返り）とあるのは、軍組織・党組織の幹部クラスではわずかな比率である。隣の黒龍江省革命博物館にも勿論関連の展示物は多かった。

二　ハルビンから長春へ

一九九五年九月一日昼前、馬迭爾賓館を出てハルビン火車站前のバスターミナルに至る。切符売場の窓口に正対して、前の人の背中に付いているだけでは買えない。実に無茶苦茶、難行苦行。汗水たらして、二七一車次、一一：三〇発の長春行きの票を二六・五元（一人民元約一二日本円）で買う。泡を食らって、一〇元札と間違えて一〇〇元札を出し、周りの連中の失笑を買う。

ハルビン―長春間は里程二六八km。市街区の出入りに時間がかかり、乗車時間は五時間半。道路はかなり整備されている（有料の区間あり）。沿線、まま水田地帯も広がり、畦には白楊樹が植わっている。他にトウモロコシ・コーリャン・甘藷・大豆・アワ・向日葵等の畑。道路わきにしばしばコスモスを見る。

　コスモスの花咲きゆれる街道の中途に果てし人もあるらむ※

長春火車站前の春誼賓館に投ず。ここは昔の新京ヤマトホテル。ただし、旧館は目下補修改装中で、泊

ハルビン火車站前広場。中高年の秧歌踊り（上）　ハルビン―長春間の路線バス（下）

長春の婚礼車（右）　地質学院（左）

まったのは貴賓楼という名の新館。一見立派だが、その実部屋の作り等甚だお粗末。一泊五二〇元。

翌二日朝、バスに乗って、人民広場の先で下車。西へ歩いている途中、レストランの構内に派手な飾り付けのベンツが停まり、新婚夫婦が門出するらしかった。ビデオカメラなどまわしている者もいる。私も便乗して車内をのぞき込み、ついでにおめでた事の景気付けにかまわないだろうと思って、写真を二、三枚撮った。司機ともう一人が詰め寄ってきた。わたし「結婚典礼嗎?」「美麗的」「不行?」と弁解、とぼける。怒っていたが、外国人で、結果の悪用もないだろうと、まーあきらめたみたい。立ち去ることができた。

さらに歩いて、満洲国の新皇居建築途上の跡という地質学院の構内に行く。地質学院は、工事中途の基礎を活用して、解放後に建てた由。九月三日から三日間、全国地方志関係の展示会や学会がここで行われるとの掲示がでていて、準備は最終段階に至っている。合弁を含めた

旧満洲国国務院とベチューン像

松の木のある住宅街

各種企業がスポンサーとして名を連ねている。ここに来る途中、旧満洲国の日系幹部用の住宅が集まったような街区有り。

手わざもてかかる多くの松植えていでたる故郷《くに》を偲びたるらむ

今は、白求恩（ベチューン）医科大学基礎医学院の管理下にある満洲国国務院の建物内を参観する。ガイドしてくれた小姐が一五元と言って票をくれた。そうしたら、そばにいた別の小姐が「エエー！　一五元」と、日本語で思わずびっくりして大声を上げた。ガイド小姐は泰然自若としている。大声を上げた方が恐縮して「イヤー何でもない」と一所懸命とりつくろう。票に赤いインクで料金がスタンプされているが、これがくせ者。明らかに、私の人相風体を見てから、一五という数値をスタンプしたのだ。しかし、今回は別に一五元でもかまわない。なかを一巡する際に、土産物として、旧新京市街地図のコピーを一八〇元で勧められたが買わなかった。代わりに満洲国時代の建造物の絵はがき「長春偽皇宮和〝八大部〟」八枚一セットを二〇元で買う。

しかし中国人は〝大方《おおよう》〟だなあ。国務院跡は「国家二級重点文化財」に指定保護されている。春誼賓館も長春市指定の文化財である。もっとも夷狄の関連建造物などいちいち壊していたら、遼・金・元だの、清朝のだって壊さなければならないか。壊すより、それを作った連中をいずれ漢化してしまうわけだ。

見学を済ませて、出ようとするところで、日本語スタッフらしい女性館員に呼び止められ、取りすがられた。近刊の産経新聞の文化欄の署名記事を翻訳中らしい。①「メディア」、②「ベクトル」、③「寺内タケシとブルージーンズ」の三箇所を尋ねられた。③は〝楽隊〟の名前と説明した。「ブルージーンズ」が〝藍色牛仔褲〟だということは小姐もわかっているのだ。しかし③の全体はまるで見当が付かぬわけ。これは固有のバンド名だからやむを得ないが、①と②は前後の文脈から見ても、外来語でなくて記せるはず。例えば②は「大陸における文化のベクトルは一つは満映に結実した」といった文章なのだ。小姐が可哀相になった。私も外国語で苦労するので、小姐のために三点丁寧に説明してあげた。ここでは張景恵の執務室の椅子に座って写真を撮ってもらうことができる。有料で、「あなたも満洲国の総理になった気分になれます」等と勧める。実につきあいきれないが、この日の日語小姐のことは印象に残り、花嫁の撮影に関わる苦い思い出は帳消しになった。

※　帰国後、近藤芳美『無名者の歌』（岩波書店　同時代ライブラリー　一九九三年五月）中に、篠田美代という方の「コスモスにうずめのこせし吾が子のり子爪ものこせぬみどり児にして」なる歌を見出した。

三　長春

一九九五年九月二日、長春夜話。春誼賓館の門を出て、東に数一〇m歩いてまた北に上ると、全く似たような小食堂が並んでいる。店先に焼鳥用の細長い炉を据え、その下に置いた針金籠には鳩とウズラが入れてある。この中の一軒に入る。老板娘が鳩を勧めるのを、鳩より量が少ないので、ウズラにする。こっちと指を指すと、何とアッという間に一羽取り出したと思ったら、路面にたたきつけて殺してしまった。目にもとまらぬ早業である。これを裏にもっていって、羽根をむしって、はらわたを出して、生乾きののしイカみたいにしてぶら下げてくる。こんなに少しでいいのかと念を押す。「我不餓」と幾度目かの弁解。金網に挟んで、炉上に置く。ビールを頼むと、老板がこれが上等と言ってドイツとの合弁の方を持ってくる。このビールおかしい。フィルムケース二個に入れてきたコニャックでウズラの焼鳥をやる。中国式ゆえ香辛料を塗りつけてあるが、まずくない。

店の夫婦の間の小学四年生の児子と向かいの店から油を売りに来ていた小姐とが話し相手。小姐はほんの少々日語を解するが、間もなく帰った。その他出入りした兄ちゃん・姉ちゃんたちをふくめて、児子の中国語がもっとも明晰であった。老板の言は、早口と無教育（?）のせいでほとんど聴不懂。児子がゆっくりと正しい発音で通訳する。夫婦に「你們的児子很聡明。脳子很快」とほめてやる。謙遜せずに、黙って嬉しそうに微笑んでいた。児子に「学校では何の科目が好きか?」と問うと、「鍛錬身体」との返事。住所・氏名・学校・学年等を中国人民解放軍第四六一医院の原稿用紙にメモしてくれた。長春市の春の字中の日が目になっていて、四道街の街の字はわたしが教えた。という次第で、学業成績がいいかどうかは不明。しかし利発なことは確かだろう。そのうち、スーツできめて、携帯電話を持ってのし歩くぐらいにはなれるだろう（つまり、親父よりは何等か上になれるだろう）。

親父は日本への出稼ぎの可能性だの、日本車の値段だののことを尋ねる。これもわたしには「聴不懂」で、児子の通訳でやりとりする。そこそこの器量の母親も、やはり息子が自慢らしく、口数は少なかったが、わたしとやりとりする児子を、目を細めて眺めている。親父が西瓜の切ったのをサーヴィスに出して

長春火車站（上）　偽皇宮同徳殿（下）

紅旗街の市電

長春火車站付近の食堂

くれた。万一を慮って、悪いけれども、「我不吃鮮的」と断った。代わりに餃子を五個頼んだ。二〇元の勘定を済ませて、二三：〇〇部屋に戻り、抗生物質と下痢止めを飲んで就寝。

　翌三日、夜明けにやはり下痢した。偽皇宮へ行くため、ホテルすぐ前で一〇：〇〇に一八路のバスに乗る。しかし、なかなか発車しない。そのうちにどんどん混んできて、人々の体臭も耐え難く、不安になったので、降りてタクシーに乗る。光復広場のあたりから実に無茶苦茶。大型トラックから軽までの各種各様の自動車・リヤカー（荷台が前で、人が後ろでこぐのもある）・馬車・自転車・歩行者。全く乱七八糟。進むも退くもできない。わたしが降りてしまっても、タクシーはどうにもならないのだから乗っていた。一一：〇〇近く、構内に入り、一七・五元。順調なら五元の基本料金で来られるところだろう。

　溥儀の臨時の宮殿だった同徳殿は、いまは吉林省博物館になっている。外賓の入場料は一〇元。旧石器時代か

旧関東軍司令部、現中共吉林省委員会側門

吉林大学側門

ら遼・金・元・明・清と東北の文化と遺跡がたどれる。また、宮殿の時の各部屋の使途・様子などもわかるようになっている。別途二〇元を払って、周熙楼・勤民楼も見る。一旦は紫禁城の主だった人物の皇宮にしてはあまりに小さいが、それでも皇帝とか皇后・后妃とかの生活の一端は窺える。中国人も皇帝とか皇帝の生活とかいうのは興味があるらしく参観者は結構多かった。負ければ賊だから、この際真も偽も別に大した意味はなかろう。一旦ホテルに戻り、休憩。

夕方、長春車站前より、六二路のミニバスに乗り（二元）、斯大林大街→北京大街→重慶路→同志街→自由大路→工農大路のルートで終点紅旗街に至る。紅旗街には、日本時代からのものらしい路面電車が走っていた。

またミニバスに乗り、重慶路まで戻る。清明街と交差するあたり、ピカピカのアウディや日本車が列をなして駐車している。超高価な海鮮料理屋がある。ファーストフード店の二階は〝居酒屋〟と書いた提灯が下がり、すき焼きその他鍋物（火鍋）の店である。ここも高価らしかったが、ほとんど満席。客の身なりはよかった。総じて、中国の若いお母さんたちが、若さを保ち、きれいになっているような気がする。

この夜、春誼賓館の餐庁で、うどんのようなスパゲッティを食し、翌朝北京に飛んだ。

第四章　内蒙古自治区和林格爾《ホリンゴル》漢画像墓(1)未見の記

北京から呼浩和特《フフホト》（呼市）まで

一九九五年九月六日（水）北京雨、道中陰。北京市宣武区西経路の天橋賓館一〇〇三号房間にて六：三〇起床。このホテルに預けて置く荷物を仕分けてからバス使う。NHKのニュース、またOUMをやっている。弁護士一家は三人別々に埋められたと言う。朝食は摂らず。房費六八〇元×二泊＋ズボン一条洗濯代一五元＋日本への電話一回二二・一五元＝一三九七・一五元を現金で払う。雨中北側の永安路に出てタクシーをつかまえ、九：〇〇ちょうど北池子の公安局外事科に至る。一昨日申請しておいた九月二五日までの延長ヴィザを受領する。雨中またタクシー（夏利《シャレード》。基本料金一〇・四〇元を一〇元でいいと言った）に乗って北京站《えき》へ。司機《ドライヴァー》に「北京の雨は久しぶりか？」と問うに、三日前も降った由。

北京站構内の外国人専用待合室に行き、喫茶コーナーでソーダクラッカー一袋を買い、ザックから取り出した青島ビール一罐（ホテルの冷蔵庫で冷やしておいた）でこれを吃して朝食とする。その後、二階の第二待合室に行く。ともに軍帽をかぶった夫婦者に軟臥（グリーン寝台）の票を見せながら、ここで待っていていいのか、確認を求める。少し珍しそうに票を見ていたが、「軟の待合室は別に一階にある。勿論この二階の待合室で改札してもよい」と言う。そうこうするうちに改札が始まり、四三車次特快（特別急行）八号車第二コンパートメントの人となる。大同の鉱務局の病院の外科医という体格の良い若い男と、もう一人やはり大同に行くという中年男とわたしと三人。わたしの座位は№5で下段。

時刻表どおり正一一：〇一発車。一二：三〇外科医と連れだって隣の七号車の食堂に行き、勘定は別々でいっしょに飯を食う。大夫《いしゃ》は「三三歳、高血圧で酒は飲まない。妻は内科医」と言う。率直で、気の良さそうな男であった。字を書くと甚だ達筆。わたしは魚のぶつ切りの衣揚げみたいの一品と鶏蛋湯《たまごスープ》と米飯小碗一にアメリカの企業との合弁の藍天啤酒公司製の Pabst Blue Ribbon Beer 一瓶。これに北京站で一〇〇cc二・二元で買った五五度の二鍋頭《アルグオトウ》を少々。外科医は青椒肉糸と鶏肉を煮たのと米飯小碗二に Pabst ビール。二人でやるとやはり中国人式になる。互いに自分の菜を箸でつまんで相手に押しつけ、「吃、吃、吃吧！」とやる。大夫はわたしがあまり食べないせいか、自分の青椒肉糸をわたしの米飯の上にぶっかけてくれた。「多謝！多謝！」食堂車より戻って昼寝。堪えられない贅沢である。シートカヴァーや枕カヴァーは白く清潔。いつの間にか一人増えていたが、みなそれぞれ寝ている。わたしも三〇分ほど昼寝。目覚めてもぼーっとしていた。

一三：二〇過ぎ、北側に廃城市を見る。城壁が残っていて、城門上の楼等傾いている。おそらく棄てられた都市だ。しかし、このあたり水稲田が広がっている。一三：五七、土木という站を停まらずに通過。ここは明英宗の「土木の変」の土木堡に近い。一六：〇五柴溝堡を通過。左手に洋河を見る。泥の大河。

後から加わった同室の大哥が「平時、雨が降らなければ水は少ししかない。俺がトラックで北京に往復するときなどふだんあまり水はない」と言う。数日前、長春から北京に飛んだとき、眼下の地形を眺めて思ったように、雨が降ったら水が集中してくるだろう。

定刻に四分遅れて一八：二二大同着。同室の三人が下車した後、若い西洋人のカップルが入ってきた。話している言葉がドイツ語みたいに聞こえたので、Are You Germans? と尋ねたら、Israelis との答。イスラエル国人に「ドイツ人？」は悪かったかな。英語で少しやりとりする。仲の良い二人であった。一九：三〇食堂車に行く。雲崗特製啤酒大瓶一本をとり、これを水代わりに昼の残りの二鍋頭を飲む。菜にはもう食傷した。ナマコの冷菜とキュウリとシイタケの炒め物。米飯は一碗と言ったのに両碗がセットらしい。一つ下げさせた。湯《スープ》はないと言う。柴油《ディーゼル》車は漆黒の闇に包まれた内蒙古の高原を西へ西へと駆けるのだ。

定刻に一〇分遅れて二三：一二呼浩和特（呼市）着。雨降っている。ホームは暗く、工事中でわけがわからない。車中「宿は昭君大酒店に決まっている」と言っていたイスラエルのカップルにはガイドが待ち受けていた。「中国語はできない」と言っていたが、ガイドのリレーで旅しているのだ。わたしは暗いホームに出張っていた朦朧タクシーの客引きに捕まり、正規の改札口も通らず（よって切符は渡さず）に站外に出た。客引きはドライヴァーではなくて助手。站から少し遠いけれども、ＣＩＴＳも入っているはずなので、内蒙古飯店に行くことにして二〇元の車費で運ばれて来た。一泊四八〇元。一〇〇〇元を預ける。ルームナンバー一四四六だが、一三階（後でエレベーターの小姐に尋ねたら、一三は西洋人の客が嫌うので、とばしたのだと言う）。窓は正東向き。もう遅くてどうにもならない。ホテルの門前の小店で、冷やしてないPabst Blue Ribbon Beer 一罐を買い、康師傅麺をつまみにこれを飲んで寝る。

大草原と蒙古族

九月七日（木）朝小雨のち曇。八：〇〇前に起床。少量を洗濯してバスルームに吊るしてから、一階の食堂に行って宿泊費込みの朝飯を摂る。さすが呼浩和特まで来ると、土くさいような、草くさいような面貌、服装の男女が多い。ミルク一杯・茶鶏蛋《けいらん》一個・粥一碗・挽肉餡の油銅鑼焼《どらやき》（？）みたいの一個に菓子パンみたいなの二個。勿論全部は食べきれなかった。食後一階のＣＩＴＳへ行き、和林格爾の後漢壁画墓を見に行きたいと相談する。相手をしてくれたのはＶという珍しい姓の、日本語を話す若い職員。各種情報を総合するに、呼浩和特―和林格爾は五二km、和林格爾県の中心から墓のある新店子の西側までさらに三〇kmほどで、道路は舗装されていないから、昨日、今朝の雨では行けないとのこと。行けないなら仕方がない。

それで今日は、〈大草原ツアー一日游〉という一番簡単なのに行くことに決心した。呼浩和特北方、烏蘭察布盟武川県からさらに北に三〜四〇kmまで行く。ガイドＭ青年は内蒙古東北部、吉林省近くの出身の蒙古族で、流暢な日本語を操る。乗用車はＣＩＴＳが某機関の車を運転手ごとチャーターしたもので、漢族運転手は日本語を解さない。

九：五五　出発。大青山脈に直交するように北に六〇km走って武川県[2]（可可以力更）を過ぎ、さらに三

○km北へ走って、一一：四五　稀拉穆仁《シラムレン》の集落に着く。ここで昼食を摂る。その後、ちょっと乗馬を試したり、普会寺というラマ寺を見学したり。あのイスラエルのカップルに出合う。

一三：四○　モンゴル人の民家を尋ねる。さらに北上して、一五：○○オボ(3)を見る。この下の草原で、内蒙古師範大学の学生六～七○人を雇ってジャスコのコマーシャルフィルムの撮影をしていた。帰途に就く。

一六：○○　武川県。

一七：○○　帰着。CITSに六三○元の支払い。Mにチップ五○元。

道中Mは時折憤懣の辞を漏らした。かつては牧草の生えていた薄い土壌に、牧民を逐った漢族農民がエン麦・小麦・ジャガイモ・大豆等を栽培しているのだが、これは効率の悪い農業で、かつそれによって自然の生態系を破壊していると言う。以下はMが友人の日本人女子留学生Tと小型バスに乗った時のやりとりとのこと。バスの中に二、三歳の漢族の女児を見かけたTが「可愛い」と言ったので、Mは「何故可愛いのですか？　漢族なのに！」と詰問した。Tはビックリして「子供の可愛さは民族の違いと関係ないでしょう？」と素朴に反応した。Mは半分冗談、半分本気で「今は可愛くても大きくなれば漢族で、蒙古族を圧迫するでしょう」と答えた。

夜、地図と磁石を按じつつ市中をぶらぶら。新城西街でまたまたイスラエルのあの仲の良いカップルに会う。女の方が何か言ったが聞きとれず。男は「ハーイ」とか調子よく手を挙げたのみ。新華大街の昭君大酒店の売店で、汾酒一瓶を二七元で買う（アルコール度五三％、五○○cc、廠址：山西省汾陽県杏花村）。ついでにレセプションで、部屋代を尋ねてみる。「哪個国家的《なにこくじん》？」と国籍を問い、わたしが外国人であることを確認してから「外賓は一泊五一〇元」との答。道に迷いつつ、呼市火車站に行く。改築中で無茶苦茶。昨夜到着時わけがわからなかったのは当然だ。足許のぬかるみを気にしつつ、「由此進站」とかいういいかげんな壁書きをたよりに、〈售票処〉〈候車室〉にたどり着く。ウーン、厳しい。本当に乱七八糟《めちゃくちゃ》。やはりホテルのＣＩＴＳの出店で手配するほかあるまい。

オボ

　站の東側「車站東街」（昨夜引き込まれたのもここだった）に並んでいた一台の黄色い夏利の前にいた小姐に「内蒙古飯店」と言うと「一〇块銭」と言う。「計程器《メーター》不用呢？」と問うと、「壊了《こわれてる》」と言う。一〇元なら基本料金のようなものだから「可以呀《いいよ》、行《いって》！」と応ずると、小姐はドライヴァーではなくて助手だったのだ。「爹《とうさん》！」とか叫んで駆けだし、司機を連れてきた。しかしこの少女、わたしが「行！」と言ったとき、とてもうれしそうな顔をした。こんなに素直な、うれしそうな反応に接したことを久しく記憶しない。

　二一：〇〇過ぎにホテルの餐庁に戻り、砂鍋什錦を頼んだが、味はともかく、大量で、もうどうでもよくて。それでも持参の汾酒でかなり食べた。しかし、高級白酒の汾酒よりも二鍋頭酒のほうがよいような気がする。

和林格爾漢画像墓行を断念する

九月八日（金）下雨。七：三〇起床。バス使い、下着少々洗濯する。八：〇〇少し過ぎ、餐庁で昨日とほとんど同じ朝食を摂った後、CITSに立ち寄る。課題は二つ。①明九日、九：二四呼市発、蘭州行きの直快（普通急行）の銀川までの票を入手すること。小姐職員は「軟臥は三八〇元、硬臥は二八〇元だが、軟臥は入手できないかも知れない。とにかく三八〇元預かる。明日の朝八：〇〇ここに来れば票を渡す」と言う。よって三八〇元を預ける。②王昭君墓へはどう行くのか？　出租汽車《タクシー》か？　小姐職員が「出租汽車はたかい。往復一五〇元ほど」と言って、バスのルートを説明しかかると、窓口より中をのぞきこんでいたタクシーの司機が「六〇元で行く」と言い出す。雨が降っているし、これに応じた。

Qという姓の司機で、昨日もここに顔を出し、わたしが和林格爾の漢画像墓へ行きたがったことを知っていた。「明日晴れたら和林格爾へ連れて行く」と言う。わたしははじめ曖昧に対応していたが、結局銀川への票の手配してあることを正直に話し、「もし明日晴れたら、票は〈放棄〉してこの車で和林格爾へ行く」と約束する。お天気任せの情況下で、明日の手はずも考えなければならない。火車票はかけすて保険になっても仕方がない。

九：一〇、Qの車でホテルを出て、南郊九㎞の昭君墓[4]に到る（王昭君の墓とか塚というのは余所《よそ》にもあるらしいが）。石碑の題字は董必武であった。また烏蘭夫の青冢（昭君墓の別称）という題字もあった。地図を見ると烏蘭夫紀念館等というのが市街西郊にある。昨日のガイドMは、誰と名指しはしなかったが「自民族を売って、〈大漢帝国〉の中で己の地位を購うモンゴル人がいる」と言った。激しい反漢意識がある中で、王昭君は現中国諸民族の融和に身を捧げた人物として大いに表彰されるにあたいするということか。墓は西南に向き、マウンドはかなり高い。構内一隅に、和林格爾県関係（漢画像墓壁画のコピーも含めて）の若干も展示した建物がある。いかなる縁か、係の小姐や大娘《おばさん》に尋ねても不明。

帰途、内蒙古博物館前で降ろしてもらう。巨大な恐竜の展示が一つの目玉。モンゴル・エヴェンキ・オロチョン・ダフール他内蒙古の少数民族の風俗習慣に関する展示は大変興味深かった。旧石器時代から明清までの内蒙古の出土物展示と日中戦争期の内蒙古の展示（これは拡大写真や新聞のスクラップ等がほとんどで、かつ大半は熟知のものであった）。冷たい雨の中、博物館から二中前まで一站五毛で二〇路のバスに乗る。これは本当のワンマンバス。客が箱に差し込んだ紙幣を、司機がボールペンの軸の薄いブレード状の尻でいちいち押し込む。わたしは金色の五角の硬貨だったので、司機のボールペンを煩わせなかった。

バスを降りて、小さなリンゴ二個と康師傅麺一個を四元で買ってホテルに戻る。小憩の

王昭君墓。中央の石碑は董必武題

後、一三：〇〇餐庁に至り、拍子木型に切った豆腐を油で揚げてから煮たもの一皿と揚州炒飯を頼む（これで一六元）。小酒杯を借りて、持参の汾酒をかなり飲む。外は雨。一四：〇〇部屋に上がり、何もせず、一七：〇〇まで午睡。今日は休息日だ。二〇：三〇、Ｑ司機が電話をかけてくる。「明朝晴なら八：三〇に迎えに行く」と繰り返す。「よろしい。もし、八：〇〇ないしは八：三〇に雨が降っていたら来なくてよい」と返事する。

　雨が止んだので、二一：〇〇過ぎ、三〇分ほど散歩。アノラックを着たが、次第に腕が冷たくなる。雲は多いが、薄い。十四夜の月。水たまりを避けながら呼倫貝爾《ホロンバイル》北路の松の並木の小暗がりを歩いていたら、何故か突如先考のことを思い出した。

　九月九日（土）朝濃霧。六：〇〇起床。シャワーを使う。昨夜より下痢。薬一錠飲む。七：三〇餐庁に下りて行くと、一昨日最初に相談に乗ってくれたＶ職員が待ち受けていて、わたしの今日のスケジュールを問う。銀川への票のことも含めて、可能ならその票を捨てて和林格爾に行くつもりと正直に話す。人の良さそうな青年で少しべそをかいたような表情をした。バター茶抜きで朝食をすます。

　部屋に上がって、パッキングして八：一〇ごろ下におりてＣＩＴＳに行く。係の小姐とＶともう一人眼鏡をかけた無表情無言の男がいる。小姐が一八〇元の中国人料金で入手できたからと言いながら、銀川までの軟臥の火車票と二〇〇元をよこす。小姐とＶは種々言い立て、わたしを和林格爾に行かせまいとする。わたしが八：三〇に司機（Ｑの姓名は伏せた）が来れば票を捨てて和林格爾へ行くし、司機が来なければ火車で銀川へ行くと伝えるのに、何とか和林格爾行きを止《や》めさせようとする。「道路は公路（幹線道路）ではない未舗装の土路で、これを車で勝手に通ることは農民が許さない。雨後何日か経て、土路が乾いたら通させてくれる」とも言う。わたしがカウンターでチェックアウトの手続きをしている間にポケットベルと電話でQと連絡をとったらしい。外に出て、Qの車を待っていると、Vと無言の男が来て、Qから「止めた」という電話があったと言う。Qが空模様を眺めて止めとした可能性も零ではないが、圧力をかけられたのだろう。「きみたちは公安か？　Qを止めたのだろう」とVに言う。「そんなことはないが、銀川に行ったほうがいい」とVが一所懸命に言う。Q司機が来ないなら火車《きしゃ》に乗るのみだ。Vに「切符のことその他世話になった」と礼を言い、構内のタクシーに乗り、火車站に到る。

銀川まで

呼浩和特始発、蘭州行きの二〇一次直快に搭乗。票のナンバーと違うが、とにかく軟臥の下段に坐す。曇天の下を九：二四定時に発車。車両は北京—呼浩和特間を乗った四三車次特快よりもかなり劣る。ゆれがひどく、メモをとる字が滅茶苦茶になる。

呼浩和特より西に三七km走行して、九：五六畢克斉車站着。同室はわたしと同年配の東北大学[5]の冶金学の教授で、銀川は二度目、リチウム関係の仕事で行く由。もう一人はアタッシェケースを携えた個人経営主みたいな青年。さらに薩拉斉（一一：一四着）までは、軟臥の票を持っていなさそうな一家三、四人入って椅子にかけていて、きゅうくつだった。車掌の知り合いか？　一二：三〇前後、包頭に停車している時間をはさんで、餐車で昼食。定食は一五元。数個の仕切のある合成樹脂のトレイに、切り身魚のフライ、

五原車站（上）　車窓より望む陰山山脈（下）

トマトと鶏卵の炒め物、ピーマンと豚肉の炒め物、キュウリと何かの炒め物、各少量。米飯の量は多く三分の二だけ食す。ペットボトルに詰め替えて持っていた汾酒をフィルムケースで三杯飲む。この汾酒は結局偽物か?　腹にひびくような気がする。和林格爾行きで万一の際、気付け薬、保温剤になるかと思って、捨てずに持っていた。

一三:〇〇包頭西站に停車。この站を出てしばらく行くと、南側（進行左手）は湿原で、馬が放牧されている。その先にかすかに光る水面は東流する黄河のはず。通路に出ると北方に陰山山脈を望める。天空多雲にもかかわらず、南斜面に陽があたって美しい。一時間余昼寝をして目を覚ますと、烏拉山站。このあたり、線路の南北両側湿地で、車のタイヤチューブを小舟代わりにして漁をしている者や岸辺で釣りしている者がいる。五分間の停車時にホームに下りて写真を撮るが、実に雄大な景色である。呼浩和特のガイドのM青年は「銀川へ向かう列車からの眺めなんて何もなくてツマラナイよ」と言ったが。Mにとっては大草原がなければ何もないということのようであった。大草原の牧草の様子や地形の起伏やを実に細かく比較し、解説してくれたが。

臨河車站手前の黄河

一六：〇〇　五原站に停車。土色の煉瓦の建物が並び、わずかな小店のある貧寒たる小駅である。五原の地名は漢代の郡・県名に起源する。ここを出ると向日葵の畑が続く。

一七：〇〇　臨河站着。ここは少し大きな町か。站に入る手前、南側にずっと見えたあまり幅の広くない河は黄河本流なのだろう。地図によると、黄河は臨河のあたりから上流に向けて西南に折れ曲がっている。

一八：三〇　磴口付近で黄河を渡る。しばらくすると北流する黄河が列車進行右手に再現する。そのまた西方遠くに赤い太陽が沈んで行く。東側に目を転ずれば、かつての匈奴河南、オルドス（河套）の地。疎らに灌木の生えた荒地のはるか彼方の山並みの端からまん丸の大きな月が昇ってくる。ときに一九：一五　東西稀有な眺望である。

銀川到着の定刻が二三：〇五、一〇〇元紙幣をくずしておく必要もあり、一九：三〇、烏海に着く直前、隣の食堂車に行く。すでに土くさい昼食をここで摂り、腹具合に不安を覚えたけれども。定食と同じ一五元だからと、やたら魚菜を勧める大姐の顔をたて、油で一旦揚げた鯉魚を煮付けたものをもらう。美味《うま》いも不味《まず》いもない。他に客はいない。今宵は中秋節である。過節で楽しくやるのだ。大姐や中（？）姐等がわたしに「你会跳舞嗎《おどれる》？」と問いかける。「不会、不会」と逃げる。手をとりあって踊るまねをしてふざけているペアもいる。「葡萄と切った西瓜と免費《ただ》でサーヴィスするわ」と勧められる。有り難いが怖い。水と包丁が危ない。謝絶する。愛想よりも腹が大事。大姐に聞くに「この列車の乗務員は公安も含めて四〇名。ほとんど内蒙古呼市の人間で、満族・蒙古族・漢族といろいろいる。勿論漢族が一番多い」との答。「葡萄は団円、丸いので縁起が良いから食べて」と言う。月餅も丸いのがまた珍重される由縁らしい。葡萄はさらに私見を加えれば、種子が多く、子沢山にも通じて二重によかろう。こんな結構なものを衛生上の秘かな理由で拒絶してしまった。二〇：五二石咀山站に着く。三〇前後かのカップルがコンパートメントに入ってくる。銀川に行くと言う。石咀山は炭坑の町。他には何もない町なる由。

農暦八月一五夜、オルドスの沙漠の中天に懸かる明月に見惚れるうちに、二三：一〇銀川站着。姓を問わなかった東北大学の教授を出迎えた銀川市稀有金属冶錬廠のジープに同乗する。廠長T氏自らの出迎えである。司機含めて他に三人いた。廠長の世話で解放西街の長城賓館四〇号室に入る（一泊一五八元）。廠長は「このホテルの総経理は朋友である」と言いつつ、総経理の姓名・自分の電話番号・ポケットベルの番号をメモしてわたしに手渡した。そうして教授を連れて立ち去った。廠長の威力か、教授が偉いのか、実にどうも、ホテル側も色々気づかってくれる。外へ出て、ビールを買って部屋に戻ったら、総経理が電話をくれた。

　この後九月一〇日、一一日両日の銀川市中やその周辺での見聞は次章に記した。銀川よりウイグル族の女優 Pasha umer（帕夏吾買爾）と席を隣して黄土高原を眼下に見つつ西安に飛んだことは省略にしたがう。

註

（1）内蒙古自治区博物館文物工作隊編『和林格爾漢墓壁画』（文物出版社　一九七八年六月）参照。

（2）臧励龢等編『中国古今地名大辞典』（商務印書館　一九三一年五月）に「武川鎮後魏置。為六鎮之一。今綏遠武川県」と言う。すなわち、北魏の武川鎮はこのあたりに置かれたわけだ。

（3）『漢語大詞典（縮印本）』（漢語大詞典出版社　一九九七年四月）には「鄂博　蒙古語 obuga, oboo の音訳。石堆の意。遊牧民地域で、土石を高く積み上げ、その上に旗竿を立て、道標あるいは境界標として、これを〈鄂博〉とよぶ。一部には境界となっている山や川も〈鄂博〉とよぶ」とある。また京都大学文学部東洋史研究室編『改訂増補東洋史辞典』（東京創元新社　一九六七年三月）では江上波夫〈匈奴の祭祀〉を参考文献としながら「もともとシャーマニズムの神霊をまつるためにつくられたもの」とも言う。

（4）中国歴史博物館編『簡明中国文物辞典』（福建人民出版社　一九九一年五月）の「昭君墓」の項参照。

（5）一九二三年に瀋陽（奉天）に創建された東北大学は張学良が校長を兼任。一九三一年の柳条湖事件以後は、北京、西安等に遷移したが、一九四六年五月瀋陽に戻った。一九五〇年八月東北工学院と改称したが、一九九三年三月に東北大学の名に復した。理工系の国家重点大学である。以上、http://www.neu.edu.cn/gaikuang/gaikuag/1.htm による。

第五章　寧夏回族自治区銀川市にて

一九九五年九月一〇日（日）晴

宿舎の緑州飯店のフロントに三〇〇元（一人民元は一二日本円）の約束で頼んでおいたタクシーが、一時にやって来た。女司機《ドライヴァー》の赤い夏利《シャーリー》（天津《テンシン》で製造するダイハツシャレード）。無精髭をはやし、左腕下膊部に何か文字の入れ墨のある男がついている。司機が向導《ガイド》と紹介する。以後六時間この二人とつきあったのだが、男は多分女の亭主なのだ。悪い男ではない。ごく一般的な気を使う亭主であった。司機は女ゆえ、悪路で苦闘すると音を上げて、しつこく一〇〇元の割り増しを言いたてるが、男はマアマアと女を制していた。

小一時間ほど走って、銀川市西方の西夏（一〇三八～一二二七、チベット系タングート族の王朝）王陵に行く。賀蘭山（別名阿拉善《アラシャン》山）の東側に広がる石ころだらけの大平原に、皮をむいたトウモロコシの先端部のような形をした土堆の王陵が幾つも幾つもある。またこれらを囲んだ分厚い土墻や土塁の残部も点在する。グリーンの釉薬のかかった瓦片も散らばる。土は何処から掻き集めたのか？　土を掻き集めるのは大変な労苦であったろう。土の方が石より貴重。今はこの石ころだらけの平原のあちこちに山羊や羊が群れ、草を食んでいる。

次いで北上して賀蘭山中の岩壁面に描かれた原始絵画を見に行く。これが何とも難儀なことで。幾分かは女司機と向導の運転技能の未熟さや出鱈目さ加減によるのだが。しかし、賀蘭山岩画は四輪駆動車でなければ無理だった。舗装路をはずれて、四、五km入るが、その半分近くは車を待たせておいて、わたしと向導で歩いた。石ころだらけの道。羊の糞がばらまかれている。左右を眺めれば、山羊、羊、ロバ、馬。山中の渓谷の岩画のところにたどり着いたときはうれしかった。研究室所蔵の報告書で見覚えのある図柄もあった。ただし、報告書を見た際には気づかなかった西夏文字らしい後刻もある。谷あいで早く日が陰って、またお金を気にする女司機を待たせてあるので気が急《せ》いたが、興趣は尽きない。画面を数葉写真に撮る。

車を待たせた所へ歩いて行くと、女司機があせったのか、サーヴィスのつもりか狭い悪路を前進して来た。Uターンするのに大苦労。道路の左右はうんと低いのだ。脱輪したら完全にアウト。今日中に銀川へ帰れない。近所の牧民の土屋に厄介になるほかない。

どうにか苦境を脱し、舗装路に出て、さらに一直線の幹線道路に出たと思ったら、右後輪がパンクしたのだ。エアの入った予備のホイールが積んであったのは上出来だった。ちゃちな工具で、夫婦協力して比較的短時間でタイヤ交換を終えた。ホテルに着き、二人に謝辞を述べ、四〇〇元出した。女司機は素直に喜んだ。「向導には?」と一応問うと、女司機、恐縮して「向導は道不案内の自分が連れてきたのだから」

と固辞する。こうして気持ちよく分手了《わかれた》。

一九九五年九月一一日（月）晴

昼近く、隣の銀都大酒店に宿替えする。ここのフロントに頼んだ夏利のタクシーが、二時に来る。これに乗り、銀川市の東方を巡る。父と息子の関係らしい司機と向導。向導はガイドというよりナヴィゲイターと解するのが正しいらしい。

銀川東郊の明長城上にて

銀川黄河大橋（黄河古渡、橋は去年の完成と銘文にある。司機たちの言では実際に開通したのは今年になってから）を越えてすぐ北側に横城古堡あり。明代の、北流黄河東岸の末端の堡塁ということになる如し。北京から来た電影《えいが》の撮影隊のロケのためとか、大がかりな補修、増改築中。建材に八卦を描いた赤い布など巻き付け、上梁の儀礼もある如し。何しろ大がかり。MITSUBISHIの大型クレーン車等も入り、まるで堡を作り直す如し。建築史家が見ても面白いか？　墻壁は夯築《はんちく》（二枚の板壁の間に土を盛り込んで突き固めてゆく）以外に土坯《トウーピー》（日干しレンガ）を積み上げて、表面に鏝《こて》で泥土を塗って仕上げる方法もある。堡上より北流する黄河を望む。振り返れば、東に連なる明長城。雄大、感に耐えたり。

　これより新しい立派な舗装路を東南に走る。一帯延々と明長城の残塁。羊の多く群れているところで停車。明長城上に上り眺望する。小便はしなかった。本日、天気晴朗、寧夏平原上に藍天広がり、白雲また湧き、奇観なり。

　舗装路からはずれ、土路、石路、沙路を慎重な運転で、一九二三年初探の旧石器時代晩期の水洞溝遺跡に至る。ここは一九六〇年代にも二度発掘、石器と骨角器を得たが、人骨は出なかったはず。

　市中に戻り、五時に銀川南関清真寺に至る。礼拝の時間で、敬虔なムスリムが続々堂内に入る。学校も併設されているらしく、学生みたいな若者が最前列に堵列する。五時半、ホテルに戻る。司機への支払いは二五〇元。

第六章　西安――法門寺往還の記

九月一二日（火）晴

一八：〇七銀川空港を離陸、約一時間の飛行で咸陽市の西郊に新しくできた西安国際空港に着陸。一一元払ったリムジンバスに約一時間乗って、西安城外西稍門の民航ターミナルに到る。朦朧タクシーがいる。長安城堡大酒店と言うと一〇元（一元は一二日本円前後）で行くと言う。荷物を後部座席に置いて助手席に坐れと言うのでそうする。すると、「今日は市中、（古）文化（芸術）節で混んでいて行けない」だの「長安城堡大酒店は部屋がない」だのと言って客引きをする。「你去《ゆくのか》 不去《ゆかないのか》？」と問いつめると、結局「行かない」と言う。降りて門口で別の入ってくるのをつかまえると、「一五元で行く」と言うのでこれに乗る。気のよさそうな親爺であった。道路はかなり混む。親爺に「人混み、車混みを縫わないで。二〇元出すからあわてずに」と注意、注文しているうちに長安城堡の正面玄関に着く。

フロントに行くと、「予約なしは一一〇$と高い」と向こうから言う。今夜はしかたない。四四一号室。ザックを置いて洗顔し、二階の日本料理屋〈雲海〉へ行く。小姐四、五人。客は私だけ。季節の野菜の煮付け、鯖の塩焼きで日本酒三本（一本五〇元）、サッポロビール一罐（三〇元）。最後に漬物少々とみそ汁でご飯。二二時前に食事を終えて、鐘楼、東大街のあたりを少し歩く。イルミネーション明るい。長安一片の月も明るいが、ときどき薄雲がかかる。人通り多く、にぎやか。若い男女、子連れの親たち。人びとの表情も楽しそう。途中長安民生大酒店と鐘楼飯店で部屋代を問う。前者普通標準三三〇元、高級標準三八八元、後者標準七三三元。

九月一三日（水）晴

八：〇〇少し前に起床。真東の窓から出勤の人の群れ・車・自転車が南門前のロータリーを旋回するのがよく見える。バスを使い、下着を洗濯して吊るす。水をきっておかないと移動できない。まず真っ先に二階の商務センターというところに行く。ここですぐ民航の票を売ってくれた。外国人票で、北京まで九八〇元。向こうから文教専家かと聞いてきて、割引があるかもしれないと、二箇所ほどへ電話して問い合わせてくれる。勿論、中国の政府とか機関の発行した証明書を持つ身ではないから駄目である。でも親切はうれしい。

とりあえず南関正街を南に下って西安賓館のＣＩＴＳへ行って乾陵他西線の観光の条件を聞いてみる。タクシーを雇って一日で七〇〇元なら行くと言う。なお西安賓館は一泊六〇＄。以前ここに泊まったことがある。〈さくら〉という日本料理屋の看板も不変であった。

戻り道、康師傅麺とミネラルウォーターを八元で買う。おばさん初め一〇元と言うのを八元にさせた。

八元も高いが、これでいいことにした。一一：〇〇過ぎ長安城堡大酒店に戻り、電熱式のポットで湯を沸かして康師傅麺を食べ、紅茶を飲んで、今日の第一食とする。一二：〇〇前チェックアウト。部屋代九二四元、サーヴィス料一三八・六元、〈雲海〉の飲食代三九一元、計一四五三・六元をＶＩＳＡカードで支払う。ザックを預け、南稍門に到り、五〇一路のミニバスに乗り、終点の大雁塔の二つ手前で降りる（一・五元）。西へ歩いて陝西歴史博物館に到る。

実に大した陳列である。唐代の女性の服飾展は特別展示か？　青銅器の大展示室あり。西安は周、秦漢、隋唐の中心地ゆえものすごい。台北の故宮博物院のコレクションも立派だが、一九四〇年代以降の新収はない。西安はその新収が大した質量。ただしこの博物館の書冊を含めた土産物売り場の小姐や大哥等の作風は気に入らない。値段はあてにならない。カタログ二冊を値切って買ったが、本当に値切ったことになったのかわからない。この後、大雁塔の正面を経て（この周辺というか、もっと広い範囲、一〇年以上も前に二度訪れたと思うが、大変な変わり様。あのころは畑の中に塔があったのに、今は商店等密集。くたびれた）、唐華賓館に到り、一六：〇〇から一七：〇〇の間、ロビーのバーでソーセージ一皿二五元、青島ビール小瓶二本四八元。これにサーヴィス料一〇・九五元で、八三・九五元。日本のメーカーのビジネスマンみたいな人（？）が一〇〇元札の一〇㎝ほどの束を持っている。中国の銀行員みたいな人、慇懃にこれを受け取って消えた。銀行員は日本も中国（西安）も物腰似たようになるものなのか。一七：〇〇から一八：〇〇の間、同唐華賓館一階の〈春日〉なる日本料理屋の灯ともしたばかりのところに入り、松竹梅三本・納豆・ひじき・漬物頼む。二〇・二五元のサーヴィス料込みで一五五・二五元の支払い。日本人の若いビジネスマン一人と同年配の中国人男性二人の三人組、刺身や天麩羅をとっていた。中国人、こんなもの美味いのかな? 三〇代ほどの日本人女性一人遅れて入ってきて加わる。

大雁塔よりミニバスに乗り、南稍門下車（二元）、長安城堡大酒店に到り、ザックを請け出し、タクシーに乗り、西門近くの秦都酒店（Dynasty Hotel 環城西路北段五五号）に到り（七元の車費に一〇元を与える）、西南向きの三一五号室に入る。サーヴィス料込みで四四三元。悪くない。部屋に入る前に明日の西線コースのタクシーの交渉をする。フロントが、タクシー会社だか部門だかの中年女を呼んできた。八：三〇出発、西線コースに法門寺をプラスして七〇〇元ということで合意したが、実際はどういうことになるかな?

二〇：三〇日本に電話した後外出。

玉祥門で一〇三路のバスを待つも来ない。車車車車の洪水。空気悪い。ものすごい変化だ。やむなくタクシーに乗り、西安火車站を見に行く（メーター七元）。站舎はまったく新しい、大規模なものになった。站前広場に安康行きの表示のバスがあり、布袋を担いだり引きずったりする蓬髪の若者が、案内の小板を持ったガイドの先導でこれに乗り込んでゆく。安康は陝南、漢水上流、湖北省に近い方だろう。ソーダクラッカーとリンゴとミネラルウォーターを一四・五元で買う。明日の法門寺行きの非常用。

戻りは駅から大分歩いた後に夏利《シャレード》のタクシーに乗る。秦都酒店に着いたタクシーのメーターは基本料金の五・六元なのに、運転手と助手の親爺は一〇元と言う。私が七元出して、これだけと言っても二人は譲らない。ホテルのカウンターに行くと言うから、勿論勝手にしろだが、私もついて行く。ホテルの小姐とは関係があるまいに。訳のわからぬことだ。小姐 Can you speak English? と問うから Not enough と答える。メーターの表示は基本料金の五・六元ではないか。そのこと小姐に言う。何と二二：〇〇過ぎは夜間料金になる由。それならいい。理由があれば払うさ。しかし、後になると疑心再発。夜間料金は本当の制度なのか？　運転手たちの自前のとり決めかも？　ホテルの小姐も私たち客人の立場よりは手前勝手同士で、運転手たちの立場や利益を理解するのだと思う。これは公安も似たようなものだろう。中央政府が外賓特別料金をやっているのだ。このホテルはよいホテルだが、私は西線観光のことといい、このタクシーのことといい、銭勘定のことでわめいてばかりいるなあ。

二階の軽食堂に行く。野菜サラダ（レタス・キュウリ・チーズ・輪切りにした茹で玉子・蒸したチキンを裂いたもの・すり下ろしたオニオン入りのフレンチドレッシング）太好！太好！　胡椒と塩は自分でふりかけた。長城ワインの白、七五元だったか、奮発した。これと駅で買ったソーダクラッカーで小一時間過ごす。実にゆっくりした。

九月一四日（木）陰

目覚まし七：〇〇に鳴る。頑張るぞ！　と疲れた体に気合いを入れて起きる。テレビ（CCTV）、映画『藍風箏（青い凧）』（一九九三年）の主演女優で、『老井（古井戸）』（一九八七年）でも準主役を演じていた呂麗萍がインタヴューに答えている。インテリである。物言い、物腰はなはだ明晰である。

八：三〇出発。車はヴォルヴォ、ドライヴァーRは三二歳の女性。二歳の女児の母と言う。

九：〇〇　西（安）宝（鶏）公路（自動車専用）に乗る。

九：二二　興平。自動車道は目下ここまで。インターチェンジを降りる。化学（肥料）工場がある。

九：四五　馬嵬の地名標識あり。

九：五五　楊貴妃墓を見る。見料二〇元、駐車料五元。

一〇：二一　武功鎮。ここを過ぎたあたりから黄土の高台になる。街道端にリンゴ売り。

一〇：三〇　扶風県境に入る。

一〇：三六　杏林。村の入り口で農民に停車させられる。車台の下に消毒液と称する物を少々噴霧して、三元を徴収。白蛾発生の種を持ち込まれないようにするための消毒なる由。ほんの形ばかりの作業で、効果があるとは思えない。通行車輛から金を巻き上げる方法ではないのか？

一〇：五五　扶風県城隅を通過。

一一：〇三　法門寺博物館（西安西方一一〇㎞）に着き、一九八七年に発見された地下宮殿とそこに秘蔵されていた唐代文物の精華を見る。

一二：〇三　門前の喜来登酒楼なる食堂で昼食。ナスの冷菜、羊肉、豆腐の入った煮物、玉子スープ、うどん三碗で一九八元。一回しか来ない客を相手ゆえかなりぼる。法門寺前の客引きは、熱心を通りこして滅茶苦茶。入り乱れて可笑しいほど。この食堂の客引きの寺塔のマーク入りの名刺には「華宝快美有限公司　喜来登酒楼　樊安林経理　地址：法門寺広場西側　電話：〇九一七－五三四一八八　郵編：七二二二〇一」とある。ついでに裏面には「熱忱歓迎各界朋友来法門寺観光旅游」とある。喜来登《シイライドン》は Sheraton Hotel のシェラトンである。

R女師傅と一つ鉢の羊肉やスープを掬わなければならない。勇を鼓してやるほかない。分けとる小碗は要求したが、箸や杓子は各自使っているのを鉢に突っ込むのだ。四色のボールペンをねだられた。二歳の女児の学習のためと言う。教育熱心というべきか? こころよく差し上げた。

一三：〇三 帰路に就く。

一三：一五 R女師傅、路傍の農民より赤いトウガラシを買う。一斤一元で一五斤買う。その前に一斤三元とあったが、その時は買わなかった。

一三：五八 乾県県城。

一四：〇五 永泰公主墓に到る。乾陵博物館あり。ここで、永泰公主の石棺の模造品の張りぼてをちょっと手でなでたら、公安の制服の貧相な若者二人が私を呼び止め、一隅の椅子のところに連行、「坐下《すわれ》!」とか脅かして、「罰款《ばっきん》」だと言う。実にきたないやり方。確かに「手で触れると罰金」と掲示があるが、通行の順路からはずれていて、指さされて初めて気がつく。ペラペラの服務規程集のような物を開いて「漢文看得懂嗎《ちゅうごくごよめるか》?」と言うから、「差不多《まあね》」と応じると、「三〇元から一〇〇元の罰金」とある。糞ったれ! しかし言い争っても仕方ない。「少算点児《すこしまけろ》」と言い、椅子から立ち上がって、ポケットから金を取り出そうとすると、「坐《ズオ》!坐《ズオ》!」と言う。また椅子に坐ろうとすると、「走《ゾウ》!走《ゾウ》!」(立ち去れ!)と言うことだったのだ。後ろから団体の観客が入ってきたから、そのせいかも知れぬ。人目につかぬ所で目を光らせ、ちょっとさわる者がいて、他に人がいないと脅して金を巻き上げるわけだ。それが安月給の補いで、上役も見て見ぬふりをするのか? あるいはひょっとして上前をはねるのか? 実にどうも……しかし、永泰公

街道端の幼女

主墳墓上よりの眺めは有意義。東北に章懐太子墓、西南西に懿徳太子墓、その中間西北方に乾陵が雄大に起伏する。乾陵に行く。陵の傍らに窰洞の集落がある。馬道村と言う由。この集落に住む夏と言う姓の女性ガイドを雇った。料金は一〇元だった。

一五：四〇　乾陵を去る。

一六：一〇　懿徳太子墓。

一六：三〇　西安から銀川に向かうバスとすれ違う。

一六：四〇　札泉県城。「苹果《リンゴ》之《の》郷《さと》」の看板あり。ここを過ぎてから、ドライヴァー路傍の農民よりかなりの量のリンゴを購入（写真　札泉県下の農村の街道端で見かけた幼女。柵に掛けた縫いぐるみは何かと問うと、「枕頭《まくら》」と答えた。「娃娃《にんぎょう》」の替わりだったろう）。

一七：三〇　咸陽中心。

一八：〇五　秦都酒店に帰投。今日の費用七〇〇元は、私が明日チェックアウトするときにホテルに払うのだそうな。

夕食は一階の蓬莱閣でとる。中国料理は一人でのオーダーはやはり不便。牛肉の薫製の冷菜に排骨牛肉を土鍋で蒸し煮にしたみたいのと、牛牛になってしまった。これに青島ビール小瓶一本と米飯小一碗で、計八六元。

二〇：〇〇からホテルを出て一時間半ほどブラブラ。ホテルから西門にかけての大通り（環城西路）の東辺（城壁側）、屋台も含めて衣料品や飲食店などかなりの数。西門から東に折れて西大街を五〇〇ｍ余り行った橋梓口の左手（北側）に「大麦市回民飲食街」と記したアーチがある。これを潜って大麦市街、洒金橋という名の街路を進むと清真寺（城内中心部、鼓楼の側の大清真寺とは別物）に到る。この門前の街路は喧騒雑踏、ひどい賑やかさ。面白いのはビールを含めてアルコール類は売らない。従って飲んでいる人はいない。対して、橋梓口を南に入った甜水井街はあまり賑やかではないが、非清真の店舗や屋台もあり、そこでは勿論アルコールを出す。

ホテルに帰って閉路電視《ケーブルテレビ》を見る。昨夜と同じタイ式ボクシングが映る。演出されているのかどうか？野球帽をかぶった妙齢の美女が興奮して立ち上がって声援を送る。二三：〇〇就寝。

九月一五日（金）晴

八：三〇起床。このホテルは西側の城壁に隣接してその外側に建てられ、各部屋は中庭を囲む□型に配置され、部屋からバルコニーに出ると中庭が見下ろせる。三一五号のこの部屋の冷蔵庫がほとんど冷えないことだけが不満である。タクシーを使って青龍寺に行ってみようかと考えたが、休養、体力維持第一と思い直した。一〇：〇〇、二階の西式餐庁に行き、セルフサーヴィス式の朝食をとる。青島ビール小瓶一本ともで、七〇余元。サインする。

ホテルの前に靴の卸街みたいな小巷あるので、ちょっと入る。これを見てまたホテルの構内に戻って来たら、紺の制服のガードマンから「スリッパでは駄目だ」と偉そうに言われた。そー言われても今ここに履きかえる靴は持ってないので、「わかった、わかった」と振りきる。部屋に戻ればはや一一：〇〇過ぎ。パッキングして、一一：四〇フロントに下りたが、時間かかる。部屋代、昨日の一日游、食費と電話代で二〇一五・六元。このホテルからタクシーに乗り、一〇元払って西稍門の民航ターミナルに到り、一三：〇〇発のリムジンバス（一二元）で空港に行く計算でいたが、これは一二時間制と二四時間制とで混乱した私の思い違い。一二：〇〇発のリムジンに乗る必要があるが、それには間に合いそうもない。

ホテルのボーイの呼んできた赤い夏利に乗り、「西安国際機場」と告げる。市街中心鐘楼から四五km、西北方向。咸陽をさらに越えたところである。途中高速道路を利用するが、その代金が五元。しかも戻りの分の五元も要求される。この車が高速道路上でエンコしたのである。空港の手前一五kmほど。唐順陵を右手に見る辺り。その他の墳墓も幾つも見え、他はトウモロコシとヒマワリ。ボンネットを開け、茶水をどこかにかけたり、ラジエーターのファンを開けてみたり、点火プラグをはずして口で吹いてみたりしている。そんなことで直るかねと、半ばあきらめていた。まだ時間があるので落ち着いていた。空港からの戻りの車もつかまえられるだろうし……。ところがこの車また走れるようになったのだ。空港に着くと、メーターはちょうど七〇元。一〇〇元出して釣りを寄越せと言うと、「空港は一五〇元が決まりだ」と言う。「こんなボロ車で、時間を無駄にしてくれたうえに何を言うか」と言うと、少し気色ばんだ。「釣りは要らない。一〇〇元取っておけ」と言って歩きかけると、追いかけてきて「空港は一五〇元が決まりだ。前の車に聞いてくれ」と言う。それも嘘でもないのかも知れぬ（決まりと言っても、自分たちで勝手に決めて、監督官庁も見逃している？　見て見ぬふりしている？……）。言い争うのも格好悪いし、勝ち目もなさそうなので、五〇元渡すと礼も言わずに立ち去った。メーターは何のためにあるのか？　空港のタクシーの乗降場には「メーターを使用しない運転手には金を払うな」等と麗々しく記してあるのだ。これを記念と記録のためにカメラに収めた（写真　現像した後、精読、意訳すると、「料金についての規程　一、片道が一〇kmを超えた場合、超過距離分の料金は五割増し。この割増し分は、戻りの空車代である。　二、夜間一〇時から翌朝六時の間は、一kmにつき〇・三元を加算。　三、メーター使用の普通料金でいいのに、メーターに従わない場合は、乗客は支払いを拒否できる」と言うようなことになろう。とすると、この日の運転手も、九月一三日夜の運転手と助手も必ずしも出鱈目とは言えなかったのか）。年若い運転手と言い争ったりして、不快な気持ちである。待合室に入って、橙色の合成樹脂の椅子にかけたら、何と水がたまっていたのだ。畜生奴！　まったくモーッ。好きで中国に来ているのだから、何でも言われるまま、されるままにして、おとなしくしていろと言うのか？

空港の掲示

　待合室に入る前、搭乗手続きの際。まだ早くてさして混んでなかったが、例によってカウンターにカニの横ズリのように（それにしてはスッ、パッと早い）寄ってくる人がいる。一人、二人。正面に立った私はそのまま立ちん棒なのだ。二人とも地味な背広姿の中年男、銭なしの知識人みたいな感じだった。かれらにすれば、手続き中の人の後ろに機械的につっ立っているこっちが馬鹿みたいなのかね？

中国西北航空公司、二二〇七便。一四：五六北東に駆けて離陸。一六：一〇無事北京空港に着陸。リムジンバス、地下鉄、路線バスと乗り継いで、一八：〇〇過ぎ、宣武区西経路の天橋賓館に到り、一三〇八号室に泊る。

Ⅱ部　人

第七章 彭湃――〈書評〉華南農学院馬列主義教研室 広東海豊県紅宮紀念館《彭湃傳》編写組『彭湃傳』

i

本書扉裏に〈内容提要〉として次のようにいう。すなわち「本書は中国共産党創立期の重要な指導者であり、わが党の一世代前のプロレタリア革命家であり、中国農民の革命運動の先駆者にしてかつ著名な海陸豊ソビエト政権の創設者でもあった彭湃烈士の伝記である。この伝記は、彭湃烈士の少年時代と、東方日本に渡って真理を尋ね求め、海陸豊の農民運動を開始し、嵐のような大革命に身を投じ、海陸豊ソビエト政権を創設し、ずっと最後に至るまでプロレタリア階級の革命の事業のために献身的な革命精神を振《ふる》い起こし、また共産主義の事業のために一生を戦った輝かしい業績とを、正確詳細に、またいきいきと叙述した」と。また〈編集後記〉には、「中共華南農学院党委」と「中共海豊県委」の配慮の下に「彭湃烈士の革命の生涯の光輝ある業績を宣伝し、彭湃烈士が共産主義に身を捧げた崇高な革命の精神を頌揚するために」、一九七九年初めに本書《彭湃傳》編写組が組織され、活動を開始し、一九八三年一月に原稿を完成させたという。

目次は以下のごとくである。分量の目安のため頁数もそのまま写しておく。

第一章　少年時代　一
聡明にして学を好む　三
労働者への同情　四
女性の解放を主張　八
封建支配者のための建碑立像に反対する　一〇
第二章　熱誠の愛国者　一四
東方日本に渡る　一四
〝授業放棄して抗議帰国〟　一六
〝国恥を忘れるな〟　一九
ロシア十月革命のコースへ　二三
第三章　マルクス主義の宣伝家　二八
〝社会主義研究社〟を組織する　二八
『同胞に告ぐ』を発表　三一
〝教育革命から手をつける〟　三五
『赤心周刊』の出版　四六

第四章　海陸豊農民運動の創設者　五〇
農民のなかへ　五〇
赤山約農会の創設　五六
海豊総農会の設置　六七
第五章　〝地主に対する挑戦〟の魁《さきがけ》　七八
十万農友の勝利　七八
〝七・五〟農民の高揚　八三
獄中の農友を救出　八七
第六章　広州農民運動講習所の創始者　九九
農民運動講習所をひらく　九九
広寧の農民の闘争を支援　一〇七
第七章　大革命の高揚のなかの前衛戦士　一一七
二度の東征に参加　一一七
広東農民運動の発展　一二七
国民党右派の進攻に反撃　一三五
第八章　海陸豊ソビエト政権の創設者　一四六
〝八・一〟南昌蜂起に加わり指導する　一四六

海陸豊ソビエト政権を創設　一五四
大南山地区の革命闘争を堅持　一六九
第九章　死すとも屈せず、浩然の気は不滅　一七九
上海で闘う　一七九
獄中で闘う　一八三
とこしえに人民の心のうちにあり　一八七
編集後記　一九三

ii

読みおえた全九章をさらに幾度か翻開していると、本書を第一章から第四章までと、第五章以降とに大きく二分することもできそうに思える。すなわち、海豊の非官紳身分の地主・商人の妾腹の子に生まれた彭湃が、海豊と広州で初等・中等教育を受けつつその時期一定の反封建の運動を体験したこと、そののち日本留学中に反帝民族運動と社会主義に出合い、帰国後、当初ほとんど個人的決意を挺子にして農民と農村の内に入って海陸豊の農民運動の創設者となるところまでで一区切。第五章以降はかくれもない農民運動の指導者・革命家としての湃の活動を記すことになる。

このような大雑把な二区切に、史料・素材レベルの特徴も何ほどか対応しているように見受けられる。本書には、必要に応じて頁ごとに脚注の形で典拠が示されているが、これらを通観したとき、たとえば

「周鳳（湃の生母）：《湃的小傳》。存海豊紅宮紀念館」（二頁）、「一九七九年九月、訪彭湃的妹妹彭娟老人的記録。存海豊紅宮紀念館」（八頁）、「陳其龍：《関于彭湃的二三瑣事》、一九五六年十月十五日、訪問記録。存海豊紅宮紀念館」（一〇頁）、「《彭承訓的回憶》。存海豊紅宮紀念館」（一二頁）、「陸精治：《彭湃同志在日本》。存海豊紅宮紀念館」（一五頁）などとあるのは、「革命の古い同志と烈士の親属たちの回憶録」（一九三頁）に属する類のものであろう。そうして「存海豊紅宮紀念館」と所蔵場所が断られているのをみると、これらはほぼ公刊物ではなく、稿本・手抄本として存在するのであろうか。史料・素材としてこのような回憶録が頻繁に用いられるのは、第四章までである。

海陸豊農民運動の創設者であった彭湃は、のちに広東省全体の、さらには全国の農民運動・革命運動の要職に就くから、海豊の近縁の者の回憶が及ばなくなるのは道理なのであろうか。それなら海陸豊ソビエト政権期を扱った第八章には、近縁の者の回憶が再登場してもよさそうに思うが、ほとんど再登場していない。そう思って振り返ってみると、第四章までの近縁の者の回憶も、志士仁人たりし彭湃へのパタナイズの度合の強い敬慕・讃嘆の辞であって、具体性という意味では、若干ものたりなさを覚えぬわけでもない。

第五章以降の史料・素材には、そのときどきの組織・機関の決議・決定、敵・味方双方含めての新聞報道記事、毛沢東や瞿秋白などの農民問題関係の論述・報告、近時地元広州の『羊城晩報』などに掲載された往事の関係者の回憶録などがある。なお第四章までと、第五章以降との区切に関係なく、既刊の『彭湃文集』[1]と『彭湃研究史料』[2]とは本書の叙述の全体にわたって重要な典拠として利用されている。

評者は本書の閲読を契機として、一九五八年発表の衛藤瀋吉の[3]、一九七八年発表の斎藤秋男の[4]、彭湃に関する研究を読んだ。これらにより、彭湃に関係する中文・日文・英文の先行文献の多数を教えられ、そのうちの数点はまた手にとり覗くことをえた。鍾貽謀編著『(現代革命史資料)海陸豊農民運動』[5]、侯楓編著『彭湃烈士傳略』[6]はそれらのうちの二点である。鍾、侯にはほかにも評者未見の海陸豊農民運動や彭湃関係の著述があり、かれこれ含めてかれらの著述は、衛藤や斎藤の研究においても、重要な素材・先行論述として活用されている。ところが本書においてはかれらの論著について言及されていない。この点に関連して気になることが出てくる。

「第一章　少年時代」は、冒頭一八九六年一〇月二二日(陰暦九月一六日)、湃が広東省海豊県海城鎮橋東社に誕生したことを述べ、つづけて「海豊は、北は重畳たる蓮花山に倚《よ》り、南は青い大海原に面している。蓮花の山脈に源を発する龍津渓の水は北からくねくねと流れ下って海豊県城を東西の両岸に截り分けている。彭湃の故居は風景秀麗なる龍津渓の東岸に位置しており、悠悠たる龍津渓の水は彭家の門前を繞《めぐ》って流れ去り、麗江に合流してからまっすぐに馬宮港に注いで南海に入る」(一頁)と続く。英雄豪傑、志士仁人の誕生に関しては、さすがにすでに山水・景観にも徴証あるかといった感じになる[7]。書き出し部分のこのような構成・文体と、たとえば前頁に記した具体性への不満といった特徴の複合は、本書編纂の目的とも作用しあって、全編の基調をかなりの程度決定してゆく態のものではなかろうか。このあとに湃の祖父、祖母、同輩兄弟のことが述べられ、さらに湃が幼時より聡明であったことへと続く。

他方、侯楓の前掲著書の冒頭部を見てみる。まず「韓江と東江の間に夾まった海豊は、西北面は重畳たる山脈であって、銀瓶・蓮花の諸峰を有する。東南は海に近接し、白帆片片として大海原の滄い波間にみえかくれするのを眺めることのできる」物産豊かな「魚米之郷」である（一頁）と始まって、龍津渓の水と水辺に位置する彭家とを述べる。このさき湃の出生と、かれの属した家の人びとのこと、湃が幼時より聡明であったことへと続く。侯著が四万六〇〇〇字と称するのに対し、本書は一〇万五〇〇〇字と称し、分量は異なるが、本書全体の叙述の順序、構成に侯著が無縁であるようにはみえない[8]。そうすると、書き出しの部分などを手がかりに含めて憶測した「全編の基調」などというものは、本書以前に起源を有し、本書はそれを踏襲したのだということになるのであろうか。以上気になることの一点。

鍾貽謀編著の「前言」に、「新たに捜し集めた資料の来源」として、「㈠一九五六年一一月一〇日、わたしは〝海豊県老革命同志座談会（任務はむかしのソビエト地区を評定することと、革命烈士を評定すること）〟に出席した。座談会に出席した五〇余名の古い同志たちは、たんに歴史の証人であるだけでなく、歴史に参与した人たちであり、血のように赤く、火のように熱烈な記憶は永遠にかれらの脳裏にやきついている。ぶっつづけ一二日間の座談会での話は、感動にみち、徹底的なものであった。わたしはこれらの資料は珍貴かつ精確であると判断し、すべて記録に留めた」という。このような以前に聴取された記録はいまどこにあるのだろうか。『彭湃傳』の脚注には、この座談会のことは出てこない。鍾はつづけて「㈡今年わたしは広東省文史研究館の研究員（専ら広東の農民革命史と華僑の歴史とを研究する）となり、海豊文化館に滞在して革命関係の歴史的資料を捜集した。館内の革命文物を整理していたところ、一冊の『海豊県工農兵代表大会会場特刊』をみつけた。このオリジナルな革命文献は極めて貴重なものであって、わたしはこれからもまた一部分の資料を採録した」という。鍾がここにいう冊子は『彭湃傳』一五九頁、一六一頁に「海豊全県工農兵代表大会《会場特刊》、存海豊紅宮紀念館」と注記して用いられているものであろう。すなわち、鍾編著との関係においても、本書がどれだけを負い、また継承し、何を拾わなかったかといったことが明示されていない。以上気になることの第二点。

なお、前掲衛藤論文は「参考文献」の項で右鍾編著に関連して「編著者鍾貽謀氏はかつて海豊にあり、一九二七年第二次暴動の後政府委員に名をつらねた人（国民革命軍第十六師「海陸豊平共記」三二頁）。海陸豊ソヴェトに関するもっとも詳しい文献で、教えられるところ多い」と言っている。たしかに鍾編著には臨場感がある。

iii

注文めいたことが先になってしまったが、本書は、頁を繰って読み進むごとに、さまざまな感慨・連想を引き出してくれて興趣つきない。いまはまったく乱暴に、残されたスペースの許す範囲内で、それら感慨・連想のほんの幾つかを摘記する。

彭湃本人以外にも、近親・近縁の多くの者が革命運動のなかで殉難した。湃の父辛は妻王氏との間に三男一女、妾周氏との間に三男三女、ほかに王氏でも周氏でもない女性との間に長男を挙げている。結局男児は七人いたわけだが、上からこれらの名を列挙し、かつ正妻の子には○印、妾腹の子には×印、どちらでもないものの子には△印を付してみる（女児を加えないのは、そのいちいちについて生死のことの叙述がないからにすぎない）。これらの人名表にさらに湃の甥一人、湃の二人の妻を加え、革命殉難の者の名は四角で囲み、簡単な記事を付すと、左のようになる。

老大　△　銀

二　○　達伍（一九二八年三月一六日澳門で国民党の特務に捕われ、四月二八日広州で殺される。一七〇頁）

三　×　漢垣（右に同じ）——漢垣長子　陸（広州で地下活動中捕えられて殺される。ときに一九二八年二月二八日、一七歳、共青団員。一七〇頁）

四　×　湃（一九二九年八月三〇日、上海で殺される。三三歳。一八七頁）

五　○　澤

六　○　忻

七　×　述（中共東江特委員、一九三三年大南山革命根拠地の防衛戦中に犠牲となる。一九〇頁）

妻　蔡素屏（一九二八年六月海豊にて密告により捕われ、同年九月二一日殺される。一七〇頁）

妻　許冰（一九三二年秋大南山革命根拠地で戦闘中捕われ、一九三三年汕頭で殺される。一九〇頁）

これを眺めていると、彭湃らが先頭にたって闘い、きりひらいた一九二〇年代から三〇年代の中国農民運動・革命運動の、結局階級闘争の、激烈さが偲ばれる。

iv

第一章中の「聡明にして学を好む」の節は、漢文式に読み下すと「彭湃、幼きより聡慧なりき。活発にして学を好み、かつ絵画・書法《しゅうじ》・剪紙《きりがみ》花・折紙《おりがみ》船に擅長し、多才多芸なりき」（三頁）といった具合に書き出され、五歳で文字に興味を示し、六、七歳より兄弟といっしょに私塾に通い、先生が「有出息的《ぜんとがある》」とほめるよい子であり、実母の日頃の教誨に対しては「いつも温順にほほえんでよく聴き従った」（三頁）という。このあと、小学・高等小学・中学と長ずるにつれて社会的に覚悟しはじめ、後年の発展を窺わせるにたりるという叙述になっている。

　このあたりをみていると、幸徳秋水の「兆民先生」に、「先生幼にして穎悟《えいご》、夙《つと》に経史《けいし》に通じ、詩文を善くせる者の如し。而して其性極めて温順《おんじゅん》謹厚《きんこう》の人なりしは、頗《すこぶ》る奇なるに似たり。母堂屢ゝ《しばしば》予等に語つて曰《いわ》く、篤介少時、温順謹厚にして女児《じょじ》の如く、深く読書を好みて郷党《きょうとう》の賞讃する所となりき。而して今や即ち酒を被《あお》つて放縦《ほうしょう》至らざる無し。性情の変化する、何ぞ如此《かくのごと》く甚しきや、此一事余の痛心に堪へざる所也、卿等《けいら》年少慎《つつしん》で彼れに倣《なら》ふ勿《なか》れと。然れども先生の母堂に事《つか》へて至孝なる、其生涯を通じて渝《かわ》らず、一事の命ぜらるゝ毎に、唯々《いい》として敢て或は違《たが》はざりき」(9)とあるのが想起される。兆民が幼時「温順謹厚にして女児の如く」であったという母堂の言が面白い。

　彭湃のほうには「女児の如く」に類する説明はないが、本書口絵にある、湃の写っている写真四葉などからみるに、どちらかというと優男《やさおとこ》の面貌である(10)。一九一九年の夏休みに、日本より一時帰国したときは、五・四運動の波及してきた海豊で、「反帝反封建の愛国運動と新文化を提唱して旧文化に反対する革命の大流」に身を投じて、「海豊県学聯総会」の幹部たちとともに「講演団」や「白話戯劇団」を組織して農村に入って宣伝活動をした。その際湃は自分でシナリオを書き、俳優もつとめ、とくに「朝鮮亡国の恨み」というのを上演したときには、かれ自身が日本公使夫人に扮して女角《おやま》を演じ、演技は真に迫っていたという（二二一～二二三頁）。写真の面貌といい、女角が演《や》れたことといい、のちに海陸豊の農民を率いて横行し、対立する側をして戦慄せしめたのとは少しくイメージを異にする。

ニム・ウェイルズ『アリランの歌――一朝鮮人革命家の生涯――』(11)は、一九〇五年生まれの朝鮮人革命家で、広東コミューンにも参加した金山《キムサン》の実体験の回想であって、興趣に富む。そのなかの「13　海陸豊での死活の闘い」には、金山がともに闘った海陸豊ソビエト期の彭湃の風貌が幾箇所か活写されているが、いまは、巻末に付された「史注」のなかの金山署名の「彭湃と中国最初のソビエト」をみてみる。すなわちいう。「(イ)彭湃は、海陸豊の大した名門の生まれだった。地元の教育部長をつとめ、その在任中に、人民は教科書によらずに数多くのことを学んでいるということに気付いた。／彭は、生まれつき正義感がつよく、夢の多い人道主義的な人間だった。／……／私は、海陸豊で殆んど毎日のように彭湃と顔を合せていた。かれは、自分の生家の近代的な二階建てのコンクリート造りの大きな家を司令部にしていた。そこで、私たちは、かれが東京の早稲田大学の卒業生だったところから、一緒に日本語の練習をやった。(ロ)背丈はむしろズングリしていたが、力と健康にみちみちており、顔は面長で、力強くたくましい容貌で、広東人らしくは見えなかった。非常に深い声をもち、時時少し吃った。(12)……」と。金山の接した湃には、あるいは金山の語る湃には、優男の面貌はないようである。

ニム・ウェイルズ『紅い塵――中国の共産主義者たちの自叙伝――』(13)中の「編集記者　ツァイ・ディン・リ」の章は、一九三八年、ニムが上海で会ったツァイ・ディン・リから聞いた海陸豊の話である。ツァイは一九一〇年汕頭に近い靖海県に生まれた教育のある女性で、一九二六年に汕頭で彭湃と出会い、一九二七年秋まで海陸豊で活動し、海陸豊ソビエト政権成立後間もなくそこを離れた。「かれは平均的な広東人と比べれば背が高く、肉体にしろ精神にしろ、すべては大きくみえた。顔も大きく四角っぽかった。口も鼻も大きかった。そして髪をやや長めに伸ばしておくのが好みだった。かれは健康で頑丈そうにみえこそすれ、全く学者タイプではなかった。二つの眼はキラキラしていて知的で優しかった。かれは親切で人道主義的人物だった。わたしはかれをとても偉大な人物だったと思っている。……」（二〇〇頁）と彼女は語っている。ここでの湃も優男のイメージではないようである。

湃は早稲田大学専門部在学中、建設者同盟のメンバーであった（二一四頁）。「故　浅沼社会党委員長を偲ぶ会」[14]という座談会の記事中、出席の旧建設者同盟員の座談に、彭湃に及ぶところがある。「稲村〔隆一〕

彭湃というのは……中国人が二人いたが……。／戸叶〔武〕　武内君にこの前話したらよく知っていた、面長の女性的な／武内〔五郎〕　背の高いやせ型の／稲村　一人は背が高い、一人は低い。／戸叶　そうだ、背の高い方／稲村　男っぷりのよい。／戸叶　そうだ。／稲村　ぼくがいたときシナ人が入会を申し込んできた、眼がねをかけた背の大きな好男子ともう一人は髪をぼさぼさした革命家らしいのと二人来た。／武内　背の高いおっとりしたのがそうだ」。各人の語ることが、いま一つ焦点を結びきれない感もするが、これは日本における彭湃の風貌についての日本人の証言である。

V

彭湃は一七歳のときに、海豊県麓境郷の蔡素屏と結婚した。結婚は家のとりきめたものだったが、夫婦仲はよかったようである（九頁）。一九二八年二、三月の交、海陸豊ソビエトが失陥したのち、「彭湃的《の》妻子《つま》、海豊県婦女解放協会主任、堅強的《なる》女共産党員蔡素屏」は弟の妻に第二子彭仕禄の養育をたのみ、生まれたばかりの第三子彭洪を海豊県赤山約〔ここは一九二二年六月、農民運動を決意した湃が最初に訪れたゆかりの地。五一頁参照〕のある貧農に預け、六歳の長子彭絳人のみを連れて、海豊地区で潜伏活動を継続した。間もなく捕われて処刑されたが、ともに捕われた絳人は党の救援活動の結果釈放されて香港に送られ、のちさらに周恩来の手配によって上海に至ったという（一七〇頁）。

一方、「彭湃同志生平年表」(15)をみると、一九二六年の欄の最末尾に「冬　汕頭にて許冰と結婚する」とある。同じ「年表」で一九二六年一月一五日のこととして「〔広東〕省農民協会潮梅海陸豊辦事処が汕頭市志成里一号にて成立。彭湃は辦事処主任を兼任する」とある。この任務のため、翌年二月に至る間、湃は幾度か汕頭を訪れるが、そこで辦事処の工作員としての許冰（またの名を玉慶）に出会ったわけである（一四一頁）。以下「年表」を参照しながら本文と注文の記述をたどる。一九二七年三月後半、湃は中共〝五大〟代表、冰は共青団〝四大〟代表となって、ともに広州から武漢に赴いている(16)（一四三頁）。一九二六年七月に開始された北伐の中途で、蒋介石対中共・国民党左派の間の矛盾は深まり、後者は一九二六年暮れより武漢政府をかためつつあった(17)。一九二七年三月後半武漢入りした湃は蒋介石の四・一二クーデターを挟んで中央で活躍することになるが、この時期からさらに南昌蜂起を経て二月初めに海陸豊に戻るまで（一五六頁）の間、許冰が同行していたようにも思える。

海陸豊ソビエト政権期に彼女が海陸豊にいたことは、（4）に掲げた斎藤秋男論文が、一九二八年の海陸豊ソビエトの旧正月の祝賀の様相をルポした許冰の文章を紹介してくれていること[18]によってもわかる。海陸豊ソビエト失陥後、汕頭近くの大南山革命根拠地で活動した数箇月、そののち一九二八年一一月党中央の指示で上海に到ってからと、湃の側にいたのは冰である。湃の死後、彼女は女児彭美美を上海に置き、幼い男児彭小湃を親戚に托して、一九三〇年夏再び大南山革命根拠地に戻ったが、一九三一年秋戦闘中に捕われ、一九三三年汕頭で殺されたという（一八九～一九〇頁）。

許冰については既掲の『紅い塵』（二〇〇頁）や『彭湃（増訂本）』（八七頁）にも述べられているが、時間の前後に関する誤認、あるいは遠慮もあるらしい。本書によって判明したことは少なくない。なお近着のフェルナンド・ガルビアッチ『彭湃と海陸豊ソビエト』[19]は、「あとで、二人が海豊にもどってからは彼女は彭湃やかれの一番目の妻蔡素屏といっしょに暮した。許は完全に活動に身を捧げており、いきいきとした、短髪の、乗馬のすきなモダンな様子の女性だった。湃との間に娘が一人いた」（二〇五頁）という。この記述の根拠は『星島日報』一九七七年五月一八日・一九七八年二月一八日付のT'ien Chihという人の「人物篇」という文章らしいのだが、確かめるをえなかった。

なお、斎藤秋男は前掲論文において「〝正妻〟蔡素屏の写真は、今までのところ筆者は見ていない」と言っているが、今回本書口絵には、半身免冠の「彭湃的《の》夫人蔡素屏烈士」像一葉がある。鼻梁通り、眉明らかで、眼光女性としては鋭いかと思う。

一九二九年八月二四日、上海共同租界内のアジトで江蘇省軍事委員会を主宰していた彭湃は、密告によって数名の同志とともに午後四時ごろ工部局の「巡捕《けいさつ》」に捕われ、二六日には国民党上海市公安局水仙廟の留置所にひきわたされた。

上海で中共中央軍委と中央組織部の工作を主宰していた周恩来は、湃らが逮捕された当夜ただちに緊急会議を召集し、救出方法を検討している。結局八月二八日清晨《あけがた》、水仙廟の留置所から「国民党上海龍華警備司令部」の留置所へ押送の途中を邀撃すること、周自身がこのメンバーを指揮することになった。ところが、銃器が届いてみると、まだグリースが拭きとってなく、あわてて石油を買いにゆき、拭きとってから出発したが、現場に着いてみるとすでにおそく、護送車は通過したあとだった（一八三～一八四頁、ならびに「年表」）。こうして彭湃の死は免れ難いものとなった。『彭湃傳』や「年表」はこの事を記すけれども、その典拠は示さない。

ところで、既掲フェルナンド・ガルビアッチの近著もまた、救出作戦失敗に関してほぼ同一のことを記している（二頁）。かつ、フェルナンドは典拠として侯楓『彭湃（増訂本）』と周恩来「彭楊顔邢四同志被敵人捕殺経過」（一九三〇年八月三〇日　中共中央機関紙『紅旗日報』第一六号　所載）を挙げる。しかしながら評者のみたところ。前者にこの事なく、後者周恩来の文章にもこの事ない[20]。これは如何なる次第であろうか。なお、フェルナンドは本書『彭湃傳』は参照していないようである。

はやく衛藤瀋吉は前掲論文の「附録一　人物略傳」の「彭湃」の項で「一九二九年八月二十四日、楊殷（夢揆）、張春際、顔昌頤、邢士貞らと会議中を、白鑫なるものに密告されて捕えられた。共産党は大いにおどろき破獄をくわだてたが成らず、龍華警備司令部で三十一日（一説に三十日）銃殺された。白鑫は黄埔軍官学校卒、海陸豊紅軍第四団団長を経て当時江蘇省軍事委員会幹事の職にあり、ひそかに国民党と通じて上海警備司令部督察員兼特務科副主任であった。共産党は白鑫を憎むことはなはだしく、同年九月中旬上海仏祖界においてこれを報復暗殺した」と記し、典拠として「小野寺機関（訳）『国共抗争史資料』謄写版、上海、昭和十四年。右は国民党中央委員会編印『中国共産党之透視』の全訳である」とする注釈つきの文献と、侯楓「海陸豊農民運動的領導者彭湃（『紅旗飄飄』第五集　北京　一九五七年一二月　所収）の二点を挙げている。二点とも評者未見である。

　また白鑫については、既掲『アリランの歌』の既引「史注」「彭湃と中国最初のソビエト」の末尾近くには「白鑫という名前の湖南人の男もそのころ海陸豊から上海にやってきて〔中共中央委員会の〕軍事委員会の一員になったが、国民党が白鑫にたいして裏切りと引きかえに保護と外遊する金を与えようと約束したため、白鑫は彭湃が上海に着いて間もなく彭を警察に引き渡してしまった」という。

　本書では、白鑫の最後に関して「彭湃ら四人の革命の導き手が殺されたことは、全党と広範な人民大衆の、裏切り者白鑫に対する限りない憎悪を呼び起こした。革命を防衛するために、遭難して死んだ烈士たちの仇に報いるために、党組織はこの恥知らずな裏切り者に対して当然の懲罰を遂行した」（一八九頁）と記してある。

（1）『彭湃文集』（人民出版社　一九八一年一〇月）。以下『文集』と略記する。

（2）《彭湃研究史料》編輯組編『（広東革命史料叢刊）彭湃研究史料』（広東人民出版社　一九八一年九月）。以下『研究』と略記する。

（3）衛藤瀋吉「中国最初の共産政権―海陸豊蘇維埃史―」（『近代中国研究』第二輯　一九五八年）

（4）斎藤秋男「日本留学・中国人彭湃の生と死―共同研究〈アジア人の日本留学史〉の一部―」（専修大学学会『専修人文論集』二一　一九七八年五月）

（5）鍾貽謀編著『（現代革命史資料）海陸豊農民運動』（広東人民出版社　一九五七年一〇月）

（6）侯楓編著『彭湃烈士傳略』（広東人民出版社　一九五九年三月）

（7）一九八五年三月時点で、海豊県は「外国人旅行証」を取れば訪れることのできる乙類開放地区の一つであって、広州より汕頭行の長距離バスの路線（全程四四八km）上にある。広州より増城、博羅、恵陽を経由して三〇一kmの旅程。一九八五年一〇月上旬、評者はこの地を訪れた。それに関しては、拙著『中国彷徨―大陸・香港・台湾―』（近代文藝社　一九九五年五月）九～一三頁参照。

（8）侯楓『彭湃（増訂本）』（広東人民出版社　一九七八年一〇月）も見るをえた。これは（6）の著書を「第一版」として、それを増訂した「第二版」本。字数は六万七千字と称す。

（9）幸徳秋水著『兆民先生・兆民先生行状記』（岩波文庫　一九六〇年七月）七～八頁。

（10）本書口絵に、彭湃の写っているものとしては、ⓐ「一九二二年六月、彭湃がはじめて農民運動に従事したときの記念写真」、ⓑ「一九一八年五月一六日、日本と中国が〔対ソ革命干渉の〕陸軍共同防敵軍事協定に調印。この日、彭湃と友人〔台山県人黄霖生、南海県人陸精治〕が国恥の日を記念していっしょに写した」写真、ⓒ「彭湃の広州での記念写真」、ⓓ「一九二七年春、彭湃・許玉慶〔許冰というも同一〕と阮嘯仙・高恬坡との武漢での記念写真」の四葉が収められている。（5）の鍾編著の口絵はⓔ「彭湃（彫塑）像」の写真を収める。（6）の侯楓編著口絵にはⓕ「彭湃同志遺像」と題した顔写真、ⓖ「日本に留学したときの彭湃同志、一九一九年写す」と題した羽織袴拱手の全身立像写真、ⓗ「一九二一年海豊県教育局長当時の彭湃同志」と題した西装全身立像の写真、ⓘ「彭湃同志とかれの愛人許玉慶（一九二八年）」と題した写真がある。以上のうちⓐとⓗは同じもの。また（8）に掲げた侯楓『彭湃（増訂本）』の口絵にもⓒⓖⓐが収められている。ついでに記すと、建設者同盟史刊行委員会著『早稲田大学建設者同盟の歴史―大正期のヴ・ナロード運動―』（日本社会党中央本部機関紙局　一九七九年九月）口絵の「中国革命の先達の一人　彭湃」はⓒと同じ。また島尾伸三・潮田登久子『中華人民生活百貨遊覧』（新潮社　一九八四年五月）の一一八～一一九頁に「毛沢東同志農民運動講習所」なる見出しで掲載されている農民運動講習所旧址内部の写真によると、この旧址の屋内壁に毛沢東をはじめとして農民運動講習所ゆかりの人びとの写真が掲げられている。彭湃のそれはⓒと同一のもののようである。

（11）ニム・ウェイルズ（安藤次郎訳）『アリランの歌――朝鮮人革命家の生涯――』（みすず書房　一九六五年九月）。原書はKim San and Nym Wales, *Song of Ariran : The Life Story of a Korean Rebel*, Johon Day Co., New York, 1941.

（12）引用は安藤次郎訳による。ただし傍線（イ）のところ気になったので原文を見てみると "P'eng P'ai came of a very influential family in Hilufeng."(p.242)とある。『彭湃傳』一～二頁の記述によれば、彭家は湃の祖父の代、とりわけ孫の湃が生まれたころから急激に富裕になった非官紳身分の大戸である。"a very influential family" とはいえても、この際「大した名門」の訳は少しズレるかと思う。傍線（ロ）の原文は "He was rather short in statue" (p.242).

（13）Nym Wales, *Red Dust : Autobiographies of Chinese Communists*, Stanford, California, 1952.

（14）「故　浅沼社会党委員長を偲ぶ会」（法政大学大原社会問題研究所『資料室報』一六三号　一九七〇年七月所載）。この座談会は「一九六〇年一〇月二〇日　自午後五時～至午後八時　於尾崎会館」で開催されたもの。

（15）「彭湃同志生平年表」（以下「年表」と略記する）は（1）に掲げた『文集』、（2）に掲げた『史料』、それぞれの巻末に附されている。ほとんど内容を一にするが、字句にときに小異がないわけではない。『文集』の方の末尾には「蔡洛、劉林松、余炎光、羅可群整理」とあるが、『史料』の方には、これら整理者名の記載はない。以下「年表」は便宜のため『史料』巻末のに依る。

（16）すでに述べた註（10）の写真ⓓはこのときのものであろう。

（17）今井駿・久保田文次・田中正俊・野沢豊共著『現代世界史3　中国現代史』（山川出版社　一九八四年八月）一四六～一五〇頁参照。

（18）斎藤は、許冰「海陸豊ソビエトに於ける赤色新年の思ひ出」（『新興教育』一九三一年四・五合併号　一九三一年五月）なる文章の存在とその内容を紹介している。許冰の文章の原載は不明、訳者は藤枝丈夫で、藤枝は「まえがき」で「同志許冰《シュイビン》は広東江《ママ》地方に於ける婦人指導者であり、同志彭湃の愛人であります」と冰を紹介している由。

（19）Fernando Galbiati, *P'eng P'ai and the Hai-Lu-Feng Soviet*, Stanford, California, 1985.

（20）評者は周恩来の文を原載の『紅旗日報』に就いて見たのではない。『史料』所収のものをみた。

（北京出版社　一九八四年二月　一〇万五千字　印二万一千部　〇・九六元）

第八章　何茲全――〈書評〉何茲全著『愛国の一書生――八十五歳の自叙――』

向かって左何茲全先生、右多田。1991年9月、北京にて

一　はじめに

一九一一年九月七日生まれの著者何茲全は、中国古代史の大家・長老である。本書の目次に先立つ上質紙の一頁に「漢魏の際に社会経済の変化があったことは歴史的事実であり、このあたりを研究している人は誰でもおおよそ分かっていることであった。だが、これを古代から封建への社会形態の変化であると認識し、そのことを系統的な理論で説明し、かつ頼りになる史料によって証明したのは、おそらく私が初めてであろう」と自ら特記する。自負の歴史家の豊富多彩な自叙伝・回憶録を一読、甚だ興趣を覚えた。ほぼ叙述の順に随って部分部分を抽出、紹介する。便宜上、本節「はじめに」を含めて一〇節に分かつ。また文末の註は紹介者の

附したものである。

なお本書表裏の表紙の下地は冬枯れの樹林に挟まれた長城の写真で、特に裏表紙には「念茲在茲勤学問／神全形全楽期頤《ひゃくさい》／一九九一年敬祝／茲全我兄八旬大壽／一良致語印」と記された周一良[1]の篆体の賀詞が掲げられている。

まず、目次を訳出する。叙述の分量の見当にもなろうから頁数もそのまま掲げる。

自序

第一章　何氏一族　一

第二章　幼いころ　六

第三章　青少年時代　一五

南華学校に編入　一五

国民党に参加　一八

動乱の一年　二〇

改組派に参加　二七

第四章　省立六中にて　三二

南華から六中に転校　三二

反共の風は満沢にも　三四

学校騒動　三六
第五章　北京遊学　三八
道中の恐怖　三八
良友楊道一　四一
中山堂に汪精衛を迎える　四三
いいかげんな高級中学卒業　四四
北京大学合格　四七
仙槎兄との関係　四八
第六章　北京大学の四年間　五〇
北京大学史学系の学風　五〇
学に努めて論文を書く　五六
学生生活　五九
瑪寧（Morning）寨《とりで》　六五
第七章　朱啓賢に協力して《教育短波》を創設する　七一
小序　七一
創設の理由　七二
コネを求めて陳立夫に到る　七五

《教育短波》の出版　七九
第八章　留日の一年　八二
東京へ行く　八二
日本語の補習　八四
深山にて道に迷う　八四
鄧楚白とのつき合い　八五
思想の変化　八六
帰国　八七
第九章　《教育短波》の事業と痛手　八九
大当たりの《教育短波》社　八九
社内外の主要人員　九四
《教育短波》社に〝騒動〟を引き起こす　一〇三
南京に移住　一〇七
武漢にて　一一三
騒動再発し、《教育短波》は廃刊、店仕舞い　一一八
結語　一二一
第十章　抗日戦争開始前後の私の思想　一二三

日本から帰国したころの思想状況　一二四
国際情勢に対する認識と分析　一二七
平和への幻想を捨て、抗戦によって解放を求める　一三四
全国民の抗戦　一四〇
三民主義による一挙革命論を宣伝　一四五
第十一章　悪運に遭遇　一五三
陶希聖、汪精衛に随って出奔　一五三
託児所で愛児病む　一五六
踏んだり蹴ったり　一五九
一一ヶ月の息子が大手術　一六〇
死ぬも生きるも運任せ　一六四
生活の支え　一六六
悪運下の読書と著述　一六九
第十二章　図書編集審査員暮らしの三年　一七六
訓練委員会の編集審査員となる　一七六
黄花園と苟家湾　一七八
藁ぶきの家と瓦ぶきの家　一八二

両面楚歌　　　　　　　　　　　　　　　　　　　　　　一八五
仙槎兄とわたしの記念　　　　　　　　　　　　　　　　一八八
第十三章　安心立命の場所——歴史語言研究所へ　　　　一九四
幾つかの運命の岐路　　　　　　　　　　　　　　　　　一九四
李荘での生活　　　　　　　　　　　　　　　　　　　　一九六
三篇の文章　　　　　　　　　　　　　　　　　　　　　一九八
戦勝、南京への先乗り　　　　　　　　　　　　　　　　二〇〇
第十四章　アメリカ留学　　　　　　　　　　　　　　　二〇四
途上にて　　　　　　　　　　　　　　　　　　　　　　二〇四
コロンビア大学　　　　　　　　　　　　　　　　　　　二〇六
にわか主筆、研究助手　　　　　　　　　　　　　　　　二一〇
《中国通史簡編》の翻訳　　　　　　　　　　　　　　　二一四
第十五章　帰国　　　　　　　　　　　　　　　　　　　二一六
思想の矛盾　　　　　　　　　　　　　　　　　　　　　二一六
ついて行こう　　　　　　　　　　　　　　　　　　　　二二二
帰国を決意　　　　　　　　　　　　　　　　　　　　　二二四
第十六章　祖国に戻る　　　　　　　　　　　　　　　　二二九

香港と大陸の冷暖　二二九
北京師範大学に身を置く　二三一
揺れる心　二三三
二種類の人間、二種類の世界　二三四
第十七章　三大運動　二三七
抗米援朝　二三八
土地改革　二四八
反革命鎮圧運動　二四四
第十八章　知識分子の思想改造運動　二四七
〝忠誠温順〟と反革命分子の粛清　二四七
遠くより近くに迫る批判　二四八
百花斉放・百家争鳴と反右派闘争　二五二
第十九章　教育と科学研究　二五九
教育と教育改革　二五九
学術研究　二七四
第二十章　大躍進と大凶作　二八〇
大躍進　二八〇

三年の自然災害　二八六

第二十一章　陝西省南部の四清運動　二九〇

楊河人民公社　二九〇

農民の窮状　二九二

県の病院に入院　二九五

山雨来たらんとするの時　二九六

第二十二章　文化大革命の時代（上）——恐ろしい恐怖の歳月　二九八

先ず《海瑞罷官》を槍玉に　二九八

〝革命のあらし〟　三〇一

廿四史に句読点をつける　三〇五

命がけの批判闘争・引き回し　三〇八

第二十三章　文化大革命の時代（中）——臨汾の幹部学校での労働　三一三

東方紅精油所から臨汾へ　三一三

幹部学校での生活　三一五

馬糞拾い　三一七

貧乏人を訪ねて過去の苦しみを聞く　三一九

名所旧跡　三二四

さようなら、臨汾

第二十四章　文化大革命の時代（下）——動乱の終結

教材を編纂したり、工場へ行ったり

辛酸を嘗めつつ孫娘を育てる

悲しみの一九七六年

第二十五章　鞭打たれなくても自ら力走

鄧小平時代に生きる

訪問・学会・講演

研究上のささやかな成就

なお進めなければならない史学研究

二　国民党の少年党員

　何家は明初洪武年間に山西洪洞県から河南考城県を経て山東菏沢県（現菏沢市）に移住して来た、という。さしたる大官は出さなかったが、菏沢の名族・読書人の家柄であった。

　山東金郷県に駐防する武官であった何茲全の曾祖父は、太平天国軍の進攻の際に殉職した。この犠牲によって何茲全の祖父、伯父と清朝の爵位の一つ雲騎尉を世襲した。何茲全の父は、保定軍官学校に学び、北洋軍閥系北京政府掌握下の山東省内の駐屯地を転勤しつつ、小隊長・中隊長・大隊長と昇進していった。

菏沢城内で出生した何茲全は、母とともに父の任地と菏沢とを一、二年ごとに往復しながら坊ちゃんとして幼時を過ごした。この間、叔父の経営する私塾や父の任地の県立小学に学んだ。父は後に北伐戦のさなか、馮玉祥の国民軍との戦闘に敗れて捕虜となり、からくも逃げ出して菏沢城内に逼塞する。

一九二五年ごろ、菏沢の私立南華小学校の高等科に転入し、翌二六年の夏、同南華初等中学校に進み、その冬国民党に加盟した。南華の教員中に国民党の地下党員がおり、その影響を受けた学生たちは入党して、地下活動に加わる者もあった。折から破竹の勢いで進撃する北伐軍の勝報に興奮する何茲全もまた先輩政治学生の手引きで入党した。北伐戦争から国共分裂への国民革命期の動乱の渦中で、山東省菏沢県の少年国民党員も辛酸を嘗め、恐怖を体験する。

少年党員の一番の仕事は、革命に加わって、軍閥の後方を攪乱するように土匪に働きかけることであった。何茲全たちが連絡をとっていた土匪の頭目は、後に軍閥軍に捕らわれ、酷い拷問にかけられたが、「同志たちよ、心配するな。おれの肉は奴らのものでも、骨はおれのものだ。誰にも累は及ぼさない」との伝言を残して死んだ。土匪にからんで、もっと幼いころ、民国七（一九一八）年は、菏沢一帯土匪の活動の激しかったときで、県下の富家の多くは県城内に逃げ込んで来た。何家も屋敷の半分をこれらの人たちに貸した。幼い何茲全は捕らえられた土匪の城内引き回しの様相を記憶している。「括られて刑場へと向かう道すがら、英雄・好漢たちはみな幾節かを唱おうとし、通りの両側の商店に酒を乞う。大勢の野次馬が後をつけ、唱え唱えと囃したてる。唱うと、また大声で、〝好いぞ〟と囃したてる」。魯迅の『阿Q正伝』描く場面とそっくりである。

蒋介石による四・一二クーデターのあった一九二七年、菏沢一帯は軍閥軍と国民革命軍との戦場となり、夏休みのころ、軍閥軍の追究をおそれた何ら一〇余名の学生国民党員は南華学校の教員党員に率いられて一時河南省開封に避難した。開封から戻っても菏沢の学校はみな休講だった。授業のなくなった学生のために、孔子廟で国文を講義する補習学校が開かれた。「父親は軍人で、母親は文盲で、家学といった基礎に無縁の」（二二頁）何茲全は、ここで始めて『詩経』や『左伝』に接し、張之洞の『書目答問』を知り、中国古典の学に興味を覚えた。しかし、朝から晩まで、ワイワイガヤガヤの革命だ！

一九二八年の前半、菏沢県の国民党員の再登録が進められた。何茲全ら少年党員は再登録をしたくなくて身を潜めていたが、県党部が派遣した人物に捜し出されて、最後には「出頭して登録しないなら、脱党の意志があると見なし、親共産党の疑いが生ずる」と言われ、親共の濡れ衣は嫌なので、やむなく再登録に応ずる。この後、県党部は党員を総動員して、共産党員狩りを行う。南華での同級の友人趙清平が引き立てられて来る。孫を心配した清平の祖父もついて来る。県党部の正門を入って来ると、爺様は誰彼となく土下座して、泣きながら釈放を懇願する。富裕な趙家によく遊びに行ったから、顔なじみである何茲全少年に対しても跪いて哭求する。何少年もまた老人の前に跪いて泣いてしまう。当年中国における党派間闘争の酷烈さは少年をも渦中に引き込んだ。趙清平は拘留され、拷問にかけられたが、後に釈放され、河南大学に進んだという。

動乱の一九二八年、何少年は南華の同級生某の手引きで、国民党改組派[2]に加盟する。共産党にも蒋介石にも賛成できずに悩む中で、次第に汪精衛・周仏海・陳公博らの言説に魅了されていった。当時、菏沢県や山東省西部では、改組派の勢力は大きかった。

一九二八年の夏休み明け、革命の暴風は去り、渮沢にも平穏が戻った。何少年は、正式に授業の再開された省立六中の二年クラスに転入する。ここで、二年乃至一年上級の沈巨塵・武仙卿・朱啓賢・楊道一等と友人になる。かれらはいずれも国民党員で、当時六中には六〇余名の学生党員がいて、渮沢県の国民党員全体の半ばを占めていた。国民党六中区党部は、学生会を牛耳り、三年生になった何茲全は学生会主席に就任して、校長排斥のストライキでおろおろする羽目になる。

一九三〇年六月、六中の三年を卒業して北平（北京）に出る。中学四年から大学予科に接続していた学制が改まった時であった。大学予科は廃止され、初級中学三年、高級中学三年を経て大学へ入学することとなった。何茲全の卒業したのは初級中学であるが、本人は旧制を想定して、在学中に旧制四年の勉強も自習し終えたと自負している。それで、法制上は高級中学一年に進むところを、二年編入を目論んだ。郷里を出る前に、同じ考えの同窓たちと計らって六中に忍び込み、卒業証書の未記入の用紙を盗み出し、旧制四年卒業の臨時の証書を偽造し、これでもって輔仁大学附属高級中学の二年編入の試験に合格する。

輔仁大学附属に一学期在籍した後、中学四年卒業の正式の証書の提出を求められるが、これはない。当時、北京の幾つかの私立中学では、高三への編入学生を募集していて、ここに一学期在籍すれば本物の卒業証書がもらえた。この種の学校の校長乃至教務部長の多くは教育局の役人と関係があって、教育局を買収していて、お咎めなしであった。その類の一つ文治高級中学で、何茲全は本物の卒業証書を取得した。

三　北京大学入学

一九三一年、北京大学（北大）・山東大学・清華大学を受験、前二校は合格、北大に入学。入ってみると、偽卒業証書や替え玉受験で入学した者が結構いる。

何茲全は何氏一族中の二人目の北京大学進学者であった。一番目は、何茲全の隣家の、十数歳上の族兄何仙槎（思源）[3]であった。仙槎は茲全の進学当時は山東省教育庁庁長として済南にあったが、年に二〇〇元以上になる北京での生活と勉学との費用の一切を負担してくれた。また仙槎の友人、中央研究院歴史語言研究所所長兼北京大学教授、山東省聊城の人傅斯年[4]が、何茲全の保証人になってくれた。これを契機に、何茲全は傅斯年の恩顧を蒙る。

一九三一年の北大入試は系別の出願でなくて、合格、入学の後に系を選択させた。何茲全ははじめ政治系を選んだが、すぐに歴史系に転じた。当時歴史系は人気の系で、同級生は二六名であった。北大の学生宿舎に住まい、教室や図書館に通い、学問専一に四年間を過ごした。エンゲルスの『家族・私有財産および国家の起源』、同『ドイツ農民戦争』、カウツキー『キリスト教批判』、同『トマス・モアとそのユートピア』から大きな影響を受けた。また日本人河上肇の『唯物史観弁証法』等を読み、マルクスの『資本論』の幾つかの章節を囓った。

歴史学関連の教授では、胡適や傅斯年、あるいはまた銭穆の影響も受けたが、最も大きく陶希聖[5]から影響を受けた。これにより中国社会経済史、とりわけ時代としては漢魏晋南北朝期に興味を抱いた。陶希聖責任編集の《食貨》半月刊の創刊号（一九三四年一二月出版）には、鞠清遠「漢代的官府工業」、陶希聖「王安石以前田賦不均与田賦改革」等の論考と並んで何茲全の「魏晋時期荘園経済的雛形」が掲載されている。また同《食貨》半月刊第三巻第四期（一九三六年一月出版）に掲載された何茲全の「中古大族、寺院領戸研究」は一九三五年の前半に書き上げられた卒業論文である。この卒業論文に陶希聖教授は八八点をつけた。

何茲全が北大の学生になったちょうどそのころ、九・一八（柳条湖）事変が勃発した。北京の学生界でも、抗日のデモやストライキ、南京の中央政府への請願や抗議活動がくりひろげられた。「満洲国」捏造の後も、日本の中国侵略の野望は止まなかったから、学生たちの運動もまた継続した。しかし、北大時代の何茲全は、中学時代と様変わって、政治活動と縁を切った如くである。「私はほとんど〝両耳、天下の事を聞かず、一心ただ聖賢の書を読〟んだ。改組派の失敗後には大きな分化があった。一部は国民党はもう終わりだと見、国民党に完全に絶望して、共産党に転入した。一部は右転して、[6]CCに頼って蔣介石を擁護した。さらに一部は入学し、図書館に潜り込んで学問した。わたしはずっと在学していたけれども、またこの三番目のうちに数えられる。講義を聴き、読書した。新聞さえあまり見なかった。ヨーロッパで、ヒトラーが台頭しても、どうしてそういうことになったのかさっぱり理解できなかった」（六一頁）。だが、「もしも人有ってわたしに〝これまでの人生でどの時期の生活が最も幸福、最も愉快、最も有意義であったか?〟と問うならば、躊躇なく〝北大で学んだ四年間が、過去の生活のうちで、最も幸福、最も愉快、最も有意義、最も人間らしく生きられた時期だった。少年時代もかなり幸せに過ごした。だが、子供は無邪気・無知のうちに暮らす。北大の四年間は知識を獲得し、次第に世界を認識し、自分の生活を認識していった時期であり、幸福は少年時代のそれよりもより高次のものであった〟と答えよう」（六五頁）。

抗日戦争の最中、陶希聖は汪精衛に随って一旦は上海に走ったが、間もなく重慶に戻った。だが、弟子たちで学生時代から少しく名のあった北京師範大学（北師大）の鞠清遠、北大の武仙卿・沈巨塵・曾謇等はいずれも戻って来なかった。大波に淩われた砂みたいに、時代に捨て去られてしまった。大陸に留まった何茲全は遂に《食貨》の余孽《のこりかす》・孤臣孽子《こりつれいぐうのひと》となった。

四　北大卒業・留日・《教育短波》

一九三五年初夏、北大を卒業。恩師傅斯年教授は以前から中央研究院歴史語言研究所への入所を約束してくれていた。一方、何仙槎が日本留学の世話をしてくれた。結局後者に従って、夏休みの終わるころ、青島から乗船して赴日。東京高田馬場付近に宿を定めて、日本語補習学校に通った。あまり遊び回ることもなく過ごしたが、神経衰弱を患い、翌春四月には北京に戻った。いまさら傅斯年先生に歴史語言研究所に入れてくれるようにも頼みにくい。といって山東に帰っての役人生活も気が進まない。それで、足は自然と《教育短波》社に向かった。

《教育短波》社は雑誌《教育短波》を刊行していた。この雑誌は、貧窮・劣悪な環境にありながら大切な役割を果たしている農村部の小学教師向けの啓蒙誌として一九三四年一〇月に創刊された。中心になったのは北師大教育系の学生だった朱啓賢（六中での何茲全の二年上級生）であった。朱は北大・清華・北師大の友人たちに協力を求めた。何茲全らはこれに応じて活動し、銭玄同・陶希聖・黎錦熙等の著名教授の賛同を取り付け、また渮沢の同郷の若い国民党CC系の龐鏡塘を通して陳立夫からの資金援助を引き出した。傷心帰国した何茲全は、このような因縁の《教育短波》社の運営に参画、また社論を執筆したが、朱としばしば対立、抗争もした。

一九三六年ごろ、毎号の発行部数は五万。当時の中国の定期刊行物としてはほとんど最大の部数であった。主要な販路は河北・察哈爾・山東・河南であった。河北省教育庁には朱啓賢のよく知っている北師大の教育系の卒業生が秘書をしていて販売に協力してくれた。山東省教育庁庁長仙槎兄は勿論協力してくれる。山東省だけで三万部が捌けた。何茲全は何仙槎が書いてくれた手紙と郷里渮沢の名産の牡丹の大束を持って河南省教育庁庁長魯蕩平に挨拶に行ったりした。魯はいかにも国民党のボス・官僚といった感じで、《教育短波》の傾向が気にくわぬ様子であったが、何仙槎の面子に配慮して、河南省内での営業を積極的に妨害することはなかった。《教育短波》社はまた上記四省と契約を結んだ。つまり、各省教育庁が《教育短波》社に〝お墨付き〟のような意味をもつ補助金を交付し、代わりに《教育短波》社は当該省内の購読者には五割引きの優遇をした。

蘆溝橋事件後の日中全面戦争期、特に華北の淪陥によって、発行部数は大幅に減少したが、それでも《教育短波》社は、南京、武漢、重慶と国民政府の所在に従って移転しながら営業を継続した。しかし社内の紛争や陳立夫側からの圧力の強化等により、強弩の末、一九三九年に店仕舞いする。

一九三六年に日本から帰国して以来、《教育短波》社は何茲全の生活の支えであった。朱啓賢をはじめとする同郷人や北京時代の学生仲間が同僚であった。旧知を核にして新しい友人も加わった。戦火の下での啓蒙事業、権力との関係、国共対立等様々な要因に由来する内紛に憔悴した。しかし、南京では小学校の女教師郭良玉を知り、共に長江を溯り、武漢に至って結婚し、所帯をもった。この時も、公務で武漢を訪れた仙槎兄の配慮を蒙り、四〇〇元を貰った（一一二頁）。

五　抗日戦争下の重慶で

新婚の何夫妻は、一九三八年の夏から秋に変わるころ、武漢から重慶にやって来た。重慶に来た当初は、陶希聖が研究総幹事の任にあった芸文研究会[7]の研究員として八〇元の月給を得た。芸文研究会に属した陶の親兵としては、外に沈巨塵・武仙卿・鞠清遠・曾謇等がいた。

陶希聖は、一二月一〇日周仏海の待つ昆明に飛んだ。汪精衛が一二月一八日に、昆明に飛来、合流。翌一九日、一行はハノイに入った。年末二九日、汪はハノイより重慶の蔣介石宛て、中日和平を説く電報（所謂艶電）を発した。翌一九三九年春、汪等はハノイを発ち、海路香港、台湾を経由して上海に至り、対日交渉を開始した。しかし、陶希聖と高宗武が翌年一月香港に現れ、香港『大公報』に対日従属の交渉内容・密約を暴露した。この後、陶は日米開戦直後の一九四一年一二月二五日、日本軍の香港占領まで香港に居住した。

陶が重慶を出ると、芸文研究会の陶の親兵たちも次々に香港に出た。親兵中ただ一人重慶に残った何は陶に手紙で、「重慶に国民党数百万の大軍があるからこそ日本と談判できる。重慶を離れてしまっては投降する外なく、平和は来ない」と言ってやった。何は「陶希聖という人は、天資聡明、上述の道理が判らないはずがない。ただし彼は何かを仕遂げようとする際に、あれこれ懸念すること多く、ともすると躊躇して決断できない。事柄が重大であればあるほど疑念も多くなって、それだけ決断できなくなってしまう」と、師の人柄を批評する。重慶を去った陶は弟子何の窮状を予想して一〇〇〇元を送金してくれた。

一九四〇年の春ごろ以降、《教育短波》社からも、芸文研究会からも収入はなくなった。以後の生計は次の二つに依った。一つは中英義和団賠償金理事会からの月一六〇元ほどの研究補助金（傅斯年に推薦を依頼した。期間は一年。研究テーマは「魏晋南北朝の仏教寺院経済」）。もう一つは陶希聖が香港で発刊した《国際通迅》の重慶駐在編集員としての給料（一九四一年四月から一一月分までは毎月三〇〇元送金されたが、一二月、香港は失陥した）。何はこの雑誌に重慶各新聞紙の国際問題関係の論調を紹介した。さらに家計の足しも考えて、出版社の設立を企画したり、著書『日本維新史』を執筆、刊行（一九四二年）したりした。

一九四一年の後半から一九四四年一〇月ぐらいまでの三年余は、国民党中央訓練委員会[8]（主任委員は陳誠。実際には副主任委員の段錫朋が責任者）第三処（編集審査部）の編集審査員となった。北大の同窓薩師炯が先にこの職にあり、同僚を求めていた。課長級で、月給は二四〇元。外に諸手当がついて、暮らしは安定した。各省以下地方の訓練団のために地方建設とか郷鎮財政とかに関する教材を作成するのが仕事であった。

日本占領下の香港からの脱出に成功した陶希聖が一九四二年初め重慶に戻ってきて、蒋介石侍従室（主任陳布雷）秘書となった。波乱の末に再会した師弟は旧情を温めたが、愛国政治青年何茲全の無警戒にして積極的な陶への提言は、一旦は弓を引いた蔣介石の袖に隠れて保身を計る陶を驚愕させ、怯えさせた。何は陶から絶交された。一九四三年二月の事であった。その直前まで、陶と訓練委員会の責任者段錫朋の間で何を蔣介石侍従室に転属させる話が進行していた。この話は沙汰止みとなり、訓練委での勤務も居心地の悪いものとなった。

「両面楚歌」の窮地に陥って一年半余。一九四四年の秋口、何茲全には二つの選択肢が考えられた。当時、重慶にやって来た何仙槎が山東省党部主任委員・山東省政府主席に任命された。仙槎とともに敵後方の山東に戻って役人になる路が一つ。もう一つは中央研究院歴史語言研究所で学問する路。何仙槎は前者を望みながらも、自身で国民党の戦後に失望していた。結局後者に決心した。傅斯年に「北大卒業のときに君に入所を約束したのに来なかった。今からでは、少し損をするよ。君の同窓同級の高暁梅や全漢昇はみな副研究員（助教授級）になっているけれど、来て貰うんだったら先ず助理研究員（助手級）からだ」と言われた。しかし何には自信があった。「必ず成果を挙げてみせる」と思った（一八九頁）。

重慶に来た翌年一九三九年正月の四日に何茲全夫妻は男の子を授かった。自慢の一人息子、現北京大学副学長・歴史学教授何芳川である。日本軍機による空襲下の重慶での育児の苦労、体験・見聞した悲惨等々は省略に従う。山東へ赴任する仙槎を見送ると、船で三日、長江を遡り、南渓県李荘鎮の山上にあった中央研究院歴史語言研究所に着任した。休息と安眠、静かな心地よさ。山東省政府主席何仙槎は山東省重慶駐在事務所を通じて毎月送金してくれた（重慶に残した何茲全の家を事務所が借り上げ、その家賃という名目）ので、同僚に比べて収入も多かった。李荘で、「東晋の貨幣使用と貨幣問題」「魏晋の中軍」「魏晋南朝の兵役」の三篇の論文を書いた。これらは李荘で石版印刷した『六同別録』に掲載されたが、後に『歴史語言研究所集刊』一四本（一九四九年）・一六本（一九四七年）・一七本（一九四八年）に収められた。

一九四五年八月、日本が投降し、何仙槎は済南に入った。妻良玉と息芳川を済南に送った茲全本人は、復員する研究所の先乗りとして南京に入った。傅所長たちが戻ってきたころには、国共内戦は始まり、山東における国軍の敗報も伝わってきた。一九四六年冬、何仙槎は北平（北京）市長に転任した。翌年四月、妻子を北京に送り届けた茲全は、山東省政府派遣の海外視察の名目で、上海より乗船、渡米した（途上、焼け野原となった東京市内を参観している）。

六　コロンビア大学に学ぶ

一九四七年五月にニューヨークに到着し、夏休み明けの九月からコロンビア大学大学院に入学、主としてヨーロッパ古代史・中世史を学んだ。William L. Westmann 教授のヨーロッパ古代史と Evans 教授のヨーロッパ中世史を最も多く受講したが、G. Gloty, Paul Vinogradoff, Eileen Power 等の著述を精読した。また M. Rostvtgeff, Henry Pirenne, Karl J. Kautsky 等の英訳書も愛読した。学位の取得は初めから意図していなかった。

内戦の祖国からの送金はない。コロンビア大学の教育学の大学院の食堂でよくアルバイトをした。一九四八年夏の一箇月足らず、由緒ある華字紙『紐約新報』の主筆をつとめたこともある。その後、コロンビア大学中文図書館内にあった、Karl Wittofogel の主宰する中国史研究室のアルバイトをした。英文訳稿を原中文とつき合わせて校閲したり、特定テーマについての小レポートを書いたりするのが仕事で、一時間二ドル。これは割のいいアルバイトで、生活は安定し、ウィットフォーゲルには喜ばれた。一九四九年の夏休みの終わりごろ、ジョンズ・ホプキンス大学国際政治学院（Page School）の Jhone de Frances 教授が范文瀾の『中国通史簡編』を翻訳する仕事の手伝いをすることになった。訪ねてきた陳翰生の紹介によるものだが、その際陳に「君が范書を翻訳すれば、帰国した際にも業績になる。ウィットフォーゲルの所で何をしてるんだ！　帰国後の調査の際にまるで申し開きできないぞ」と言われた。

ジョンズ・ホプキンス大学国際政治学院では fellowship を得たので、妻子を呼び寄せてアメリカに留まることも可能になった（一九四八年初めの手紙では、妻玉良はアメリカへ来たがっていた）。傅斯年の配慮で名義の残っている歴史語言研究所は台湾に移ったが、その際、何茲全の書物の一切も運んでくれてある。台湾に向かえば大歓迎を受けるはずである。しかし結局、一九五〇年九月、〝愛国〟の念が大陸の土を踏ましめた。〝祖国〟という二文字の〝神聖〟な力が遊子を呼び戻したのだった。すでに朝鮮戦争は始まっていて、中国人民義勇軍の参戦（一〇月）以前ではあったが、中米は半ば敵対状態にあり、船は上海には入港できず、香港経由の帰国であった。

七　新しい中国で

北京での就職活動は厳しかった。中央研究院を接収、改組した中国科学院に行くと、「歴史研究所に入るなら、助理研究員のポストだ。行くか、やめるか、この場で返事せよ」と、まるで冷たいあしらいである。助理研究員が嫌で出国したのだ。もう四〇に近い。「やらない」と答えて、さっと席を辞した。幾つかの大学のポストを打診したが、生粋の《食貨》派、陶希聖の弟子に間口は狭かった。顧頡剛先生に願って北師大歴史系の主任代理白寿彝先生に推薦してもらった。別ルートで、当時北師大の実権を掌握していた丁浩川副教務部長にも会った。丁の決断で、何は助教授として採用されたが、以後三〇年近く助教授だった。一九五二年の〝忠実・正直運動〟の際、集会を主宰し、総括した丁浩川は、何兹全を「老熟人《ふるいしりあい》」と呼び、「朋友《みかた》」の内には入れてくれない。教務部長董渭川教授からソ連から来た専門家の指導の下に終了した教育実習のまとめの文章を仮名で執筆するよう命じられたこともあった。社会的・政治的問題を引き起こす恐れもあるので、「何兹全」の三文字は表に出せないと言うのだ。自分は国民党からの投降者なのだ。新しい中国の主人公・仲間内ではないのだと思い知らされると落ち込んだ。どのような立場・境遇にある人であれ、旧時代の知人とは、随分長い間往来を断った。

　抗米援朝・土地改革・反革命鎮圧の三大運動を皮切りとする諸運動の中を汗まみれ、泥まみれで歩いて来た。帰国の時に、共産党に投降すると決心したのだから、努めて学習し、改造した。国民党との関係、陶希聖との関係、《教育短波》社の問題等々、徹底的に告白した。これがよかった。後の文化大革命中も含めて、決定的には打撃されなかったし、いわんや打倒されることはなかった。

　一九五八年の教育改革では、北師大の中国前近代史は王朝史観の打破を提唱したが、その中で、何兹全は白寿彝とともに活躍し、『中国古代・中世史の教学大綱』の「解説」と「序文」を執筆した。大躍進政策の停止・調整政策への転換のあった一九六一年の春には、中央宣伝部・教育部が文科系高等教育機関の教材立案会議を招集した。責任者の周揚は「頑張ってよい教材を作って下さい。学問上のことは皆さんの責任。政治の問題はわたしが責任を持ちます」と言った。北京飯店に泊まり込みの作業で、ホテルの飯は食えるし、皆喜んだ。歴史教材に関しては、翦伯賛が責任者になり、鄭天挺・鄧広銘・周一良・邵循正・唐長孺・何茲全等々が参加し、外に、范文瀾・呂振羽等長老も顔を見せた。

帰国以来、真面目に働き、小心翼々として身を持してきた。学問はしなくても大したことはないが、政治上の過ちは命に関わる。情況が許す時には、文章を綴って、自説を人に知ってもらいたくもなる。一九五六年四月、〝百花斉放、百家争鳴〟の呼びかけがでると、腕がむずむずし、〝春色閉ざし難く〟、討論会に出席したり、論文を発表したりした。前後、二、三冊の著書と数篇の論文を公にした。何茲全の学説の根幹の一つは、漢魏交替の間に中国史上の古代奴隷制社会と中世封建社会の境目を置くことにある。関連して、戦国秦漢期が奴隷制の最盛期であり、都市における交換経済が発展したが、魏晋以降は、農村中心の自然経済に転換すると見る。毛主席は中国の「封建制度は、周、秦以来、ずっと三千年ばかりもつづいた」（『毛沢東選集』第二巻　一九六六年一月　新日本出版社　所収「中国革命と中国共産党」）と言ったことがあり、范文瀾の西周封建説は、毛の有力な支持を得た（二五一頁）。史学界の指導的人物翦伯賛や呂振羽も范説を支持した（二七八頁）。郭沫若は春秋戦国以降封建説だが、「三千年ばかり」の「ばかり」で、どうにか無理無理許容範囲になる。しかし、何茲全の魏晋期以降封建説は毛沢東の教えに反対を唱えたのだ。書いているときは大胆だったが、刊行後はいつ批判されるかとびくびくしていた。

八　大躍進運動・三年の自然災害

一九五八年の滅茶苦茶の大躍進運動、それに続いた腹ぺこの三年の〝自然〟災害期を何とかしのいだ。一九六四年晩秋から翌春にかけて、北師大歴史系の教員・学生は、社会主義教育運動に参加し、陝西省南部の米倉山脈北脚の西郷県に入った。何茲全は白寿彝等とともに県下楊河壩の楊河人民公社に住まったが、周辺の農村・農民の窮状に驚かされた。

一九六六年の「五・一六通知」以後、文革の「赤色暴風」が吹き荒れる。北師大歴史系の大会中、白寿彝以下の教授連が次々に引きずり出されて労改送りとなった。キャンパス内に歴史系の労改隊の作業場所が決まっていて、〝反動学術権威〟〝修正主義分子〟〝牛鬼蛇神〟〝黒い一味〟等の看板をかけさせられた人が毎朝集合し、草取りや整地仕事をしたり、批判闘争集会にかけられる。何茲全も何番目かで労改送りとなった。「労改隊の人はもう人ではなく、皆の中から引きずり出されてしまった以上、奴隷であり、農奴であり、罪人なのだ！　人間の尊厳もなければ、自由もない」（三〇二頁）。

何茲全も国民党反動派として引き出され、批判闘争にかけられた。そんな最中のある時、何茲全の労働を監督していた北師大歴史系の青年教員周祖亮から〝おまえなんか何の学者だ？　おまえは政治屋なんだ！〟と非難された（七三頁・三〇四頁）。彼の非難は不当だが、振り返れば、「理想を持ち、何かをしようとする心があり、抱負をもっているのは私の長所だった。国家のため、人民のために何か役立ちたいと強く願っていた。生涯学問をし、生涯政治を忘れることはなかった」。「阿片戦争以来の百余年、中国の知識分子の多くは生まれつき愛国者であり、政治に関心を有した。私のような人間でも、能力はともかく愛国心は不滅だし、政治を忘れたことはない」（七三頁）。また、本自叙、書名の由来の説明でもある。

六六年の秋冬は正に恐怖の時代だった。何兹全家と同じ棟に住む老教授の何人かは汚辱を忍べず、夜中に跳び降り自殺した。政治教育系の胡明教授が最初に自殺した。隣居の物理系の劉世楷教授は夫妻で跳び降り自殺した。大学の向かい側の第二附属中の総支部書記姜培亮は革命的な教師と学生に大テーブルの上にのせられて批判闘争にかけられたが、次々振り下ろされる棍棒で殴り殺された。中文系の著名教授劉盼遂は革命的大衆に捕まえられて、跪いたまま日向に晒され、最後は水がめに頭を突っ込んで死んでいた。

〝赤色テロ〟の季節、毎日人が殺された消息を聴いた。歴史系の総支部書記馮効南同志の夫人李人俊は石油省の次官だった。夫妻は東城区内の石油省の、ある四合院宿舎に住んでいた。前院に一課長家が住んでいたが、課長は地方へ単身赴任中で、奥さんと一四、五歳の女の子が住んでいた。女の子は狂ったみたいに毎日朝早くから火掻き棒を持って出て行き、帰ってくると、母親に「お母さん、今日私は三人叩き殺した」と言う。翌日帰ってきてはまた「お母さん、今日は五人叩き殺した」と言う。田舎出の母親はびっくりして泣くばかり。次官の家に来てかき口説くけれども、効南同志もどうにも仕様がないと言っていた。

何兹全は二、三箇月で労改から労訓隊に所属換えになった。労改は敵対矛盾で、人でないが、労訓は人民内部の矛盾で、人である。そのころ、歴史系は、〝井崗山の声〟派が権力を握った。何兹全は、この派の学生指導者から中華書局に通って、廿四史句読点本の作業に従事するよう命ぜられる。学校を出られるのは、籠から出る鳥のようにうれしく、逃亡兵のようにこっそり往来した。唐長孺・邵循正・高亨・鄧広銘等々も中華書局に集まった。何茲全はその中で『魏書』を受け持った。この時期、蘇州にいる息子何芳川夫妻は女の子を挙げた。初めての孫はまた心を潤した。

桃花源中に乱を避けたような中華書局への出向は約半年で終わった。北師大歴史系へ帰任の申告をする。〝井崗山の声〟の学生はもういなくて、何茲全のことを管轄するのは教師らしかった。ある日、一群の人々が押しかけて来た。すぐさま両手を背中にねじあげられ、〝ＣＣのスパイ何茲全を打倒しろ！〟と怒号されながら大部屋に連れ込まれ、闘争にかけられた。〝私はＣＣじゃない。ましてスパイなんかじゃない〟と大声で叫んだ。〝てめえがＣＣじゃなくて、陳立夫が何で《教育短波》の銭を寄こしたんだ？〟〝てめえがＣＣじゃなくて、陳立夫は何でてめえに銭をくれて、おれにはくれねえんだ？〟しばらくやられたが、けりはつかない。一室に押し込められ、反省材料を書けということで、家に帰してもらえない。獄吏にいたぶられる囚人となり、何度も闘争にかけられた。北食堂で全学の教員・学生の批判闘争を受けた。この時は朱啓賢と師大図書館長の王曦も闘争にかけられた。力任せに両腕を背中にねじ上げられ、頭を押さえつけられて、尻を高く突きだし、立つもできず、座るもできず、心はおろおろ、頭はくらくら。朱啓賢が大声でわめくと、連中は彼を裏へ引っ張って行き、たぶん打ちのめしてまた引っ張って来た。王曦は低い声で泣いていた。こんな批判闘争が何時間も続き、戻されたときの何茲全は虫の息であった（三〇九～三一〇頁）。

「武漢時代、陳立夫や葉秀峰等から共産党員ではないかと疑われた朱啓賢とわたしは、文化大革命時には国民党ＣＣのスパイにされてしまった。天が下、人為るは真に難し！　文化大革命の中、朱啓賢は迫害を被って死んだ。わたしは生きながらえた」（七二頁）。「啓賢はもうこの世にはいない。〝文化大革命〟の最中、無実の罪で死んでしまった。無念の死、痛ましい死、口惜しい死！　在天の霊よ、願わくば老友我の謝罪を享けよ！」（一二二頁）。

一九六八年四月八日。この時は、国共両党の闘争の継続だと宣言され、国民党と関係のあった者は皆引っぱり出されて、闘争にかけられた。幾人かで一人を抱え込み、頭を押さえつけ、腕を背中に高々とねじ上げる。所謂〝ジェット式〟である。銅鑼や太鼓を打ち鳴らし、師大のキャンパス内をデモ行進しながらつるし上げる。この残酷なやり方では、もう歩けっこなくなっている。それを引きずり回す。何茲全の左腕は折られて変形し、しばらく腫れあがっていた。今でももう真っ直ぐには伸びない。引き回しデモが終わった後、闘争にかけられた何人もの老人が路傍に座り込んでいた。顔面人色なく、ただ喘いでいる。その日の午後にはまた労働に出なければならないのだ。何茲全はどうにか出た。胃切除の大手術を受けたばかりで、やせ衰えていた趙光賢（先秦史・考古学、すでに反右派闘争で、右派に区分された）は床に伏したまま起き出せなかった。

一九六九年に入ったころには、軍の宣伝隊が学校に入り、労改の人間も続々解放されて家に帰った。三月に珍宝島事件が起きた際には、何茲全は自由の身でデモに参加した記憶がある。普通、大衆大会が開かれて、解放される者に批判の辞があって、それから解放が宣言される。何茲全その他数人の教授達の場合、この手続きがなかった。何茲全は党組織に説明を求めると、党組織は〝あんたの問題ははっきり説明してある。文革中に新しい問題は発生しなかったし、問題を隠していたこともなかったんだから、手続きはいらない〟との答えである。何茲全はこれには不満、不安であった。〝文化大革命は自分を国民党ＣＣのスパイに仕立て上げた。噂はあまねく伝わって、全国誰でも知っている。大会を開いて解放を宣言してくれなくては、誰も私がどんな人間なのか判るはずがない〟。帰国以来希望していた入党は、これ以降さらに強い悲願となった。〝入党できれば、スパイの件は反論するまでもなくなる〟と言うわけである。一九八三年、やっと入党を果たした。

九　臨汾幹部学校から文革の収束へ

一九七〇年春から、山西省臨汾の城外西北一〇㎞ほどの呂梁山脈東南端の麓近くに設けられた北師大の幹部学校に下放し、農業をやった。すき起こし、間引き、麦刈り、玉蜀黍もぎ、すき返し、あぜ直し、地ならし、灌水等々。中でも麦刈りと間引きが最も辛かった。揚水場の宿直で一人にされるのは恐ろしかった。車を引いて肥料にする馬糞を拾う際には、体力のない趙光賢に辛く当たってしまった。農事の合間に、貧農や炭坑夫を訪ねて往事の厳しい生活の話を聴いた。往事だけでなく、当時も炭坑の事故は多かった。臨汾に居る間に、二番目の孫娘が生まれた。林彪がクーデターに失敗、逃亡中途モンゴルに墜落死。

一九七一年暮れに北京に戻った。翌年から北師大歴史系と北京師範学院歴史系合作の『中国古代史講義』の執筆に加わった。また白寿彝の指導する『中国通史』の秦漢の部を執筆した。当時蘇州で仕事をしていた嫁から幼い二人の孫娘を引き取った。二人の孫娘はかつて無かったほのぼのとした幸せをもたらした。だが、孫育てに辛酸を嘗めたのも事実であった。妻良玉も教職にあり、心臓の持病があった。人手を求めなければならなかった。人の善し悪し、謝礼や補給物の手配等々。

一九七六年には、大事件が続発した。正月に周恩来総理が亡くなって、四月には天安門事件（第一次）が起こった。七月上旬に朱徳が亡くなり、下旬には唐山大地震があって、三〇万余の死者がでた。九月九日、毛沢東が亡くなり、間もなく四人組は粉砕され、全中国を滅茶苦茶にした一〇年の〝文化大革命〟はここに収束した。

十　学会・研究・海外訪問

一九七八年以降、学術界も活性を取り戻し、各地で、様々なテーマの学術討論会が開催されるようになった。多くの旧知と再会し、自説を主張できて、楽しいことであった。河南大学や鄭州大学で学術講演をし、新疆大学で集中講義をし、各地の史跡を探訪したりした。研究にも精を出し、『読史集』（上海人民出版社　一九八六年）、『五十年来漢唐仏教寺院経済研究』（北京師範大学出版社　一九八六年）、『中国古代社会』（河南人民出版社　一九九一年）、『歴史学的突破、創新和普及』（北京師範大学出版社　一九九三年）他を公にした。さらに、魏晋期から唐中葉までの中国の前期封建社会に関する一冊の専著を書く予定でいる。

一九八七年九月から丸一年、アメリカ合衆国シアトルのワシントン大学の国際研究院中国研究所（China Program, The Henry Jackson School of International Studies）の客員教授を務めたが、前掲『中国古代社会』の原稿の大部分はこの間に脱稿した。また、合衆国東部やカナダの数大学を訪れて学術交流をした。

一九九二年夏には、日本に赴き、東京大学尾形勇教授の研究室で講演し、東洋文庫を訪問した。

一九九五年暮れには中央研究院歴史語言研究所の杜正勝所長の招請を受け、香港を経由して台湾を訪れ、傅斯年先生生誕百周年記念学術討論会に参加した。「開会に先だって私たちは傅先生の墓に詣でた。先ず墓前で三拝してから墓側に廻った。私は跪いて黙祷した。良玉も私に随って跪いた。生前傅先生が私を愛護して下さったことを思い出すと、泣けてしまった。この時は大雨が降っていて、寒風もまた吹きつのった」（三五五頁）。

註

（1）魏晋南北朝隋唐史家、北京大学教授周一良については、周一良著／藤家禮之助監訳『つまりは書生―周一良自伝―』（東海大学出版会　一九九五年一月）がある。

（2）中国国民党改組同志会　〝改組派〟と簡称する。国民党内部の汪精衛・陳公博を首領とする派閥。一九二八年一一月末に上海で成立、国内外二〇箇所ほどに支部を作る。国民党を改組すると標榜して反蒋介石の政治活動を展開。反蒋の軍事活動も画策した。しかしいずれも失敗し、一九三一年初、香港で解散を宣言した（陳旭麓・李華興主編『中華民国史辞典』上海人民出版社　一九九一年八月　参照）。

（3）何思源（一八九六～一九八二）山東菏沢の人。字仙槎。一九一五年北京大学入学。卒業後アメリカ留学。シカゴ大学で修士の学位を得る。その後、ドイツ、フランスに留学。一九二六年に帰国し、中山大学経済系教授兼図書館長。一九二七年国民政府軍事委員会政治部副主任となり、従軍して山東に入る。間もなく山東省教育庁庁長となる。抗日戦争勃発後は魯北行署主任や遊撃指揮を兼任。一九四五年初め、山東省政府主席兼省党部主任委員となり、国民党第六期中央監察委員に当選。翌年北平（今の北京）市長に転任。後、李宗仁の副総統選立候補を支持したために蒋介石に忌避されて、一九四八年解任され、これより反蒋を決意した。一九四九年初め、華北七省市参議会に推薦されて和平談判首席代表となり、北平の平和解放のために奔走し、活動した。中華人民共和国成立後、全国政治協商会議委員、中国国民党革命委員会中央委員をつとめた。一九八二年四月二八日北京で逝去。著書に『国際経済政策』等がある（『中華民国史辞典』参照）。なお何茲全の原名は思九で、何思源と思字を共有する（三一二頁）。

（4）傅斯年（一八九六～一九五〇）山東聊城の人。字孟真。北京大学予科を経て、一九一七年本科中文系に進学。一九一九年初め、羅家倫等と新潮社を組織。新思想を提唱。五四運動に参加。この年暮れ、イギリスに公費留学。二三年にベルリン大学に転入し、哲学を研究。二六年に帰国、中山大学教授。二八年より長期に渉って中央研究院歴史語言研究所所長となり、北京大学教授を兼任。日中全面戦争開始後、抗日救国を主張。三八年国民参政会参政員に任ぜられる。抗日戦争勝利後、北京大学学長代理。四八年冬台湾に行き、翌年一月台湾大学学長に任ぜられる。五〇年一二月台北で病没。著書に《東北史綱初稿》《性命古訓辨証》等（『中華民国史辞典』参照）。

（5）陶希聖（一八九九～一九八八）湖北黄岡の人。一九二二年北京大学法科卒業後、上海大学・復旦大学・清華大学・北京大学等の教授を歴任。一九二八年には改組派に加入。三四年《食貨》半月刊を創刊。日中全面戦争開始後、三八年一二月、汪精衛に随って重慶政府を離脱。しかし四〇年初め香港に至って汪精衛と日本側の密約の内容を暴露。日米開戦後、重慶に戻り、蒋介石侍従室秘書・国民党中央宣伝部副部長等を勤めた。四九年暮れに台湾に渡る。著書に《中国政治思想史》等（『中華民国史辞典』参照）。

（6）ＣＣ系　国民党内の陳果夫・陳立夫兄弟を首領とする蒋介石擁護のためのスパイ的集団。一九二七年八月に蒋介石が下野した後に成立した国民党中央特別委員会の実権は桂系（広西派）と西山会議派に握られた。蒋介石は国民党を制御し、かつまた他の派閥に対処するために陳兄弟に示唆して中央倶楽部を作らせた。CCは中央倶楽部の英訳 Central Club の簡称。二八年の国民党第二期四中全会後、蔣介石が中央政治会議主席兼中央組織部長になって、副部長陳果夫が職権を代行すると、CCの秘密活動は合法的に保護された。二九年の国民党三全大会後、弟陳立夫は中央執行委員会秘書長となる。陳兄弟は中央倶楽部のメンバーを通して各級党組織と社会の下部機構を制御し、中央組織部党務調査科を創設した。各省・市・路に置かれた〝粛反専員（反革命粛正要員）〟がCC分子を指揮して、共産党員・進歩派人士・国民党反蔣派を秘密裏に拘禁したり、暗殺し、一系列の〝党側〟のスパイ組織が形成された。姓陳の英文表記の頭がCなので、人々はまたCCを陳兄弟のこともした（『中華民国国史辞典』参照）。

（7）芸文研究会　抗日戦争の初期、国民党内の一団の反共と対日和平を主張する分子が、芸術と文学の研究を標榜して作った政治組織。一九三七年冬、周仏海と陶希聖が画策し、蔣介石と汪精衛の承認を経て武漢で成立。周仏海が総務総幹事、陶希聖が研究総幹事になった。以下、総務・編集審査・出版・文化・青年の各部門が設けられた。前後併せて長沙・広州・成都・西安・重慶・香港等に分会を設けた。活動経費は、〝軍事特別支出〟から毎月五万元を支給することを蔣介石が承認した。この会は原稿料の支払い、手当の送付等のやり方でトロツキスト分子・反動文化人を買収して働かせた。同時にまた各地で、小刊行物に出資したり、文芸叢書を発行したり、また香港に形を変えた系列組織〝国防問題研究所〟を開設したり、〝蔚藍書店〟を創設する等して、民族失敗主義と反共の謬論を大量に散布した。三八年一二月、汪精衛や周仏海等が国に背いて敵に投ずると、蔣介石は経費の支給の停止を命令し、本会は解体、消滅した（『中華民国国史辞典』参照）。なお、劉傑『漢奸裁判―対日協力者を襲った運命―』（中公新書　二〇〇〇年七月）一七～二〇頁にも芸文研究会の説明がある。

（8）中国国民党訓練委員会　中国国民党執行委員会所管の下級機構。一九二八年二月、国民党第二期四中全が中

央と各省県区の党部に設けることを決定。各地の党部を整頓し、党紀を粛正し、党・政・軍の各級幹部を訓練、育成する責任を負わせた。委員長一人を置き、総裁が兼任した。同年訓練部と改称。三八年第五期四中全会は、中央執行委員会管轄下に、改めて訓練委員会を設置することを決定し、中・下級幹部並びに全国機関の公務員と教職員の思想訓練の仕事を掌管させた（『中華民国史辞典』参照）。

（原題『愛国一書生—八十五自述—』華東師範大学出版社　一九九七年一二月　第一版　字数三〇万字　印刷数三千部　定価　二三・〇元）

第九章　中国戦線における日本歌人

一　渡辺《わたなべ》直己《なおき》

渡辺直己は一九〇八（明治四一）年、広島県呉市に生まれ、三〇年に広島高等師範学校（国漢科）を卒業。翌年、呉市立高等女学校教諭となり、やがて同僚教諭の手引きでアララギ入会、土屋文明を師とする。

三七年七月、蘆溝橋事件発生直後、召集され、幹部候補生出身の陸軍歩兵少尉として中国大陸に渡り、暮れから翌三八年にかけて山東作戦に従軍。三八年夏、武漢作戦に加わるために南京をへて鄱陽湖畔に到るも、腸炎・マラリア・痔疾を併発し、九江兵站病院に入院。一二月退院、武昌にいた原隊に追従。間もなく中尉に昇進、部隊ともども天津に移駐、付近警備の任に着く。とくに、三九年初は天津西方七〇㎞ほどの覇県方面の警備隊長・討伐隊長をつとめた。一帯八路軍のいたところ。それまで実戦経験の多くはなかった渡辺が一箇月の間、いわゆる「共匪」「紅匪」の「討伐」に奔走する。

①寒き夜を往きて還りし密偵に新しき紙幣出してやりぬ

②未だ若き捕虜をかくみて覚束なき訊問をつづく焚火の傍に

③炕《かん》の中に見つけし袋に拳銃と第八路軍の軍帽がありぬ
④壕の中に坐せしめて撃ちし朱占匪は哀願もせず眼をあきしまま

このような明け暮れのなかで、

⑤支那民族の力怪しく思はるる夜よしどろに酔ひて眠れる
⑥射抜かれし運転手をのせて夜の道を帰りつつ思ふ共匪の強さを

と詠う夜があり、感懐があった。

写実詠ではないらしいが、『アララギ』三九年八月号に掲載された、

⑦涙拭ひて逆襲し来る敵兵は髪長き広西学生軍なりき

は絶唱と言えよう。

三九年八月二一日未明、天津市内の連隊官舎でカーバイドから発生したガスの爆発事故により不慮の死を遂げた（公報は戦死）。

参考：『渡辺直己全集　全一巻』（創樹社　一九九四年一〇月）　米田利昭『渡辺直己の生涯と芸術』（沖積舎　一九九〇年九月）

二　宮《みや》柊《しゅう》二《じ》

宮柊二（本名肇《はじめ》）は一九一二（大正元）年、新潟県北魚沼郡堀之内町に生まれる（一九八六年没）。三〇年に新潟県立長岡中学校（現長岡高等学校）卒業。二年後、家業（書籍販売店）を捨てて上京、北原白秋の門

に入り、秘書となって、眼疾を病んだ白秋を助ける。三九年八月応召、四三年九月に至るほぼ四年間、一兵士として大陸の戦陣にあった。そこから白秋の主宰する『多磨』ほか『中央公論』『改造』『日本文芸』『婦人公論』等々に歌を発表している。これらに帰還直後の詠草を加えて整理、三七五首を収集して成ったのが『歌集山西省』（古径社　一九四九年六月）である。元来この歌集は、中央出版社から一九四六年四月に刊行されるはずであった。それが、GHQ（連合国最高司令官総司令部）の検閲にかかって原稿本を没収されてしまった。

柊二は未教育補充兵として入営、大陸に渡っては独立歩兵第一〇大隊第二中隊に属し、山西省各地、河北省西部にまで転戦している。抗日根拠地でいえば晋察冀辺区、晋冀豫辺区。交戦の主たる相手は八路軍やその指導下にある遊撃隊であったろう。山西省南部中条山地では国民政府中央軍とも交戦しているようである。

以下に『歌集山西省』から年代順に数首を抽く。

①おそらくは知らるるなけむ一兵《いっぺい》の生《い》きの有様《ありざま》をまつぶさに遂《と》げむ

これには「幹部候補生志願を再三再四慫慂《しょうよう》せらるることあれども」の詞書きがある。

②父も母もその子の匪《ひ》も帰り来《こ》よ燈影《ともしかげ》差して神位《かみ》も舞はむぞ

③自爆せし敵のむくろの若《わか》かるを哀れみつつは振り返り見ず

④夏《なつ》衣《い》袴《こ》も靴も帽子も形《かたち》なし簓《ささら》となりて阜平《ふへい》へ迫る

⑤ひきよせて寄り添ふごとく刺《さ》ししかば声も立てなくくづをれて伏す

⑥俯伏《うつふ》して塹《ざん》に果てしは衣《い》に誌《しる》しいづれも西安洛陽の兵

⑦浮びくる中共論理の言葉群、春耕・犠牲・統一累進税

参考：宮柊二『歌集山西省』（短歌新聞社文庫　一九九五年八月）　中山礼二『山西省の世界』（柊書房　一九九八年三月）

三　水《みず》飼《かい》瑛《あきら》

水飼瑛は一九二二（大正一一）年、茨城県稲敷郡古渡《ふっと》村（後の桜川村、現稲敷市）の霞ケ浦辺の農家の三男として出生。村の小学校を終えると上京、日本橋の織物卸店の店員となった。四三年一月、宇都宮の東部第四〇部隊に現役入隊。間もなく中国大陸に渡って華北に転戦。その後、本隊は南方に抽出されたが、水飼本人は関東軍に転属、黒龍江辺で終戦を迎えた。当時、主計軍曹。シベリヤ抑留を経て四九年秋帰国。村役場に勤務し、また家を成した。八四年に公職（桜川村教育長）を退いて後、九八年一〇月没。二児と数人の孫に恵まれた。

水飼の作歌活動は六〇年ころからしいが、『歌集橋』は没後一年をへて刊行された。集中、兵役と抑留との体験を繰り返し追想して詠んでいる。無告の民の残した歌の幾つかを紹介する。

①転進の部隊追い来しおみならの足しろかりき泥にまみれて

「おみなら」は慰安婦以外ではあり得ないし、おそらくうちに朝鮮人女性もあったろう。以下に朝鮮人日本兵を回想した二首。

②海本《うみもと》という創氏の兵と競いしが射撃すぐれし偉丈夫なりき
③創氏改名のかなしみ知らず交わりき河南河北を共にゆきつつ
④暗夜に霜落つるが如く引金をひけといわれき的を射たりき

射た的は如何なるものであったのだろう。

⑤温突《オンドル》に車座なして死ぬるほど酒のみたりき討伐終えて
⑥特攻を待つ弟は河南戦野の吾におくりきぬ小さき護符を

二つ違いの弟は海軍に志願し、特攻震洋艇の要員となったが、移動中黄海に沈んだ。

⑦北満の雨の原野に自爆死の兵を葬りきその名茫たり
⑧中国に銃執りし手シベリヤに炭掘りし手をうまごと繋ぐ
⑨戦争の夢を見しやと妻は問う昨夜ただならぬ声をあげしか

参考：水飼瑛『歌集橋』（LD書房　一九九九年一〇月）

Ⅲ部　書冊

第十章 〈書評〉薛紹銘著『黔滇川旅行記』

一九一九～一九四九年の三〇年間の刊行物で有意義であって入手しにくいものを重慶市図書館・重慶出版社編で「もとのさまを保持するために、収めた書は字句や標点等の明らかなまちがいを除いては、内容は全く改めず」、「若干の注釈と関連説明」を付して〝中国現代掌故叢書〟として再刊している。もと一九三七年四月に中華書局から出版された本書[1]はこの叢書中の一冊である。序文によれば著者は濮県（今の河南省濮陽市范県濮城鎮）教育科に職を奉じていたが、民国二三（一九三四）年、重い神経衰弱を患い、それが治療のために江南に旅行したのを契機に全国旅行を志し、同年中に杭州から寧波・温州をへて福建に入り、そこから西行して江西・湖南に入り、広東・広西に転じて翌二四年夏には南寧に達した。ここからさらに貴州に入り、貴州から雲南に転じ、ついで四川に入る。この『黔滇川旅行記』は全国旅行の中の、特に「交通が塞がれて、外部人士のめったに訪れることのなかった」最後の三省に関しての記録である。日付は広西の慶遠（宜山県）を発って六寨鎮に至る一九三五年六月一六日から、同年一一月一五日武漢より汽車に乗って北上し中州平原を目にするまで、ほぼ一五〇日にわたる。以下に本文目録とページ数の表示を写す。なお当該旅程の概略図（二三九頁）を作ってみたから併せて参照されたい。

一　広西より貴州に入る　　　　　　　　　　一
二　貴州南部の要衝独山　　　　　　　　　　四
三　農産物の豊富な都匀　　　　　　　　　　六
四　都匀から貴陽へ　　　　　　　　　　　　八
五　貴陽巡礼　　　　　　　　　　　　　　一三
六　貴陽から安順へ　　　　　　　　　　　一五
七　安順の概況　　　　　　　　　　　　　一七
八　安順の苗族　　　　　　　　　　　　　二〇
九　苗族を訪ねて　　　　　　　　　　　　二六
一〇　安順出発以前　　　　　　　　　　　二九
一一　ただ自分の幸福のみを　　　　　　　三一
一二　鎮寧の彝族の匪賊と阿片　　　　　　三二
一三　全国一の大瀑布　　　　　　　　　　三三

一四　どの道を行こうか　三四
一五　盤江の鉄の吊り橋　三六
一六　よい心根と前世の定めと　三七
一七　「茶碗をわるだの猫だのと、縁起の悪い」　三八
一八　阿片吸いの中学生　三九
一九　興仁の苗族の匪賊　四〇
二〇　恐ろしい道のり　四一
二一　貴州辺界の要地興義　四三
二二　江底の税務分局　四五
二三　雲南境界に入る　四六
二四　貧窮困苦の師宗　四八
二五　道中に病む　五〇
二六　横柄な旅館　五一
二七　馬街から宜良へ　五二
二八　昆明に着く　五三
二九　貴州・雲南道中見聞雑記　五四
三〇　昆明の鳥瞰　五六

三一　箇旧へ行く　五九
三二　箇旧錫鉱山見学記　六一
三三　箇旧錫鉱山の概況　六四
三四　雲南の県長の特別の金のつる　六九
三五　見るかげもない蒙自　七〇
三六　大学生との鉄道談義　七一
三七　ままよ、東街道を行く　七二
三八　馬龍の一夜　七三
三九　曲靖の暗黒政治　七五
四〇　宣威のハム　七六
四一　訴えどころのない苦しみ　七八
四二　食の確保と宿さがし　七九
四三　危機一髪！　不敵な土匪　八一
四四　宿の子供と死んだわが児と　八二
四五　〝保董〟どうしの死闘　八三
四六　威寧市内に入る　八六
四七　ああ！　一枚のかけ布団さえ　八七

四八	焼きいも腹にオンボロ着物	八八
四九	"千里鏡"とは何ぞや	九〇
五〇	区長の威風	九三
五一	「聴いて下さい、政府のお方」	九五
五二	無駄足をふむ	九六
五三	悪辣無比の"保商隊"	九八
五四	災難の後の赫章	一〇〇
五五	赫章から畢節へ	一〇二
五六	土匪土豪二位一体	一〇四
五七	全く真っ暗大定県	一〇六
五八	大定から黔西へ	一〇八
五九	黔西から打鼓新場へ	一一〇
六〇	泮水・鴨渓を過ぎて	一一三
六一	大災難後の遵義	一一五
六二	役人を多く出す桐梓	一一八
六三	新站と松坎	一二〇
六四	さよなら！貴州	一二三

六五	綦江に着く	一二四
六六	神仙談義	一二六
六七	綦江人民の負担	一二七
六八	綦江から重慶へ	一二八
六九	重慶貿易の概況	一三〇
七〇	重慶の印象	一三二
七一	涪陵の榨菜と阿片	一三四
七二	四川東部の佃農と高利貸し	一三六
七三	嘉陵江峡谷部への二日の旅	一三七
七四	ついてない花魁	一四一
七五	四川の徴税局長	一四三
七六	合川から南充へ	一四四
七七	南充製糸業の壊滅	一四七
七八	兵卒が徴税吏をかね、副官が校長をかねる	一四八
七九	姚家店にて	一四九
八〇	蓬渓の"井塩"	一五〇
八一	蓬渓から射洪へ	一五一

八二 四川民衆の迷信 一五三
八三 労働者の心理 一五四
八四 軍隊皮剥ぎや〝民団〟筋抜く 一五五
八五 三台より綿陽へ 一五七
八六 綿陽の物産 一五八
八七 綿陽人民の税金逃れの便法 一五九
八八 金雁橋と落鳳坡 一六〇
八九 徳陽の〝官長糧〟と〝衙門賬〟 一六三
九〇 成都に着く 一六四
九一 成都の印象 一六四
九二 土地は肥沃で民は貧しい郫県 一六七
九三 灌県での宿さがし 一六八
九四 灌県の概況 一六九
九五 ソビエトと勅使 一七〇
九六 成都へ戻る 一七一
九七 成都から重慶への道中 一七二
九八 重慶から武漢へ 一七三

ii

「梁国健　一九八五年一一月五日」と記名・日付されている巻末の「校閲後記」によると、本書原刊本には写真四三枚が付されていたが、複写するのがむずかしく、できばえも良くないので、この度は省いたという。梁氏はまた著者薛紹銘については「労働人民の不幸に同情し、国民党の支配に不満をもつ」とか、「紅軍が長征途上婁山を抜き、遵義を奪った偉功を側面から描写し、紅軍を〝規律厳正で、焼殺の事なく〟〝人民はいまでも飯後・茶後にはよくその話になる〟と肯定している」等と解説するが、人物・経歴等についての特別の紹介はない。政治・経済・産業・文化・民俗・風俗その他もろもろにたいする旺盛にして中庸をえた好奇心と観察力、少数民族・窮乏の男女・老人や子供などにたいする同情、同行一人を伴って二年にわたる大旅行のできる時間と金等々それなりの名前も教養も地位もあった人物だろうが、目下評者は本書のほかには著者の姓名を見聞しない。なおかれはクリスチャンである（二七〜一一八頁参照）。

　ともかく著者と一緒にところどころ歩いてみよう。

　六月二〇日（原文は「二十二日」とあり、註（1）既掲の国立国会図書館本も同様だが、誤記ないし誤植であろう）都匀を出立、貴陽に至る公路は洪水で途中いくつかの橋が流されてもう半月もバスは通っていない。しかたなく、一五〇㎞の山道をザックを背に歩いてゆくことにする。「都匀の北六キロの沙壩と

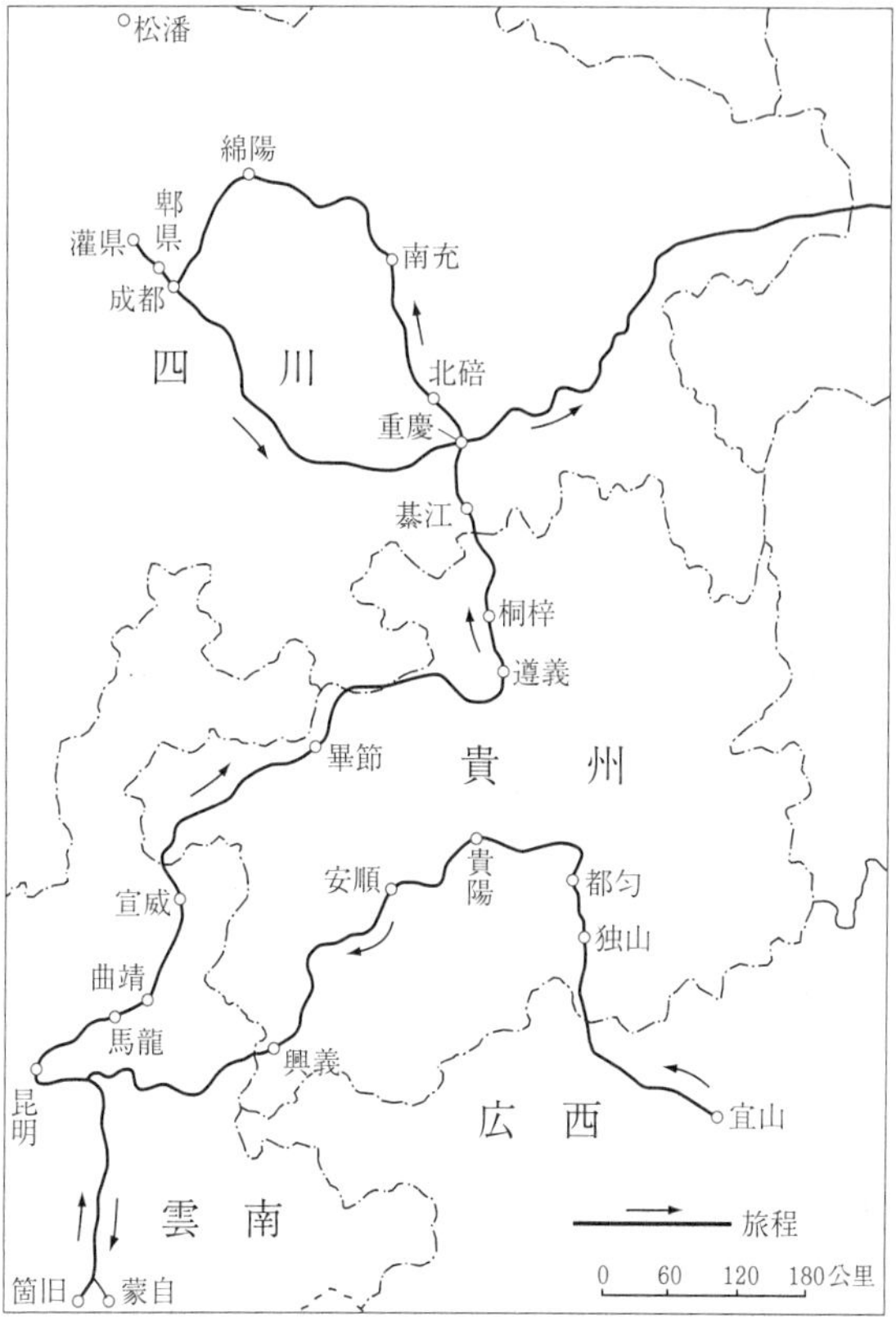
松潘
綿陽
郫県
灌県
成都
南充
四　川
北碚
重慶
綦江
桐梓
遵義
畢節
貴　州
貴陽
安順
都匀
独山
宣威
曲靖
馬龍
興義
昆明
広　西
宜山
雲　南
旅程
0　60　120　180公里
箇旧
蒙自

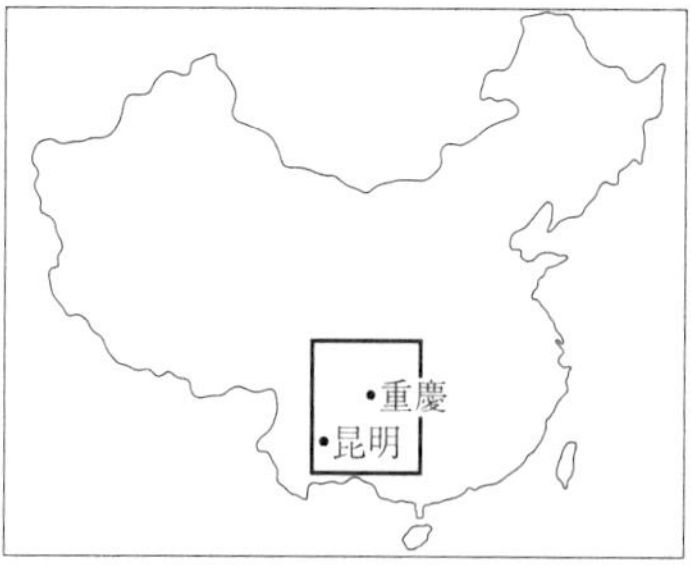
重慶
昆明

いうところにつくと、民家が六、七軒ある。飯屋に入って朝食をとると、おかずはもやしとにんにくで、いずれもただ水で炊いただけである。塩が一塊別な碗に入れてあって、おかずを食べるときには箸でつまんでこれを塩塊になすってちょっと塩味をつける。貴州省全体大体食するのは四川の塩だが、四川塩は鍋で煮て塊にしてあって俗に〝塩巴〟という。運送の便がわるいのと付加される塩税が重いので塩の値段はべらぼうで、貴州南部の各県では銀貨一元でやっと約一kgの塩が買えるだけである。普通の人はたいてい塩気なしで飯を食う。おかずを塩塊になすって塩味のものを食うなどというのはとてもできない話なのである」（八頁）。

ここを読んで評者はすぐに一八八六年四川省儀隴県に生まれた朱徳の少年期の回想に「塩はこの上ない貴重品だったから、料理に使ったりはしなかった。食卓の真ん中におかれた鉢の湯に溶かして、みなはその野菜をそれにつけて食うか、やはり食卓の真ん中の鉢に、かたまりのままおかれて、みなはぬれた野菜をそれにこすりつけてから食うかした[2]」とあるのを思い出した。産塩地の四川にしてこうだから、貴州ではもっとひどかったというわけか。

安順滞在中の七月五日、県の修志局のインタビュアー洪青年の先導で近郊の苗族の集落を訪れる途中のこと。「道端に子供の死骸が投げ出されている。頭と四肢は刀でばらばらにされ、血が流れ滲んで無残きわまりない。身体の大きさから見てせいぜい三、四歳で、勿論何か死刑に値するような罪を犯せるはずもない。洪君に聞いてはじめてこの子の惨殺されたわけを知った。なんとこの死んだ子の頭や四肢はかれの両親によって〔飼葉切り用の〕押し切りで切断されたのだ。どうしてそのようなことをするのか？　この子の両親は続けていく人かの子供を生み、容貌みな似ていたが、いずれも同じ様な病気にかかって死んでしまった。このようなときかれらは悪霊が殊更に何度も母体のなかに入り込んで、胎児に悪さをしたのだと考える。この子の頭や四肢を切断してしまったからには、悪霊には頭や四肢がなくなってしまったわけで、もう二度とおなかに入り込んで面倒を起こすことはできなくなったから、このつぎ生まれる子供はきっと無事成人できる、というわけである。なお、子供を押し切りで切り殺すときは、子供が絶命するのを待ってからでは遅い。その子の罹った病気がまえに亡くなった子の病気と同じだと判ったならその子はもうこのさき生きるはずはないのであって、息のあるうちに頭と四肢を切断してこそ効き目がある。ただ安順一県の人民のみにこのような迷信があるのではなく、貴州各県の人民おおよそみなこのようなものである」（二六～二七頁）。

　この後しばらく進んでから山中の苗族の集落にいたるので、この目をそむけ耳を塞ぎたくなる見聞は、特に苗族の習俗として描写されたものではない。民族を云々するならむしろ漢族なのかも知れない。鳥居龍蔵の一九〇二年から翌三年にかけての中国西南部少数民族地帯調査の記録『人類学上より見たる西南支那』[3]にも、苗族のことを中心にここ安順付近のことが記述されていて、あわせて読むとまた興趣がわくが、ただしこの子供殺しのことには触れていない。ついでに言えば一九二〇年代前半極東各地を旅行したアメリカ人紀行作家ハリー・フランクは福州における「子供の塔」の見聞に関連して「四つか五つの子供が死ぬと、支那人は、その死んだのは子供ではなくて悪魔だと信じてゐるのである。それ故に、生者がその悪霊になやまされないやうに、子供が死なないうちに捨てて了ふのである[4]」と書いている。

iii

勿論限られた一部分ではあるが、長征中の紅軍のすぐ後ろをトレースしているのは本書の珍しい点の一つである。著者は直接紅軍と接触したわけではなく、紅軍が接近したり、通過したりした地域の住民や、紅軍を追尾する中央軍・地方軍将兵の様相が記述されているのだが、それはそれでなかなか興趣のあることである。

註（2）に引いたソールズベリーの著書一三七〜一三八頁には、長征途上の紅軍兵士の貴州省境に近い湖南省における苗族の様相の見聞証言として「彼らの生活程度は極端に低く、女たちは着るものがまったくないため、小屋から外へ出ることもできないのだ。彼女たちは、わらを燃やして――煙は屋根の穴から出る――炊事する火のそばに裸のまま踞っているのだ。一七歳と一八歳の少女が裸で畠に出て働き、一家族にズボンが一足あれば、それを三人か四人の成人男子が交代で履くのだ」と記す。

本書では例えば雲南省師宗県での見聞として「境内の土地はひどくやせていて、わずかにトウモロコシがとれるだけだが、それとても豊作の年でも食うに充分な量はない。石炭はどこにでもあって、どこを掘っても採取できる。街道の両側、石炭は多く地表に露出していて何の苦労もなく取って使えるが、この点山西南部の高平や晋城などの様子と大変似ている。人民は綿を買うのは容易でなく、綿入れの掛け布団を持つ家は一〇軒に一軒もない。冬の間はだいたい家の中で石炭を燃やして暖をとって、綿入れの着物や掛け布団の代わりにしている。全くのところ石炭を手に入れるのは綿を買うのに較べればうんと容易だからである」（五〇頁）とある。これは綿入れのがないのでズボン自体はあるのだろうが、左の貴州省威寧県での見聞は上述の紅軍兵士のそれと概略一致する。つまり「普通の人は一着の衣服を一生着るか、ないしは一着の衣服が何代か着られる。初めの一着のひとえは破れたら継ぎし、破れたら継ぎし、幾十層にもなり、木綿きれもあれば麻きれもあり目茶苦茶で、冬も夏も全部この一着でとおし、夜も昼もこれ一着である。おまけにこんな衣服もなお一人一人にはゆき渡らず、依然多くの人が草葉をまとっている。一五、六歳以下の児童は一年中丸裸であり、陽が射せば陽にあたって暖をとり、陽の射さないときは草のなかにもぐりこんでいる。女の子も一五、六歳ではなお多くは破れズボンでさえ穿くべきものがなくて、わずかに麻布でもって身を遮っている。以上は少数例ではなくて、普通大体こんなものである」（九〇頁）という[5]。

八月二〇日、貴州省西部において威寧から赫章に向かう途中の廻水塘の宿で、この辺りの土豪王区長と面談したときの様子。このとき紅軍の一部は赫章付近で活動中であった。区長の情況説明を聞いていると「貴州軍柏輝章の部下の何人かの落伍した病兵が入ってきた。顔にも脚にも浮腫がきていて、入ってくるなり真先に区長に深深と腰を折ってお辞儀をした。かれらが口を開かないうちに、区長はその来意を悟ったようで、甚だ重々しい口調で〝何しに来たんだ！〟と問う。病兵たちは哀れっぽくわめきたて〝区長様何卒御慈悲を！〟と懇願する。区長はえらくぶっきらぼうに〝俺のところのやつらだって食う物がねえんだ！〟と答える。しばらくして区長は拒絶一点張りでもまずいと思ったらしく、宿の主人の陳某に〝とりあえず、お前のトウモロコシをあいつら一人あたりに半升ずつもくれておけ〟と言いつけた。病兵たちは主人について外に出、情けの食糧を頂戴したが、去るにあたってはまた深深と腰を折って挨拶していった」。

この後区長はまたしばらく著者たちと話をするが、去るときには、宿の主人に「〃お二人の先生方をよくよくおもてなしするのだぞ。先生方がお発ちのときには、道中人足を出し、荷物を持って道案内をさせろ。ちょっとでも間違いがあってみろ、承知せんぞ！〃と特に言いつけた。宿の主人はひたすら旨を奉ずるのみである。／区長が去ったあと宿の主人は、王区長がどんなに好い人か、どんなに正直か、かれのこの区内がよい区長のおかげで土匪もおらず、人民すべて安居でき、しょっちゅう追い剥ぎ・人殺し・戦さわぎのよその区とどんなに違うか、ということをわれわれに向かって語った。その言葉の端々から、区長に対して限り無い恩徳を感じている様子が見てとれる」（九四頁）。宿の主人の区長讃は権力存立の源初の様相を窺わせてくれるではないか。

紅軍は一九三五年一月初旬と同年二月下旬と二度遵義を攻陥しているが、著者は同年九月八日鴨渓を発って三〇㎞を踏破し、夕刻遵義に入った。「六一　大災難後の遵義」は、この道中並びに遵義市中の見聞を記す。「共産党が通ったところは、道端の塀など至るところに石灰水で標語が書いてある。いまは城内の標語の多くは洗い流されたが、農村部では洗いきれずまだたくさん残っている、その標語の下に書かれている部隊の番号は大体暗号で、例えば〃紅教政〃〃紅南政〃〃紅貴政〃等とある。この点国軍の標語についても同じであり、〃広東政〃〃天津宣〃〃台湾政〃〃明光党〃等とある」（一一五頁）。

「二度目に共産党軍が貴州西北部から反転して婁山関を抜くと、遵義の人びとはもう保たないと思ってみな逃げて城内空っぽになった。軍を返した共産党は、遵義が国軍の要地であることからきっと物資弾薬があるものと思い必死になって奪取したが、なんと陥れた城内は空で何もなくておおいに失望した。このたびは城外一面血の海となり、戦闘は激烈を極め、聞くところによると双方の死傷者は合計で八千人以上に達したという。城外の山腹の塁塁たる荒れ塚は当時の激戦の犠牲者のものである」（一一六頁）。

とんで一〇月三日、四川省での話。「烈面渓は嘉陵江に臨み住民約千戸、町は頗る賑やかである。同じ宿に第一師団の帰休兵五、六人がいて、松潘から道中二〇日かかってここに着いたと言う。前線の様子を尋ねる。このところ激戦はないものの双方とも補給困難・天気酷寒によって餓死・凍死する者甚だ多い。裸麦を食い、冷水を飲んで腹が膨れて死んだ者もまた少なくない。自分たちがどうにか死を免れて休暇をとって家に帰れるのは、全く万人に一人の幸運だ。こう話しながら泣きじゃくって止まなかった」（一四五～一四六頁）。

一〇月一二日、同じ四川省内綿陽城内の旅館での話。「相い宿の四九師団の大隊付きの姜某なる湖北人は最近松潘から軍とともにここへ移動してきた者で、話が今度の前線防備の激戦の経過に及ぶと、口もきけずに頭を振るばかりであった。四九師団はもともと一九路軍張炎の部隊を改編したもので、改編後は僅かに四個連隊となったが、今回甘粛省武都から松潘に移駐して警備についたところ、共産党軍の大部隊の襲撃にあい、損害甚大で、師団全体で大隊長七人が死傷、兵士の死傷も多い。目下該師団は綿陽に移動して休養し、補給をうけているところ。前線防備の戦闘に関しては、共産軍が反転してきたので西部前線は依然激烈なる由」（一五八頁）。

本書で目につくことの一つはアヘンに関する記述の多いことである。六月二九日貴陽から安順に向かう際、バスの運転手は運転前にアヘンを堪能する（一六頁）。七月一一日巴嶺から興仁へ向かう途中三茅坡という小集落で休憩、連れてきた「荷担ぎ人足はアヘンをやる。年の頃一七、八の身なりのきちんとした若者が二人後からやってきて、かれらも休憩する。人足が吸いおわると、かれら二人もまた道具をかり、自身携帯している下ごしらえずみの干煙泡をとりだすや、プカプカとやった。堪能したあと話をしたら、興義の県立中学の二年生とのこと。貴州人がアヘンを吸うのは全く普通のことで、中学生も例外ではないのである」（三九頁）。「貴州・雲南二省の苦力でアヘンを吸わない者はほとんどいない。どんな苦力でも出かけるときに必ず持つのはアヘン煙管である。歩いていて疲れてくるとどこでもかまわずゴロンと横になり、煙管を出して火を付け、たっぷりやる。これらの苦力と話をしたときに、〝お前ら銭をかせぐの大変なんだからアヘンやらぬほうがよかろうに？〟と聞いてみたら、かれらの言うには〝アヘンもやらねぇじゃ、なんで苦力なんかやっていられるかよ！〟とのことであった」（五六頁）。

土匪に関する記述も多い。八月一七日、ガイドを雇って倘塘を発ち、威寧をめざし、荒涼たる山地にさしかかると、「道端の小松林の中から突如三人が躍り出てきた。いずれも頭を布で包み、肩に銃を担っている。われわれは大いに驚き、匪に出くわしたものと覚悟した。ただし三人はわれわれをジロジロ睨めまわすだけで、近寄ってはこない。おそらく軍隊ないし政府関係の一行とでも思ったらしく、あえて手は出さなかった。われわれはこのときまたむりにも落ち着きはらった様子をつくり、笑いながら歩を進め、三人のことは眼中にないような恰好をしたものの、その実心臓は早鐘を打ったようであった。ガイドは明らかにグルであり、三人と組んで商売にしている様子らしく、われわれに向かって〝あの三人は棒老二（土匪の呼称）じゃなくて、猪撃ちですよ〟と釈明する。後でかれはまたうすら笑いながら〝あいつらは猪撃ちのときは専ら猪だけ撃つんで、旦那らお上の御用の方を邪魔したりはしませんよ〟とぬかす。貴州・雲南の土匪は往来する旅商人を指して多く猪という。われわれがかれらに猪と見做されてブッぱなされなかったのは何たる幸せであったろう」（八一頁）。

八月下旬畢節に至り数日滞在する。「畢節の土匪がよその土匪と大きく異なるところは、どの土匪団もすべて土豪がバックになっていて、土匪の脅し取った半分はこのバックに差し出されることである。畢節の土匪は特に公務人員・軍人・外国人は襲わない。これら三種の人間をやると主人に不利な影響があるからである」。当時畢節に湖南軍の陳光中の師団が駐屯していて、著者らは「湖南邵陽の人、甚だ朴実にして頗る西北軍の軍官に似る」陳師団長を訪れる。当地の情況などを聞くに、かれは最後に〝畢節の土豪を先ずやらなければ、土匪は絶対に粛清できない〟と言う。師団司令部を辞すと、路上「イギリスの一宣教師にあう。かれは威寧に行くため、陳師団長を訪ねて途中の治安情況を聞くつもりであった。話しこむうち、われわれが〝共産軍は赫章を撤退したけれど、道中土匪が多いぞ〟と教えると、この宣教師は笑いながら〝共産党さえいなければ土匪はどんなにたくさんいても全然関係ありません〟という。このイギリスの宣教師は畢節で二〇年余りも布教していてこの地の様子に甚だ通じており、土匪の性質もよく判っていた」（二〇五頁）。註（2）既掲ソールズベリー著二五七〜二六七頁あたり、貴州で紅軍に捕らわれて行動をともにさせられた欧米人神父・宣教師に関する叙述あり。あわせて見ればまたひとしおの感慨を覚える。

iv

時間は前後するが、久し振りに電灯のある世界重慶に入ったのは九月二〇日。以下当時の重慶の様子を垣間見てみよう。

「重慶の土地は少数者の手中に集中している。これら地主の大多数は四川省軍・政界の要人どもである。土地の買いあさりは政治力・経済力両方を発動しておこなわれ、地代もこの二つの力で操られる。重慶の市況は目下不景気に苦しんでいるのだが、こういうわけで、土地や建物の価格はよその都市よりも高い。／重慶付近の各県、土地は肥沃で物産豊富であるが、その土地と物産は地主の手に握られている。大地主は居らず、多くは小地主である。年来、四川の苛酷にして雑多な重税はつぎつぎ出されてきりもなく、小地主も大いに文句を言っている。しかしながらかれらは被る搾取を佃農の身へ転嫁できる。労働力を売って口に糊せんとする佃農たちは、糊しきれなくて已むを得ずこれまでの野良仕事を捨てて四川第一の大都会へ流入する」（一三二～一三三頁）。

「重慶の通人の話では、当地公娼は多いとはいえないが私娼はひどく増えている。私娼が多いので公娼はかえってはじき出されて商売にならない。長江下流からやって来たのに重慶で商売にありつけない揚州幇や蘇州幇はいずれも周辺涪陵や合川などの小都市に流れている。もっとも重慶で頑張っている私娼の方も、いつもいい商売があろうはずもなく、やむなく一種の別な副業でもって口に糊している。この副業というのは門付けである。／夜になれば重慶のどこの旅館でも胡琴・拍子木の音と歌う声が間なくきこえる。

七時から一一時ごろまでは歌を売る連中の正に稼ぎどきである。もしもあなたが宿泊第一日目の新客ならば、紅白粉をなすりこんで、帳面様の小さな台本を手にした小娘が少なくても一〇回は〝どうぞリクエストを下さいましな〟と言って来るだろう。あなたがとりあわなくとも、彼女はなんのかのと言葉巧みにつきまとうはずだ。このとき、ドアの外に立って胡琴をひいている年かさの女は、あなたと小娘のやりとりに耳をすませている。あなたが娘の台本を受け取って芸題をリクエストする気になったとみるや、ドアの外でひき歌いしていた女はアッという間に部屋に入ってきて、先ずあなたにお辞儀をして微笑み、ついで歌い出す。歌ってからの心付けは普通まあ二吊銭（洋銀七分相当）ほど。ただしこの芝居声色の女たちが門付けに来るたびにあなたがヤニさがって言うことを聞いていたとするなら、一晩で洋銀六、七角の出費は覚悟しなければならない。／勿論一部の者は自分あるいは自分の妻を淫売や門付けに出して口に糊している。だがなおたくさんの口に糊する方途のない者がおり、そのまま落ちぶれて乞食になっている[6]」。「私娼が多い、歌妓が多い、乞食が多い、これを重慶の〝三多〟という」（一三三～一三四頁）。

「中華民国初期より日中全面戦争直前の〝全省統一〟（一九三五年三月）まで、各々の〝防区〟に拠って典型的な〝軍閥割拠〟の局面を作り出しつつ、約四半世紀にわたって抗争・興亡をくり展げた〝四川軍閥〟の悪名には、かの北洋軍閥のそれにも劣らぬものがある[7]」という、その四川軍閥に関する見聞の一端を抜粋しておこう。「防区時代徳陽は田頌尭の防区に属していて、県内で田の部隊の軍官になっている者は五、六〇人以上おり、かれらの家はどれもみな糧税を納入せず、その分は一般民が平均して分担し、これを〝官長糧〟といった。本県には〝糧税納めたくなければ糧税食いな。それがだめなら兵隊率いな〟という歌謡がある。軍官の家が糧税を納めないのはなにも徳陽県だけの話ではないが、ただ徳陽一県の軍官の数はかなり多く、人民の分担する〝官長糧〟もまたいっそう多くなるというだけの話である。／徳陽の農村の高利貸しは、普通洋銀一〇元につき月利一元、一〇箇月満期で元利償還する。貸すときに、初めの一箇月の利息の一元は先に貸主が控除するから、借主の負債と利息で一〇元なのであって、実際には使えるのは九元だけであり、満期償還の際には元利合わせて二〇元になる。このような高利貸しの旦那は多くは郷村中の有力者で、期限がきたらビタ一文欠かすわけにはゆかず、所謂〝つかうはヨイヨイ、かえすがコワイ〟というやつである。ほかに以前にはまた〝衙門賬〟というのがあった。利率は先のより低く、期間は比較的に短いが、期限は最も厳重で一刻も遅れられない。衙門賬の貸し主は必ずしも県長とはかぎらず、徴税局長・会計課長・会計係も割当をもっていて、元金は多く各種税収を一時的に流用した。人民から税金を取りたてて、取りたてた税金を人民に貸しつける。税から貸金とグルグルまわるがもとはと言えば全て一般民の零細な金にほかならなかった」（一六三～一六四頁）。

＞

雲南省箇旧の錫鉱山の少年労働のこと（六三頁）、長征中の紅軍第九軍団長・雲南人羅炳輝のこと（七八～七九頁）、四川省涪陵の榨菜とアヘンのこと（一三五～一三六頁）等々……、触れたいことはまだまだあってきりがない。本書は、この紹介本文・註文中に引用したいくつかの翻訳書や、さらに追加すれば范長江著／松枝茂夫訳『中国の西北角』（筑摩書房　一九八三年二月）、顧頡剛著『西北考察日記』（小倉芳彦著『抗日戦下の中国知識人――顧頡剛と日本――』筑摩書房　一九八七年五月　中に訳出されている。日記の時期は一九三七年四月から翌年一一月に及ぶ）等と並んで邦語に訳して流布せしめらるべき独自の価値をもっていると信ずる。ただし目下評者自ら全訳する覚悟もつきかねる。よって匆匆の間、些少の部分を訳出し、つなぎ合わせて印に付す次第である。粗忽な間違いもあろうかと恐れている。興味を覚えた方は原書についてみられたい。

註

（1）中華書局編輯部編『中華書局図書総目（一九一二〜一九四九）』（中華書局　一九八七年三月）に「黔滇川旅行記　薛紹銘著　一九三七年四月初版、一九三八年再版、一九四〇年三版　三二開　本書系作者一九二四〔「一九二四」は「一九三五」のあやまり〕年由桂入黔、転滇入蜀的旅途筆記」とある。土屋紀義氏の教示によると、国立国会図書館には「薛紹銘著　黔滇川旅行記　中華書局　民国二六年四月印刷　民国二七年一〇月再版　序一頁　目次八頁　本文二二四頁　B6版　縦組」（『国立国会図書館漢籍目録』一九八二年三月　一一一六頁参照）があり、また『京都大学人文科学研究所漢籍分類目録』（一九六三年九月）九八三頁には「民国二六年四月　一八・五糎　二二四頁　上海中華書局」というのが出ている。なお、古島琴子著『中国西南の少数民族―生活文化をさぐる旅―』（サイマル出版会　一九八七年七月）は解放前の貴州におけるアヘン汚染の深刻さを説明するのに本『黔滇川旅行記』を引用し（古島著書一九五〜一九七頁）、かつ巻末の「各民族についての参考文献」にも「『黔滇川旅行記』薛紹銘著、中華書局、一九三七年」と掲げる。紹介する再刊本は簡体字を使った横組みで、脚註と「校閲後記」を補う。

（2） A・スメドレー著／阿部知二訳『偉大なる道―朱徳の生涯とその時代―』〈上〉（岩波文庫　一九七七年一〇月）三一～三二頁。同書〈下〉（岩波文庫　一九七七年一二月）にはまた長征中の朱徳の貴陽付近の見聞として「塩の三種類―白いのが金持用、褐色が中流階級用、黒いかすが働く大衆用。黒い塩でも高いから、百姓は小さい塊を椀にいれておき、キャベツをそれにこすりつけて食う」（一二三頁）とあり、このくだりはハリソン・E・ソールズベリー著／岡本隆三監訳『長征―語られざる真実―』（時事通信社　一九八八年二月）一三九頁にも引用されている。

（3） 原書は一九二六年冨山房刊、いま鳥居龍蔵著『中国の少数民族地帯を行く』（朝日新聞社　一九八〇年七月）による。

（4） ハリー・フランク著／指田文三郎・大江専一共訳『南支遊歴記―大陸叢書第五巻―』（朝日新聞社　一九四一年一月）七六頁。なおフランクのこの書の旅程中、ハノイから昆明まで鉄道を利用するところがあるが、薛紹銘も同じ路線の一部（今の昆河線の一部）に乗っている。

（5） ロイス・ホイラー・スノー編／高橋正訳『抗日解放の中国―エドガー・スノーの革命アルバム―』（サイマル出版会　一九八六年四月）九五頁は「〝四川省では、一八になる娘がスラックスもはかずに外に出た。……（中略）……〟と、毛沢東はスノーに語った」という説明つきで裸体の娘一人の写真を掲げる。毛沢東の言は評者も何かで読んだように思うのだが、目下さがし当てられない。

（6） 銭鍾書作／荒井健・中島長文・中島みどり訳『結婚狂詩曲（囲城）』〈上〉（岩波文庫　一九八八年二月）に、新設の国立三閭大学の教官に招聘された欧州遊学帰りの主人公方鴻漸らが一九三八年秋上海を発ち、浙江・江西を経て、任地の湖南省邵陽に至る旅を描写するところがある。なかでも寧波の「旅館にはおきまりのアヘン中毒のごぜがいて、各部屋を商売に廻り、客に紹興の芝居唄を一くさり歌わしてくれとねだる」（二四四頁）とか、鷹潭の宿の淫売婦の登場するところ（二七八～二八四頁）とかが思い出される。こちらは小説中の旅で、時は日中戦争開始後、場所は東南部なのだがまた面白い。

（7）今井駿「四川軍閥統治下における田賦の〝重さ〟について―一九三四年前後の犍為県を中心に―」（『近きにありて』一一号　一九八七年五月）。なお今井駿「〝国民革命軍第21軍〟（劉湘軍）の給与表をめぐって」（『近きにありて』一二号　一九八七年一一月）には、雑誌『四川月報』四巻三号によるとして一九三四年当時の「重慶市の手工業者・店員・苦力の賃金」、「成都市手工業者の賃金」表が掲げられていて参考になる。

（重慶出版社　一九八六年一二月　一一万二千字　印二千部　〇・九七元）

第十一章　〈書評〉薩空了著『由香港到新疆——香港から新疆へ——』

i

譚方之主編『党的統戦工作詞典』[1]の薩空了の項をみると「(一九〇七～　)蒙古族。四川成都の人。かつて『北京晩報』編集員、『世界画報』編集長、北平大学芸術学院講師、平民学院・民国学院教授、上海・香港『立報』編集長兼支配人、『新疆日報』社副社長、重慶『新蜀報』総支配人、香港『光明報』・『華商報』総支配人をつとめる。一九三七年全国各界救国聯合会に加入して、常務委員に選ばれる。一九四三年に中国民主同盟に加入。一九四九年中国人民政治協商会議第一回全体会議に出席。建国後新聞総署副署長、出版総署副署長、国家民族事務委員会副主任、中国民主同盟中央副主席を歴任。一九六〇年中国共産党に加入。第一次・第二次全国人民代表大会代表、第二次全国政治協商会議委員、第三次・第四次・第五次・第六次全国政治協商会議常務委員」とある。[2]ともあれ近代中国屈指のジャーナリストである。

ここに紹介する『由香港到新疆』〔標題中の「——香港から新疆へ——」は紹介者が便宜上付したもの〕は、一九三九年三月一〇日香港を発ってから九月一三日ウルムチに至る間、三〇歳を越したばかりの壮年の著者の六箇月余りの旅行の様相を綴ったものである。このような大旅行は何のために決行されたのか？

前年の冬、杜重遠[3]と薩とは船や車や飛行機等を使って香港から迪化〔いまのウルムチ〕に至って、新疆の第三次全疆代表大会に参加し、四〇日滞在した。その間、国民政府の武漢撤退の消息がもたらされ、杜と薩とは如何にして国のために自分たちを役立てることができるかなやんでいたが、新疆辺防督辦盛世才と会談した際に、盛からかれの新疆建設への協力を懇請される。二人はこれに応じ、さらにより多くの友人たちを連れてくることを約束した。盛は二人が必ず新疆に戻ってくる保証のために、杜を新疆学院長、薩を新疆日報社副社長のポストにつけたうえで、ようやく一旦南へ帰ることを認めてくれた。これによって、家族を迎えるほかに、杜は友人を招請すること、薩は新聞刊行と印刷工場の改造のための専門スタッフを集めることの責めを負った。盛は薩のために五万元の費用を直ちに用意し、かつ重慶の財政部長孔祥煕あてに、この五万元を外貨に代えて香港や上海で新疆のために必要な機材を買えるように宜しくたのむとの手紙を書いてたくした。盛との約束を履行するために、人員を帯同し、機材を運搬する、一九三九年の半年余りの薩空了の旅行が敢行されることになったわけである（以上、本文一～三頁）。

すでに本文の紹介に入ってしまったが、本書の全体を窺うよすがともなろうから、以下に「目録」の各見出しを訳出し、ついでに頁数の表示もそのまま写しておく。〔なお、「目録」のまえに「薩空了　一九八五年三月三日　反ファッショ勝利四十周年」の記名・日付で約一・五頁の「再版前言」と、「作者一九四六年六月十五日于香港」と尾記した約三頁の「前記」がある〕

目錄

序 ………………………………………………………… 1〜三

一、香港からハイフォンへ
 1 遠征隊の編成 ………………………………………… 一
 2 小広東汽船の上で …………………………………… 六

二、ベトナムでの一箇月
 3 初めてのハイフォン ………………………………… 一〇
 4 幾重もの困難 ………………………………………… 一四
 5 ハノイ瞥見 …………………………………………… 一八
 6 ハイフォンの生活 …………………………………… 二三
 7 風雨の夜 ……………………………………………… 二六
 8 しばし諒山〔ランソン〕に ………………………… 三〇

三、鎮南関〔友誼関〕より重慶へ
 9 南寧の風光 …………………………………………… 三三

12 貴陽に三日 四六
四、重慶の二箇月 五六
13 重慶で解決しなければならない問題 五六
14 大爆撃のなか 五九
15 二度北碚におもむく 六七
16 重慶成都間 七三
五、成都の三週間 七九
17 成都の難題 七九
18 成都での空襲 八一
19 灌県の名勝 八三
20 成都の種々相 八六
六、成都から皐蘭〔蘭州〕へ 八九
21 びっくり仰天、トラック転覆 八九
22 剣閣の一夜 九三
23 広元での七日間 九七
24 南鄭と廟台子 一〇三
25 天双〔双石鋪――天水〕公路にて 一一〇

26　華家嶺上　一一四
七、皐蘭での二〇日間　一二〇
27　ちょっとしたやりとり　一二〇
28　蘭市点描　一二三
八、皐蘭から酒泉へ　一二六
29　はじめて励志社招待所にとまってみる　一二六
30　武威と張掖　一三一
九、酒泉から星星峡へ　一四一
31　酒泉の一日　一四一
32　嘉峪関と玉門　一四四
33　砂漠の隅の安西　一四九
一〇、星星峡から迪化〔ウルムチ〕へ　一五七
34　哈密と七角井　一五七
35　鄯善とトルファン　一六四

目録は以上である。ついでにこの目録中の主な地名を現在の中国地図上より拾って、著者の旅程の概略図を作成しておく。地名の傍らにその地に至った月・日を入れておく。月・日が二段になっているものは

旅程概略図

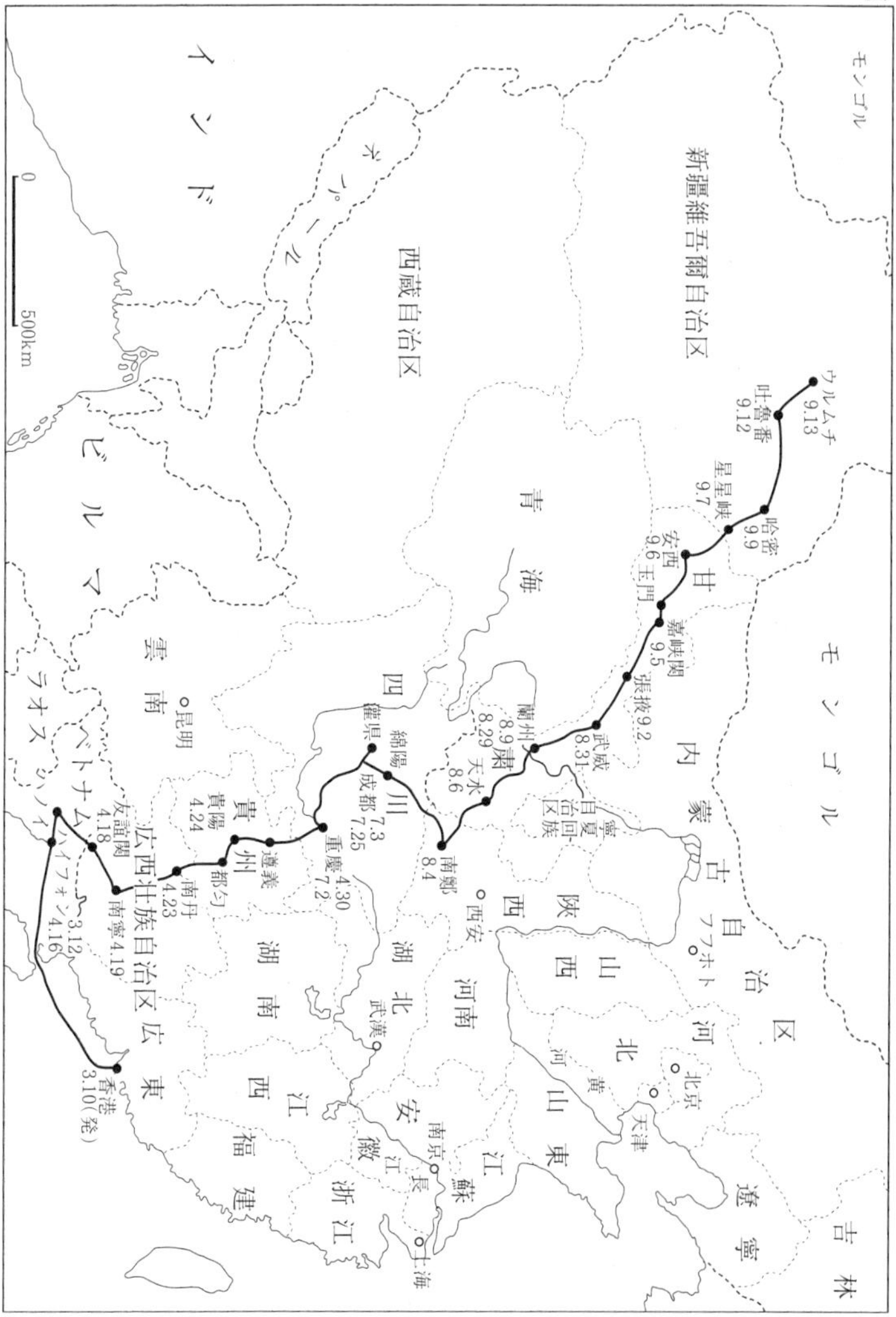
モンゴル
新疆維吾爾自治区
ウルムチ 9.13
吐魯番 9.12
星星峡 9.7
哈密 9.9
安西 9.6
玉門
甘
嘉峪関 9.5
張掖 9.2
武威 8.31
蘭州 8.9
粛
8.29
天水 8.6
寧夏回族自治区
内蒙古自治区
モンゴル
青海
西蔵自治区
ネパール
インド
ビルマ
0
500km
雲南
昆明
四川
綿陽
徽県 7.3
成都 7.25
南鄭 8.4
重慶 7.2
4.30
遵義
貴州
貴陽 4.24
都匀
南丹 4.23
広西壮族自治区
南寧 4.19
友誼関 4.18
ベトナム
ラオス
ハイフォン 4.16
3.12
香港 3.10(発)
広東
陝西
西安
山西
フフホト
河北
北京
天津
黄河
河南
湖北
武漢
湖南
江西
福建
山東
江蘇
安徽
南京
長江
浙江
上海
遼寧
吉林

上段が到着の、下段が出発のそれを示す。

ii

一旦新疆から香港に戻ったあと、杜重遠は九龍にあった家をたたんで「先に家族を伴って昆明に飛んで新疆行きの飛行機をチャーターする。わたしの家族も上海から香港に来て、飛行機で重慶に飛び、そこから成都に出て重遠・茅盾・張仲実の諸兄及びその家族とおちあって西に飛んだ。わたし一人だけが香港に留まって種々買いそろえ、かつ技術スタッフを招聘した」（四頁）。

同行の人たちを拾い出してみよう。かつて薩が上海で『立報』をやっていたときの営業主任闇奉璋。同じく『立報』の同僚だった漫画家魯少飛、かれにはさらに三箇月の身重の妻とそのお嬢さんとがつく。北平の『世界日報』と香港の『立報』のときの同僚で、新聞無線電信関係の王棣華と商務印書館のベテランの鋳字工張至炯。北平の新聞高等専門学校の同窓生で『立報』でも仕事をしたことのある植字組版の周公恵と刻字の舒葶奇と電文—電報用数字置換の趙英賢。このほかにまた重慶までは、北平新聞高専の同窓生張家端と方瓊鳳さんと彼女の三人の幼児が同道する。

運ぶべきものとしては、まず一台七八〇米$で香港で購入したフォードの一九三八年式トラック五台がある。これは人間と他の機材を運ぶ手段でもある。闇奉璋が日本軍控制下の上海で購入し、直後にハイフォンに送って通関手続きを予定したトムソン式電動鋳字炉二セットほか各種印刷機材（新疆では漢字紙のみならず、ウイグル語・ハザク語・蒙古語・ウズベク語等の少数民族語のローマ字表記の新聞の刊行も目論でいた」と、上海と香港で買い集めた五・四以来の新刊書等々が一〇トン以上の計算になる。さらに盛世才が電報で命じてきたソ連の友人たちへのプレゼントの品なども買い足した。

三月九日に閻奉璋と張至炯が香港に到着、翌一〇日午前一一時、まず人間一同は四千トン余りの小広東汽船に搭乗して遙かな征途についた。瓊州海峡は海南島侵攻作戦最中の日本侵略軍の輸送船が一杯で、日本海軍の乗船検査があるかと恐れたけれども無事通過、一二日の朝ハイフォン港に入った。

ここでは以下の五つの難問と取り組まなければならなかった。

(一)　ハイフォンの税関倉庫で先ず自分たちの貨物を探し出すこと

(二)　ベトナムの税関での貨物とトラックの出境手続きのこと

(三)　ベトナム域内でのトラックの運転手とガソリンの問題

(四)　中国に入ってからのトラックの運転手とガソリンの問題

(五)　購入したトラック及び各種貨物の中国に入ってからの納税の問題

前年暮れに汪兆銘は重慶からハノイへ脱出している。汪の一味で旧知の曾仲鳴が人力車に乗ってハノイ街頭を行くのに出会ったが、彼が数日後に汪のハノイの仮寓で暗殺される運命とは互いに知る由もなかった[5]。

最長一五日ほどの滞在で済むかと計算していたハイフォン・ハノイ滞在は一箇月を越えたがまだ届かない機材がある。やむなく閻奉璋と張至炯の二人にトラック二台を留めて他は四月一六日、ついにハイフォンを発って一〇時間ほどの予定の同登〔ドンダン〕を目指す。ベトナム人の運転手は風雨を冒して三時間ほど走ると、ハノイ近郊の小さな集落に停車してしまう。同乗の運輸会社の職員とのやりとり。「〝停車してどうするのか?〟〝雨も風も強いので、ここで泊まって、明日また走ることにしたい〟〝風雨のなか車の上で夜を過ごすぐらいならどうして進まないのか?〟〝いや、ここにはベトナムの女郎屋があって寝られるのです〟〝ベトナムの運転手が寝ちゃって、ぼくたちはどうするんだね? まして女づれなのに?〟〝皆さんのために店の女たちに一部屋空けさせると言っていますが〟」(二八頁)。

これを許さず運転手たちを督励して夜行する。「走行中にわたしは隣席の運転手がなんとハンドルにつっぷして居眠りし、指にはなお煙の出ている煙草を挟んでいるのに気がついた。びっくりして起こしたが、一五分もたたないうちにまた朦朧となってしまう。わたしは初めわざと嫌がらせでやっているのかと疑ったが、やはり確かに眠くてどうしようもないのだということに気づいた。かれらをむりに進ませたのは失敗だったかと、心中いささか後悔した。四時ごろ、明け方近く車中いくらか寒さを覚えたが、車がある大きな山のとりつきのところにさしかかると、運転手は車を止めて、手真似でちょっと寝ないことにはどうにもならないと言い、ドアをあけるや車の下にもぐり込んでアスファルトの道路上に横になった。雨の後でまだ少し濡れていたが気にもせず、すぐに鼾をかきだした!/わたしのトラックの後ろから魯少飛の奥さんの乗ったトラックも走ってきて、運転手は車を止めて下りてくるや、地面に倒れて寝入ってしまった。奥さんに途中の様子を尋ねたら、運転手はやはりしょっちゅう居眠りしたという。帝国主義の強圧の下で、かれらはまことに体のなかのほんのわずかの精気さえもむしりとられて、やっとのことで何とか日を過ごしている。少しばかり銭が稼げれば、ただもう官能の刺激を求めておのれを忘れようとする。わたしはかれらを恨んだが、心中さらにより多くかれらに憐れみをおぼえた」（二八〜二九頁）。

iii

こうしてどうやら諒山〔ランソン〕に着く。薩ら主力はフランス人の経営する諒山のホテルに一泊し、四月一八日同登で出境手続きをして中国側鎮南関にいたる。この間の中越境界の山間には幅の広い緩衝地帯がある。「わたしたちが来る少し前、ここでスパイを働いていた日本の外交要員一人が捕まった（話によると塩見聖策という）が、これは同登では一時喧伝されたニュースであった」（三三〜三四頁）。

翌年の九月のある夕方、桂林の放送局でアグネス・スメドレーは対日本軍放送工作に従事している塩見清作という日本人に話しかけられて、長時間話をした。「一九三八年の一二月まで、かれはインドシナのハノイにある日本領事館で、書記官をしていた。同時に、日本の特務機関からも金をもらっていた。かれは国境にスパイ旅行にでかけたときに、中国軍の部隊につかまった。一年のあいだは、彼は中国側を援けるようなことは、なにによらず一切拒絶してきた。しかし、そのころあらゆる日本軍の軍事俘虜収容所で活動をつづけていた日本の革命作家鹿地〔亘〕が、その一年間、彼に本をやったり、いろいろな話をしてやったりした。そして、ついに塩見も、反ファシズム運動に参加する決意をしたのだった。……（中略）……彼は、内部の葛藤にひきさかれてでもいるように、神経質な調子で早口にしゃべった。なんどもくりかえして〝幸福〟だと言ったが、私には、かれのような教育をうけた人間が、終生のものの見方と生活態度をかんたんに脱皮できようとは信じられなかった。しかし別れぎわになって、彼は私に、日本軍があの声は日本領事館員の声ではないと言って否定して困るから、行く先々で自分の話をしてくれ、と言った。〃僕と会って、直接に話をしたということを、みんなに伝えて下さい！〃それを聞いて、私はかれを信じはじめた」[6]。薩のいう塩見聖策とスメドレー著の高杉訳書にいう塩見清作（ないし聖作）は同一人物に間違いあるまい。戦時中の日本の中国辺境における諜報活動の例は本書の他の箇所にも垣間見える。

甘粛省から新疆省へ入った星星峡での見聞。「前の晩車で星星峡に着いたとき、峡谷の内にたくさんの人びとがテント暮らしをし、さらに多くの牛車と騾馬もいるのが目に入った」が、翌九月八日に、星星峡公安局分所の馮翰卿所長や「辺務処（督弁公署に設けられた八大処の一）から星星峡に派遣されて駐在している魏豊明主任」と話をして「はじめてこれらがみな甘粛から新疆省へ逃げてきた民衆であることを知った。新疆省への入境の制限は他省に比べると厳重で、その目的は漢奸の混入を防ぐことにある。前に新疆では扮装した日本人が辺境に潜入したことがあって、当局は甘粛から逃げてくる人は全部三週間星星峡に留めて調査期間とし、この期間、銭のある人には新疆合作社が糧米を売ってもよい。素寒貧の者には星星峡の救援機関の援助もあるし、あるいは星星峡での臨時の仕事もある」（一五七頁）と言う。

日本の外務省が内モンゴルの厚和に設けていた興亜義塾[7]〔これについては註（8）掲げる西川著書上巻四二頁参照〕を卒業した木村肥佐生と西川一三は一九四三年の秋に前後して抗戦中国の情報収集のため西北潜入をこころざす。かれらはともに西北への潜入を断念して青海・チベットを踏破し、最後は大戦終了後インドから帰国し、驚異の旅行記を公刊した。いま薩の本書星星峡のこの記述を見ると、木村や西川の〃先輩〃がいて、それゆえに中国側も相応の対策に奔走し、それらが結果として木村や西川をチベット方面へ向かわせたことを知る[8]。

もっとも貴州省境に近い広西省南丹で、南丹の地名の入った中国農民銀行の看板をバックにして、乗ってきたトラックを写真に撮った薩がスパイ扱いされたのは、辺鄙の地の官吏の無知による災難というほかないのかもしれない（四月二三日記事、四一頁）。

ベトナム人のかわいそうなトラック運転手のことはすでにみたが、中国国内ではどうであろう。四月二四日貴州省の貴陽に入り、江蘇風味のおそろしく高い揚子飯店というレストランで晩飯をとる。「そのとき運転手が言うには、あるときここで貴州省主席呉達銓は幾人かが蟹を食べているのをみかけた。身なりはひどく粗末だが盛大にやっていて、そのときはちょうど蟹の高いときで、おそらく支払いは何百元かになったろう。呉は犯罪者だと思って逮捕して訊問したところ、なんと自動車の運転手だった。この話が事実かどうかはわからないが、ただしかれらが豪勢なことを説明している点では決してオーバーとは言えない。わたしたちの運転手は車を鎮南関から重慶まで運転するだけで、一〇日前後で済むが、一人四百元になる。この四百元はこの時点で換えられる物資を考えれば大変な報酬と言うべきあって、インテリには一〇日の働きで四百元になると言った類のチャンスはありっこない。それでも運転手は普通これでは満足しない。かれらはさらにガソリンを盗んだり、禁制品を運んだりして荒稼ぎする。こういう次第で金遣いの荒いのも怪しむに足りない」（四六頁）。

重慶には四月三〇日に着くが、ここでたっぷり二箇月滞在する羽目になり、七月二日やっと成都へむけて出発する。重慶滞在の長期化の原因は幾つもあるのだが、例えば、

（一）ベトナムから入境した際の関税に関わる残務処理

（二）ハイフォンに残した閻奉璋らトラック二台の後続組を待つ（実際に後続組が本隊と合流するのは八月四日、四川省広元県にて。一〇三頁参照）

（三）杜重遠主辦の新疆学院が重慶で募集した二〇人の学生をウルムチまで引率して行くこと

（四）新疆や盛世才が必要としている物資・機材の買い足し

等々。このうち特に（三）（四）により、重慶で別にトラック五輌を補充する必要が生じた。車輌の手当てのほかに重慶より先、星星峡までの沿道のガソリンとエンジンオイルの保証を取りつけなければならない。トラック五輌はソ連のスターリン工場製のを西北公路局から借りられることになった。ガソリンとエンジンオイルも西北公路局が広元から星星峡までは貸してくれることになった。ただし重慶から広元までは四川省政府の四川公路局の管轄で、西北公路局の権限は及ばない。それで、西北公路局が貸した五輌のほうはいいのだが、薩ら自前の三輌については重慶で広元までのガソリンとエンジンオイルを別途購入する必要が生じた。これが容易なことでなくて、公文で「経済液体燃料委員会」と交渉して、「重慶―成都間は山路は少ないのでアルコール燃料のみ使用許可、成都―広元間だけはガソリンの購入を許可す」という結果を得て、その通りにしたが、これだけで一週間を費やしてしまう（五六～五八頁）。

七月二日に重慶を出発し、薩らの自前の三輌のトラックはその夜は内江に泊まり、翌三日に成都に入る。ところが西北公路局の五輌は一日おくれて四日になって成都に現れた。「こちら側の車輌輸送スタッフにはわざとおくれてくる理由はお見通しだ。つまり勝手に〝黄魚〟（乗客のこと）と禁制品を運ぶためなのだ。

貸してもらった車なので口出しできず、したい放題させておくしかない！」[9]（七八頁）。

伝聞のかつ失敗事例だが、もう一つ運転手の役得の手口を紹介してこの類は終わりにしよう。八月三一日早朝四時に起床、月明に甘粛省内永登を発って走行、路は烏沙嶺〔烏鞘嶺〕の難所にさしかかる。公路を挟む楊柳や貧しい蕎麦畑も消えてぐっと気温は下がってくる。「話によると、以前にソ連大使館のある職員が中ソ交通路を視察することになり、中国側に車を出して西方へ送ってくれるよう要求した。ここを通過したとき、運転手は気候の急変するのを知らず、山下りのときに、ガソリンを節約して、その分を盗んで売ろうと思い、エンジンを切って惰力で下ったら、ラジェーターの水が完全に凍って、ラジェーターは壊れてしまった。この話はもう西北の運転手たちだれでもが知っている常識である」[10]（一三三頁）。

iv

前田哲男著『戦略爆撃の思想――ゲルニカ～重慶～広島への軌跡――』[11]は、抗日の首都・重慶に対して一九三九年五月三日、四日をかわきりに以後三年余りも継続された、日本陸海軍航空部隊による無差別都市爆撃の実体を明らかにし、あわせてその惨劇のよって来る所以とそのたどり着いた地平とを人類の命運にかけて考察しようとする力作である。書中、重慶での多くの空襲見聞記・体験談が引用、紹介されている。知名の人で例えば、エドガー・スノー、アグネス・スメドレー、ハン・スーイン、セオドア・ホワイト、クリア・シェンノート、老舎、長谷川テル等々が登場し、また空襲体験を有する幾人もの重慶市民に前田自身がインタビューしてもいる。

ところで、薩空了一行も一九三九年五月三日、四日の重慶の〔本格的〕初空襲に遭遇しているのである。前田著書は薩の本旅行記は引いていないので、以下に紹介してみよう。

四月三〇日、海棠渓よりフェリーで長江を北に渡って重慶市街に入り、会仙橋の粉江飯店に泊まる。このときもう重慶の霧の季節は終わって日本軍による空襲の危険が予知される。幸い生活書店の徐伯昕が、生活書店が郊外の学田湾に借りたばかりの建物を提供してくれたので、トラックぐるみの物資と人員を翌五月一日にはそこに移した。ただし市内での各種連絡事務その他があるので粉江飯店の薩の部屋のみは残して、薩は市内と学田湾を常時往き来することとする。

まだ学田湾への引っ越しを済ませていない五月一日のお昼、粉江飯店の近所で一行昼食の注文をして待っている最中空襲の警戒警報が鳴りわたった。避難のために目茶苦茶なさわぎとなり、一行粉江飯店の門前に止めておいたトラックに跳び乗って市外に退避する。このときの警報はすぐに解除になり、敵機もまるで見えなかったが、このさわぎが学田湾への引っ越しを早めた。

二日に関しては直接の記述はない。以下本節の末尾まで、問題の三日、四日に直接関わる全文（五九頁～六四頁）を訳出する。

五月三日早朝わたしは先ず学田湾に行って数件を処理し、ホテルに戻ると方さんがやって来た。中国工業合作社の宝鶏にある西北辦事処の主任盧広綿が、昼に彼女とわたしとその他の友人たちを粉江飯店の四川料理部で御馳走してくれるということだ。一二時、警報が聞こえて大勢の人が通りを駆けまわった。わたしたちが四川料理部へ行くと徐伯昕に出会ったが、ホストはまだ来ていなかった。ホテル側では警報はなかった、なにかの間違いでしょうと言う。伯昕は「盧広綿はどうも来そうもなくなったね。きみたち飯を食おうたってもう確実にレストランはしまっているよ。ぼくたちの冉家巷の店で玉子チャーハンでも食べたほうがいいぜ！」と言う。冉家巷へ行くと、そのとき鄒韜奮御夫妻もそこに住んでいて、うまいことに沈鈞儒先生も居合わせ、わたしたちは閑談しながら本当に玉子チャーハンを食べた。食事がすんだあとに盧広綿があわを喰って駆けつけて来て、なおも食事につれて行こうとしたけれども、こちらがもう済ませてしまったものだから、工業合作社が近所で開催していた展覧会につれていこうという。午後中に燕京大学校長スチュアートも参観にくるとのことであった。どんなものが並べられているのか一見の価値はあるのでかれについてゆくことにした。上海から武漢に至る間、わたしも中国の工合運動の熱心な支援者の一人だった。今日の中国の抗戦において、ゲリラ戦にゲリラ的工業を組み合わせることは確かに実現されなければならない大変な重要事の一つである。ただしこの運動における人の要因は平時の工業建設における人の要因よりもさらに重要であり、人が得られなければ大きな成果はあがりっこない。武漢にいたときにわたしの幾人かの友人はこの運動にたいしてすでに以上のような論断を下していた。

　展覧会場に着くと沙千里と胡子嬰女士に出会った。かれらはいずれもこのときなお工合のスタッフだった。かれらに案内されて会場をひと回りしたが、西北工合の出品がかなり多く、出来も西北のはなかなか良さそうであった。見終わったときには四時に近かった。街に出るとまた警報が鳴った。警察は通行止めをして、人びとを路地に追い込んでいる。冉家巷付近の横町にもぐり込んだが、しばらくすると大通りを人が動きまわるのが見えたのでこっちもはい出して警報は解除になったのかと警官にきくと、頭を振って何とも言えないとの様子である。このとき重慶の警察は警報に対して確かになんらの経験ももっていなかったのだから、かれらが答えられなかったのはもっともなことであった。

六時になり、わたしはこの日また張元夫とかれの事務所で飯を食う約束であったが、こんな目茶苦茶な情況では行っても仕方がないと思い、方女士と一緒に旧城郭の外へ出ることにした。川東師範まで人力車二台を呼んで料金は二元ということで話をつけ、車がやっと七星崗の上り坂のところまできたときにまた警報器の響くのが聞こえた。わたしには長い一鳴りのように聞こえて警報の解除だと思ったが、路上の一警官は人力車を阻止して、あれは緊急警報だと言うのでわたしたちは慌てて車を下り、車夫に一元を与え道端に立って眺めていると、さっきの警官がまたやって来て急いで家の中へ入れと言う。どうにもならずわたしたちは大勢の人といっしょに一軒の軽食店に退避した。退避する際に飛行機の音がしたので空を仰ぐと九機編成の一隊がちょうどわたしたちの上空を飛んで行った。つづいて天地も崩れるかというような大音声がして、わたしは一刹那知覚を失ったみたいになった。気がついたら、この軽食店の奥の部屋のたたきに倒れ込んでいて、わたしたちの上にも人がのりかかっていて、部屋の天井板まで落ちてきてわたしたちを抑えつけているのだった。この人の山の下でまるきり圧し潰された犬同様に狂ったようにわめきつづけた。[12]

わたしは梧州で一度大爆撃を受けた経験があって、爆撃後に大火事になったのを覚えていた。眼前の情景から判断すると、どうもこの付近に命中したらしく、火の海になる恐れがある。わたしは方を引っぱってこの小店を逃げ出したが、道路一杯になお埃がたちこめていて、まるですっぽりと濃霧におおわれたみたいだった。退避を指揮していた警官とわたしたちを引っぱって来た車夫は七星崗の上り坂で地面にたたきつけられて死んでおり、あたり一並びの高い建物はすっかり吹き飛んでしまい、通遠門の方を見るとすでに火が出ている。しかたがないからまた武庫街の方へ歩いて行くと、このときはもう通りをたくさんの人が逃げまどっていた。鞋《くつ》を片方だけ穿いた一人の中年の婦人が「家の子は、家の子は！」と叫んでいて、明らかに気がふれてしまっていた。わたしは彼女に「急いで前に行きなさい。ここも火事になるかもしれないぞ」と声をかけた。このとき空でまた飛行機の飛び去る音がしたから、わたしたちはひとの波に押しやられて道路の反対がわにもって行かれてしまった。

武庫街の中程の狭い路地内にちょっと隠れると、果たして七星崗にも火の手があがった。あたりはようやく暗くなってきたが、火勢は一層物凄くなり、わたしたちは旧城郭から出ようとしたのに、反対の方向に歩くほかなく、城外に通ずる別の道があるのかないのかさっぱりわからず、ただもう潮の流れのような人の群れについて流されていた。こういうふうに歩いていると城外に戻れるのかとわきを歩いている人に尋ねると、大丈夫だと言う。またこれらの人たちもみな城外へ逃げるのだと言う。みなについて江沿いの大通りまで来て見やると、七星崗はクライマックスに至っており、空は真っ赤に焦げ、そこにまた暈をかぶった黄色い月があった。これは普段かつて見たことのない奇観であった。だがそのときは押しあいへしあいで、転んだら大変だから、これをたっぷり見るだけの心のゆとりなんぞはとてもじゃないが有りっこなかった。もうすぐ両路口に着くというところでやっと二台の人力車をつかまえ、両路口まで引かせて方を川東師範に送った。このあとわたしは学田湾に戻ったが、ときに全重慶は完全に秩序を失い、深夜の大通りは近郊へ避難する人だらけで、一晩中人声が絶えなかった。

わたしが学田湾に帰り着いたとき、仲間たちはもう自動車を一台城内にさし向けて私の行方を捜していた。かれらはわたしが城内にいるのを知っていたから、不測の事態に遭遇したのではないかと恐れた。かれらがわたしを捜しにいったから、逆にわたしがかれらを心配する羽目になった。城内は電線が千切れて、街灯はまるで無く、人は目茶苦茶に混み合っているから、かれらの車が事故を起こしたり、危険な目にあったりしないかと恐れた。同行の友人中わたしのほかになおだれか爆撃のときに城内にいた者がいるかと尋ねると、間が悪いことに新聞高専の同窓生周公恵が爆撃前に城内に入っていると言う。これでわたしの心配事がまた一つ増えた。

一二時になってわたしを捜しにいっていた車が戻って来たのでようやく床に入ったがよく眠れなかった。翌朝は早く起きて、顔をあわせた友人たちが伝えてくれた情報を総合して、今回の空襲では全弾が城内に投下されて被害甚大であること、人民の死傷数も極めて多いことを知った。公共事業では電力のみならず水道も影響を被った。学田湾一帯では田圃から汲んだボウフラだらけの水を買ったが、一荷五角もして物価はどんどん高騰しだした。

午前九時になったが周公恵はまだ戻らない。天気は大変よくてみなはまた警報があるのではないかと心配した。わたしはとにかく周公恵の消息をつかまなければと考え、その他のかれの同窓に「周は昨日城内のどこへ行くつもりだったのか、だれか知っているか？」と尋ねた。舒谷青が知っていて、おまけにそこは舒自身も行ったことがあると言う。わたしはトラックを一台出して城内に入り、どこかに駐車しておいて、舒が周を捜してくるのを待つことに決めた。みつからないうちに警報が鳴ったら、舒はただちに駐車しているところに戻って車に乗って城外へ退避すればべつに危険はあり得ないし、運転手を指図する必要があるし、わたしは自分で舒について行くことに決心した。

今日は車は江沿いの道を遠回りする必要がなくて、観音岩沿いに真っ直ぐに走って七星崗を抜け、昨日わたしが退避したところでは、上の方の市街と下の方の市街と広く一面に建物が爆弾でやられてしまっているのを見た。通遠門側の一帯が最も酷く焼けていた。城壁の前面に在った家は全部焼けてしまっていた。話によると城壁内のドイツ大使館やイギリス大使館にも爆弾が降った由。たくさんの人が死んだ。火の海の中から逃げ出せずに死んだ人もいた。

車は武庫街の冉家巷の入り口で停め、舒は周公恵を捜しに行き、わたしは車の上から街の様子を眺め、また大通りに沿って歩いて行って前の方の被害の模様を見た。重慶の精華・都郵街は爆撃で瓦礫の山と化し、鶏街も大変大きな一段が吹き飛ばされて、なお引き続き火が燃えていた。二台の消防車が活動していたものの、水が問題で、全く焼け石に水というやつである。回り道をして住まいの粉江飯店へ行ってみたら何と在るではないか。自分の部屋へ行ってみるとトランクは見当たらない。帳場で聞いて、もう一人の新聞高専の同窓楊永崧がすでに昨日の大空襲の後わたしに代わって持ち出したことを知った。

だがわたしが一昨日出した袷のオーバーコート一着とスーツ二組とシャツ二枚は鶏街のクリーニング店でみな焼けてしまった。

通りに立って四方を眺めまわすと、人影まばらで何とも変な感じである。熱閙の重慶はいまや死の街と化した。死の街と思っているとじきにまた騒がしくなった。だれか知らぬがまた警報があったという。そこでコップの水同然の二台の消防車は突然向きを転じてジャンジャンと鐘を鳴らしながら城外へ走り去った。この日は全く電気は駄目だったから、だれだってもう警報器が鳴りはしないのを知っている。いま二台の消防車が逃げて行けば死の街にえらい騒ぎを引き起こすだけでなく、城外の普段のように開けている店までも門を閉めてしまうだろう。わたしは一人の警官をつかまえて本当に警報があったのかどうか聞いてみた。かれは「だれが知るかね。電話も通じないし、聞こうたってどうにもならない。こんなときはあなたもやはり逃げたほうがいいよ。城内の人はみな出て行ったよ。わたしたちは仕方ないとして、あなたはここで何をしてるんです?」と言う。

かれの言うことは甚だもっとも至極である。だが、昨日学生一人がどこかへ行ってしまい、今日一人の学生を送り込んで捜しているので、まさかかれだけを危険な目に遇わせて放っておくわけにはいかない。わたしは急いで武庫街に戻り、運転手に車の向きを換えて城外へ出られるよう準備させたが、「スタートしちゃ駄目だ。どうしても舒谷青が戻って来るのを待ってそれからだ」と言いつけた。

ずいぶん待って舒がやっと帰ってきた。敵機はこなかった。警報がまたあったとかいう話を聞いたかと舒に尋ねるとまるで知らないと言う。周公恵については、全然心配ないとの由。ただし、かれは今朝もうそこの友達のところを出たので、あるいは学田湾に戻っているかもしれないとのことであった。わたしたちは車を学田湾へ向けた。途中またあの二台の消防車が走り回っているのに出くわした。警報があったというさっきの話が全くのデマだったのはすでに証明済みだ。だれがこのようなデマを流すのかまるで見当がつかない。周公恵はわたしたちの車が戻ったあとになってやっと帰ってきた。楊永崧もわたしのトランクを届けてくれた。店が焼けてしまったばかりか主人もミンチみたいになってしまったから、着る必要のあった大事な洋服はもうとり戻しようがなくなった。

この日の午後、敵はまたやって来て爆撃した。被爆区域はやはり城内だったが、火勢は一層激しく、都郵街の火は三日間燃え続けて、手がつけられなかった。鶏街の入口からずっと中華書局近くあたりまで焼けてしまったが、これが有名な重慶最初の〝五・三〟〝五・四〟の大空襲であり、わたしたちは思いがけずもそのまっただなかに身を置いたのだった。

V

このあと成都を経て北上して陝西省鳳県双石鋪から天水に出、さらに蘭州・星星峡を経て迪化〔ウルムチ〕にいたる。

一九三五年正月には西安に西北国営公路管理局が成立し、これが一九三八年には蘭州に本部を置く西北公路運輸管理局となる。陝西省鳳県双石鋪から天水を経て蘭州までは「蘭天路」六〇〇km、蘭州から猩猩峡〔薩書では「星星峡」と表記するも同音〕までの「蘭猩路」一一七九kmは西北公路局の管轄範囲の一部である。註の（10）に既に引いた『甘粛公路交通史　第一冊』は交通部が編纂・執筆を組織している〝中国公路交通史〟叢書中の一冊で、甘粛の前近代の交通と近代〔解放まで〕における公路交通とをとり扱った書物であるが、西北公路局の活動にもかなりのスペースをさいている。各種統計数値・路線図・橋梁や隧道その他の写真等を含み、あわせて読むと薩らの通った公路の様相がわかって面白いのだが、いまは書名の提示にとどめるほかない。

　八月九日に蘭州〔一九四一年以前の正式呼称は皐蘭だが、便宜上蘭州とする〕に入って二〇日間滞在する。ここで「びっくりさせられたのは、敵国日本の製品が市場にあふれていることと公娼の多いことであった。日本製品は話によると西安と寧夏から入るそうで、これらの商品の値段は成都・重慶よりも安い。公娼は交通が頻繁になって運転手がたくさん集まるようになった結果であるが、一説に拠ると娼妓税は市の大変重要な収入項目である由」（一二四頁）。

　この蘭州で周恩来・鄧穎超夫妻にあっている。すなわち言う。「中ソ関係の進展により、ソ連の友人に対する社会的活動も蘭州はかなり活発である。わたしたちの滞在中にソ連の空軍記念日にぶつかったが、空軍の新生社は極めて盛大な祝賀の晩餐会を催した。このとき、馬から落ちて腕を折った周恩来先生が鄧穎超先生に付き添われてソ連に治療に赴く途中、ちょうど蘭州に着いた。わたしはかれに会いに行き、いっしょにこの晩餐会に出席することにした。かれは翌日飛行機で新疆に飛ぶというので、わたしは午後におおいそぎで手紙を書き、晩餐会の席上でかれにあずけて盛世才に渡してくれるよう頼んだ」[13]（一二四頁）。

　旅程の最終日は九月一三日であった。朝六時に起きてトルファンを立ち、大坂城〔達坂城〕を越え、ウルムチ南郊の南梁で「盛世才督辦と李溶主席の名刺をもった郝副官の出迎えをうける。そのまますぐに車は督辦公署に導かれ、人間の方の宿は招待所と新聞社に振り分けられた。全部の手配が済んで、副官事務所が車を一台呼んでわたしをウルムチの家に送ってくれたときには、もう夜の一〇時になっていた。／ウルムチを離れて以来一〇箇月。わたしの家族は先に飛行機で香港からウルムチに来たが、九箇月の間消息はなくて、自分の家がどこにあるのか自分でわからないしまつである。／車が南門外のウルムチで家並の一番いいあたりに着くと、そこにわたしの家があった。客が一杯で、杜重遠と幾人かの局長・部長がわたしを待っていてくれた。簡単な挨拶のあと皆が去ったときには一一時半になっていた。／一〇箇月の旅行で、空と陸とによって中国の大半を二度渡ったが、やっと今日終わったのだ。日本侵略者に強いられた旅だったことは忘れられない。しかしこれはまたわたしの一生のうちで最も記念すべき旅行であり、これらの日々の一つ一つの出来事はいつまでも忘れられないだろう」（一六九～一七〇頁）。

註

＊本文ならびに註文中の〔　〕内は評者の補ったもの。本文ならびに註文引文中の傍線も評者の付したもの。

（1）譚方之主編『党的統戦工作詞典』（中国展望出版社　一九八八年四月）

（2）薩空了著『香港淪陥日記』（生活・読書・新知三聯書店　一九八五年三月）の表《おもて》表紙折り返し部分の著者紹介はより簡略だが、顔写真つき。

（3）註（1）の『党的統戦工作詞典』の杜重遠の項目をみると「（一八九七～一九四三）吉林省懐徳県の人。〝九・

一八〝事変〟〔満洲事変〕後、中国共産党の抗日政策の影響を受けて上海で抗日救亡運動に参加、あわせて東北民衆抗日救国会の結成に参与して常務理事となる。のち積極的に鄒韜奮を助けて週刊『生活』を編集。一九三五年週刊『新生』編集長。日本の天皇のことに言及した「皇帝についての閑話」が該誌に掲載されるや、駐上海日本総領事〔石射猪太郎〕が〝天皇を侮辱し、国交を妨げた〟として抗議したものだから、国民政府に一年二箇月の有罪判決を受け、該誌は発行を禁止された。西安事変の前後、常時南京・天津・上海・武漢・西北等の地で活動して中国共産党の抗日民族統一戦線の政策を宣伝し、国共合作・一致抗日を促進して、抗日民族統一戦線を結成するために、多くの有益な仕事をした。一九三九年初新疆学院院長となる。一九四三年軍閥盛世才に殺害された」とある。菊池貴晴著『中国第三勢力史論―中国革命における第三勢力の総合的研究―』（汲古書院　一九八九年一二月）の「第四章　杜重遠の民族民主運動」は「盛世才と杜重遠」等の節を含んで参考になる。穆欣編著／田島淳訳『中国に革命を―先駆的言論人鄒韜奮―』（サイマル出版会　一九八六年二月）も当然ながら杜重遠に触れるところある。松本重治著『上海時代―ジャーナリストの回想―（中）』（中公新書　一九七四年一二月）中の「〝間話皇帝〟事件」の一節も有益である。

なお、薩空了の本書には旅程の中途出会った事例を中心に当代の知名の士が多数登場する。余裕があれば本書の人名索引でも作成提示したら面白かろうと思うほどである。

（4）　この序の末尾には「一九四三年五月十七日桂林」とある。本書の書誌的解説には、この序と既掲の「前記」の紹介が必要なのだが、いま省略に従う。それらを見ても本書初版の出版社名や書物の体裁などのことは記してない。金玉満等編『中国旅游文献書目選編』（中国旅游出版社　一九八六年一一月）は「《由香港到新疆》／薩空了著　新民主出版社　一九四三年　一八九頁／著者は一九三九年香港より越南・広西・貴州・四川・甘粛を経由し、嘉峪関・玉門関を過ぎて新疆のウルムチに着いた。本書はこの旅行中の著者の見聞と所感である。そのなかには祖国の名勝・古跡にたいする賛美があり、また抗日戦争中の上述の地域の人民の生活状況の生々しい描写がある」（三四〜三五頁）と記す。

（5）少石編『河内血案―行刺汪精衛始末―』（档案出版社　一九八八年）は、巻頭の「出版説明」等によると、近時台湾で出版された『河内汪案始末』を原書とする。その著者陳恭澍は「国民党軍統局の重要メンバー」であって、汪精衛襲撃の実行責任者であった。襲撃当夜三月二〇日から二一日にかけて、かれは路上で指揮をとった。邸内に忍び込んだ配下の王魯翹は、ロックされていて開けられなかった部屋のドア板一尺平方ほどを壊してのぞき込み、ベッドの下に腹ばって上半身を突っ込んでいる大柄な男の背の腰骨のあたりに三発の銃弾を撃ち込んだ。王はこの男を汪と確信したが、部屋の中に入ることができなかったので確認はできずに退去した（一六七〜一七二頁）。

犬養健著『揚子江は今も流れている』（文芸春秋　一九六〇年九月原刊、いまは一九八四年二月刊の中公文庫版による）中の「汪精衛襲わる」の一節（一二五頁）にも曾仲鳴横死の様子にふれるところがある。

（6）アグネス・スメドレー著／高杉一郎訳『中国の歌ごえ』（みすず書房　一九五七年三月　第一刷）四〇六頁。塩見の名清作が気になり英書ではどうなっているのかみてみたら、Seisaku Shiomi となっているのみ（New York, Alfred A. Knopt, Inc. 一九四三年原刊の *Battle Hymn of China* ただし実際に目にしたのは London, Pandora press が一九八四年に *China Correspondent* と改題した再刊本）。なお、塩見の身分は the Japanese Consulate in Hanoi, Indo-China の secretary〔高杉訳書「書記官」〕とか、consular official〔高杉訳書「領事館員」〕と記されている。みすず書房の高杉訳書の一九七六年一〇月刊新装第一刷版では清作ではなくて聖作となっている。鹿地亘著『日本兵士の反戦運動』（同成社　一九八二年一〇月―初版本は一九六二年九月、一〇月に同じ同成社より二冊本で刊行されているが、便宜上、一九八二年一〇月刊本による―）に「〔一九三九年〕三月ごろハノイの領事館書記生の塩見聖策が、鎮南関で越境して国境付近の輸送路や軍需物資集積のもようを写真にとっているところを中国側に捕虜にされたという事件も、そのころの南方での日本軍の動きを反映していた。塩見はスパイとして処刑される寸前に廖〔桂林行営主任白崇禧の参謀処長で日本の陸大出の呉石の部下の、参謀課長廖済寰。廖は黄埔軍官学校に学び、日本の東大経済学部に留学したことがある。以上、本書三六〜三八頁によって補足〕と鹿地とが助命に奔走し、立場を変えさせ、呉石が身がらを保障して、参謀処で使用されることになった」（四六頁）等の記述がある。

（7）范長江著／松枝茂夫・岸田五郎訳『西安事変前後―「塞上行」一九三六年中国―』（筑摩書房　一九八九年五月）の岸田五郎執筆の解説中に厚和についての説明があるのでこれを写しておく。「内モンゴル自治区の主都呼《フ》和《フ》浩《ホ》特《ト》の旧城は一六世紀半ばごろ建設され、モンゴル人は〝青い城《フフホト》〟と呼び、明代末に帰化城と改名された。新城は清朝の乾隆年間に旧城の北東に建設、〝綏靖遠方〟（遠方の地を治める）の意から綏遠と名づけられた。民国になると、二城を合わせて帰綏と呼ばれるようになり、一九二八年には綏遠省がもうけられた。戦前の日本占領下では厚和、人民共和国成立後は再び呼和浩特と改名された」（三〇五〜三〇六頁）。

（8）木村肥佐生著『チベット潜行十年』（中公文庫　一九八二年七月）、西川一三著『秘境西域八年の潜行』上巻・下巻・別巻（芙蓉書房　一九七八年九月　新装版）

（9）以下に引用するのはほぼ五〇年後の評者の中国旅行の日録。「一九八八年九月某日／昨日から今朝にかけて徐州から宝鶏まで乗った直快（連雲港―宝鶏）の特記すべきことは、列車長をはじめ列車服務員が総ぐるみで運び屋をやっていること。江南（？）の大米・螃蟹・冷凍エビや安徽碭山の梨子等々。特に軟臥の下段ベッドの下の空間や行李を置く天井のスペースなどに買い込んだ物資を置くので、乗客が自分の行李の置き場所に困ったりするケースもでる。勿論服務員の居住スペースでは天井から網に入った螃蟹をブラ下げたりしている。運んだ物は西安や宝鶏のホームで現金で取り引きしていた（予約してある受け取り手なのか、そのときどきの買い手なのか？　不明。後者というはずもなかろうが）。」

（10）　甘粛省公路交通史編写委員会編『甘粛公路交通史　第一冊』（人民交通出版社　一九八七年一二月）は、一九二〇年代以前の「初期の甘〔粛〕新〔疆〕公路」の概況として「蘭州より武威に至る一段全長二六六km、経過する地域の地形・地質は相当複雑なり。公路は蘭州の黄河鉄橋北端を起点とし、山を傍らにして黄河北岸に沿いて西して河口に至る。ここよりさらに荘浪河に沿って西して紅城子に至る間七五km、山を傍らにして河に沿うも、山高く路険しく、泥濘の地段少なからず。紅城子より永登県城に至る三六km、路幅狭隘、自動車・荷馬車とも同一路を用う。路面の損壊甚だし。永登より古浪に至る八八km、公路はひきつづき山を傍らにして河に沿い、延々坂を上って烏鞘嶺に至る。嶺上気候寒冷にして四季雪を積む。嶺を過ぎて坂を下りて古浪に至れば地勢次第に平坦となる。古浪より武威に至る六七km、〝河西回廊〟に入りて地勢平坦なり。沿路の両側ゴビ灘にして、人煙稀れなり。ただ武威県城付近に至りてのみ、わずかに村堡と樹木あり」（二〇〇頁）と記す。抗日戦期、西北の戦略的価値の重大化によって道路建設にも力が注がれるが、ここに引いた状況が薩の旅行の当時どれほど改善されていたであろうか。

（11）　前田哲男著『戦略爆撃の思想―ゲルニカ～重慶～広島への軌跡―』（朝日新聞社　一九八八年八月）

（12）　既掲前田著書によると、この日漢口のW基地を九六式陸攻（中攻）四五機で飛びたった日本の海軍航空隊の空襲部隊は晴天の重慶上空に午後一時一七分から同三〇分程の短時間とどまったのみ（一一六頁～一二三頁参照）。また薩らが夕方遭難した軽食店は七星崗付近であり「この日の爆撃中心点の中央公園とはずいぶん離れている」（同書一二三頁）。なお「七星崗は小商店と住宅の雑居した庶民の町だった。……（中略）……中央公園からは一km以上も離れた軍とも官とも無縁な重慶の下町にすぎなかった」（同書一四四頁）ともある。この七星嵩は前田によれば翌四日薄暮の空襲で炎上する。前田の考証は防衛庁防衛研究所戦史部図書館所蔵の当該作戦の直接資料等の渉猟も含んだ確度の高いものと思われる。薩の被災体験の叙述は詳細かつリアルである。この二書が時間や場所等に関して相互に大きく齟齬するところがあるのはいかなる次第であろう。

ケンプ・トリー著／長野洋子訳『長江パトロール──中国におけるアメリカ海軍──』（株式会社出版協同社　一九八八年九月）にもこの五月三日、四日の重慶空襲に関して、長江上のアメリカ砲艦「ツツイラ」に乗り組んでいた士官の目撃談がある。短いものだけれども悲惨さも含めてヴィヴィッドである。直接の空襲の時間等は前田著書と齟齬しない。ただし空襲後の火災は長時間にわたる（長野訳書三八八～三八九頁参照）。

薩らの空襲体験を理解するために、当時の重慶の略地図を作ろうと思い、「中華民国元年初版九年三版　重慶肇明石印公司印行　新測重慶城全図」（地図資料編纂会編『近代中国都市地図集成』柏書房　一九八六年五月所収──原図は縮尺五千分の一、これを六千分の一に縮小して収める）と「民国製（中華民国二十年測図）四川省一〇万分一図八六号　巴県（重慶）」（日本の参謀本部陸地測量部が昭和一五年に製版したものの東京大学総合研究資料館蔵）とを見た〔民国元年は西暦一九一二年〕。しかし二葉の内容を合算しても隔靴掻痒の感を免れなかった。

(13)『周恩来書信選集』（中央文献出版社　一九八八年一月）に「墜馬傷臂　出外就医」という見出しで、一九三九年八月二三日付けの曹雲青・曹雲屛宛ての信書が掲げられている。その本文を訳すと「あなたがたからのお便り受け取りました。学習に生産に頑張っているのを知り大変うれしくまた安心しました。わたしは馬から落ちて腕を怪我してうまく字が書けません。あなたがたが提出された問題に答えられなくなってしまったことをお許し下さい。いま遠方に出かけて治療するところです。近日中に出発します。あなたがたがさらに一層学習に精をだすよう希望し、あわせてあなたがたの進歩を祈ります！」（一七六頁）と言う。

なおソ連の空軍記念日は一九三三年四月二八日に八月の第三日曜日と制定された。したがって一九三九年のそれは八月二〇日（日曜日）である。

（新華出版社　一九八六年六月　一〇万六千字　印三千四百部　一・一元）

第十二章　一九三三年秋の河西回廊――〈紹介〉明駝著『河西見聞記』――

i　明駝著『河西見聞記』所収冊のことなど

顧頡剛著『西北考察日記』（甘粛人民出版社　二〇〇二年一月）を手にした。本冊は胡大浚主編「西北行記叢萃」[1]中の一冊で、顧頡剛の該書の他に、『北草地旅行記』、『游隴叢記』、明駝著『河西見聞記』の三書を収め、かつこれら四書に関して「達浚・張科点校」とする。以下、点校者の記した本冊「前言」より摘録する。

『北草地旅行記』の著者は李徳貽、字竑蓀。四川彭県の人。一八六二年生まれ。清末から民国初年、甘粛省内で地方官勤務。清末一九〇七年、鎮江より北京に上り、北京から蒙古の草原を経て新疆伊犁地方に入って方角を転じ、河西を経て蘭州に到った。著書は二万余里、二〇余箇月の旅の見聞を記す。次子季偉が一九三六年これを清書、刊行した。一九九三年には「西北文献叢書」にも収録されたが、本冊には一九三六年原刊本を点校して収録。『游隴叢記』の著者は程先甲（一八七四～一九三二）、字一夔、又の字鼎丞、江蘇江寧の人。清挙人。江南高等学堂国学教授。一九一〇年代末、北平から包頭、寧夏を経て蘭州に至り、甘粛省署に奉職。二〇年代初め、同じコースをたどって北平に戻る。著書はこの往復の旅と蘭州での見聞を記す。本冊には一九二二年原刊本を点校して収録。

明駝著『河西見聞記』。この冒頭の「自序」に「去年（一九三三年）の夏、私は用事があって蘭州から敦煌に至り、同年秋には来た道を逆にたどって敦煌から東に帰った。全部で七箇月を費やし、万里を超える路程を踏破した。帰路では時間を割いて河西各地の政治、経済、社会、文化から山川風物の種々相までを游記の体裁で書き写した」と言う。本冊点校者の「前言」も、著者のこの「自序」を引用するが、著者については「生平無考（経歴不詳）」と記す。一九三四年上海中華書局原刊。一九八七年には「西北文献叢書」にも収録された。ただし該版本は誤脱が多いので、本冊には一九三四年上海中華書局原刊本を点校して収録。

『西北考察日記』は、著者顧頡剛の一九三七年から三八年にかけての甘粛における調査活動の生き生きとした記録。顧先生生前には刊本はなく、一九五二年に油印本を若干の友人に贈っただけであった。顧先生の西北考察時期の助手の一人だった王樹民先生が一九八九年に日記原稿を校訂して「甘粛省文史資料」中の一種として、甘粛人民出版社から正式に刊行、世に出された。油印本と刊本とを相互に参照、点校して本冊に収録した。[2]

本章は、本冊所収のものを底本として、『河西見聞記』を抄訳、紹介する。その際、原刊の明駝著『河西見聞記』（上海　中華書局　一九三四年一二月　新中華叢書　文芸彙刊1）と「中国西北文献叢書」（蘭州　蘭州古籍書店）第一二五冊西北民俗文献第九巻所収の明駝著『河西見聞録』を参照した。以下必要に応じて原刊本をG本、叢書本をS本と略称する。

なお、底本所収冊子巻頭の「編者の話」に「どの書にも校勘記は付けず、文中の人名・地名・書名等の固有名詞、および引用文等の誤りについては該所に角括弧を付して校訂した。西北地区の大事な地名で、今と異なるものにも角括弧を付してその中に今の名称を補った。重要な物品や若干の難解な字句にも角括弧を付して簡単な注を加えた」とある。本章以下の本文中の［ ］はこれに従ったものである。対して、本章以下の本文中の（ ）内は、原則紹介者の補記である。本章「Ⅴ 著者明駝について」中の〈 〉中には、本書の頁数を示す。なお、旅程概略図は紹介者の作製に係る。

ii 『河西見聞記』の目次と旅程概略図

以下に明駝著『河西見聞記』の項目を拾い出して目次を作成する。漢数字の頭番号も紹介者の付加。さらに所収冊『西北考察日記』の頁数を付加する。(3)

六 農坊制と区村制 一〇六
七 敦煌市街 一〇八
八 夜ゴビを行く 一一〇
九 安西の街の近郊 一一三
一〇 布隆吉と三道溝 一一五
一一 税糧一石につき塩税三元を徴収 一一八
一二 馬に乗って嘉峪関に入る 一二〇
一三 旅団の夜宴 一二三
一四 金塔県滞在三日の思い出 一二五
一五 三頭引きの大車に乗って高台県を過ぎる 一二七
一六 威狄堡の二大権威 一三一
一七 弱水の流砂 一三四
一八 雑費と〝看糧〟 一三六
一九 沙河鎮と黒水国 一三九
二〇 金の張掖 一四一
二一 甘粛と青海の境 一四六
二二 家屋は薪にし、でたらめな税金も現生《げんなま》で 一四八

iii　敦煌郊外と敦煌市街

蘭州を立って西進し、敦煌城内に入ったのは八月四日早朝のことであった。宿舎に着くや終日睡眠し、連日の昼夜を分かたぬ労苦で積もりに積もった疲れを癒やした。先ず、翌五日から七日にかけての陽関跡への往復と往路立ち寄った南湖村の村長宅での見聞を紹介する。すなわち、目次の「二一　陽関古道」と「三一　南湖村の村長の話」相当部を続けて全文訳出する。

五日午後四時、馬を借り上げ、携行食品や飲み物、果物を袋につめて馬の背に載せ、ほかに表をつけない羊の毛皮の外套(4)を持ち、準備一切は整った。夕陽に照らされながら、公安警官が一人馬に乗って先に立ち、私を西門へと導き出してくれた。ここを出て半里（二五〇m）も行かないうちに党河に到る。河は南から北に流れ、幅は一〇丈（約三三m）ほどで、上に木の橋が架かっていて、車馬が通れる。実際のところは、河水はごく浅く、もっぱら耕地の灌漑に利用され、河床はほとんど露出していて、車馬も水の中を行けるのだ。橋を過ぎると、西南に曲がり、党河の西岸を遡り、幾筋もの用水路を何度も越え、たくさんの林や荘園——ムギ・アヘン・コーリャン・ウリ、作物はなかなか多い——を過ぎて二〇里の地を行った

旅程概略図

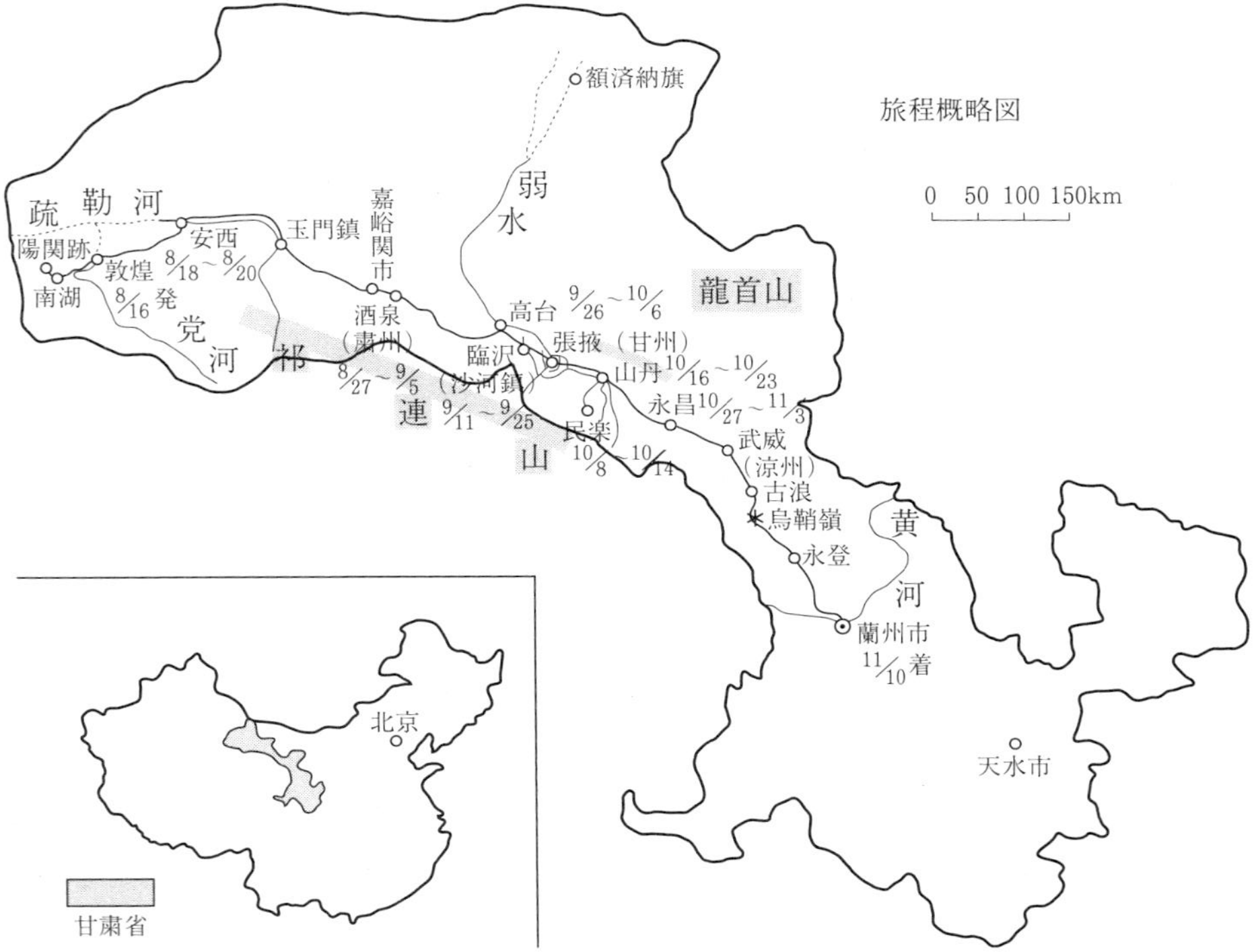
0 50 100 150km
額済納旗
弱水
疏勒河
陽関跡
南湖
敦煌
8/16発
安西
8/18~8/20
玉門鎮
嘉峪関市
党河
酒泉（粛州）
8/27~9/5
祁連山
臨沢（沙河鎮）
9/11~9/25
高台
9/26~10/6
龍首山
張掖（甘州）
10/16~10/23
山丹
民楽
10/8~10/14
永昌
10/27~11/3
武威（涼州）
古浪
烏鞘嶺
永登
黄河
蘭州市
11/10着
天水市
北京
甘粛省

が、景色はまるで変わらない。敦煌近郊はまさしく砂漠の中のオアシスである。

三〇里の土の台地を行ったころ夜になり、次第に砂丘の上りにさしかかったが、目にするのは一面ゴビの荒野である。砕石・砂土・道に落ちている少量の家畜の糞以外は、樹木は勿論一本の草さえも容易に見あたらない。星明かりを頼りにゴビの中を四〇里行き、俄卜《オボ》店を過ぎた。俄卜はモンゴル語の石堆《いしづみ》の意味で、あるいは顎博《オボ》とも表記されるが、ここの党河河畔に石堆があることからする地名であろう。石堆の高さは一丈ほどで、その左側にあった店屋はとうに壊れてしまい、新しい店は石堆の西南五里ほど離れたところで営業している。私たち二人はそこへ行って休んだ。店屋の高さは七尺（約二・三m）も無く、合計三間が、河端に南向きにほぼ品字形を成している。店の主人は客が来るのを見ると、家畜の糞を拾って河の水を沸かして客に供するのだ。二人が用意してきた飲み物はすでに道中で尽きてしまった。果物はまだ後のために残しておかなければならない。と言うわけで河の水こそカンフル注射だ！　携行食品を食べ、白湯を飲んだ。そんなにひどい味でもなかったよ！　私たちが飲み残した白湯は店の主人が持ち去り、炒麺《ヤキソバ》に混ぜ込んで食べてしまった。このヤキソバというのは、肉ヤキソバでもなければエビヤキソバでもない。はっきり言うと、ハダカムギをよく煎って粉にひいた一種の食品である。店のオンドルの上はナンキンムシがたくさんいる。腹を満たした後の私たちは外に出、羊の皮をゴビ原上に広げてその上に横たわった。満天の星を眺め、さらさら流れる水の音を聴いているうちにいつの間にかぐっすりと寝込んでしまった。夜明けに目覚め、五〇里を疾駆し、幾筋かの砂丘を突っ切って、ようやくラクダソウの生えた砂地へと乗り入れ、乾いた砂地の河床――河床の岸壁の縦断面を見ると、上の一丈ほどは砂礫層で、その下は紅土層である——を越えた。砂の窪地をさらに二〇里行くと、前方にようやく家屋や樹林が現れ、それらが地平線上からゆっくりとせり上がり、私たちの眼前に迫ってきた。すなわち敦煌南湖地区である。南湖というのは、南山の雪解け水の流れ込む草の湖である。清代この地は軍隊と警察の放牧場だった。今はアヘン・コーリャン・ムギ・アワを特別に植えるところが少しある以外は、ほとんど放牧に適した一面青々と、生き生きとした豊かで美しい草原である。真ん中を東から西へ一筋の澄んで底まで見える泉の水が流れている。この一〇里ほどの広い平原に養われる四〇戸ほどの住民は二つの村落を構成するが、私たちはまず東端の大営盤に行った。

村には宿屋はない。一軒の民家を選んでそこに入って二時間休んだら、午後の三時を過ぎてしまった。急ぎ馬にまたがって大営盤を出立、三里の路を行き、一筋の砂丘を越え、古銅灘［今は古董灘と言う］に着き、ここの砂洲で何とか漢瓦や漢銅の幾らかでも探したいものと思った。それで、砂洲上を何度も大きくぐるぐる回ってみたが、わずかに貨幣二枚と銅製の小さな印章一個を手に入れただけだった。本来、流砂に埋もれた廃墟で古文物を探し出そうとしても、組織的な大規模発掘をのぞいては、甚だ得るところ少ないものである。海底から針を浚うようなやり方でこれだけの物を手に入れたのは全くの偶然も偶然の幸運である。古銅灘から三里も離れない南湖の西端に一つの村落がある。大営盤村から流れて来たあの泉水を挟んで両岸に一〇数軒の家が建っている。南岸の地名を〝南工〟、北岸の地名を〝北工〟と言い、合わせては〝工上〟と言う。私たちは南工から転じて北工に入り、遙か彼方西南一〇里の外にある砂丘上の古い堡《とりで》を望んだ。土地の人の話では、そこは清代に巴彦布剌(5)の置かれたところなる由。そこから甘粛と新疆との境の野馬泉までほぼ六站、新疆の若羌県城まで一四日の、和闐《ホータン》までなら二四日の日程である。この道はカシュガルと粛州（酒泉）を結ぶ近道である。

北工から東北に曲がって砂地を三里行き、四壁崩れかけた陽関古堡に夕陽を浴びつつたどり着いた。一面荒れはて、煉瓦や瓦のかけらがそこかしこに散らばっていた。堡跡の東南の角に石碑が一つ倒れていたが、面上清人の筆による〝古陽関〟の三字が記されていた。一昨年、西北（科学）考察団[6]が堡跡の東北で数箇所の古墓を発掘した痕跡がまだ残っていた。私たちはしばらく黙ったまま夕暮れの風砂の中に立っていた。覚えるのは空虚さと寂寥感の極みのみ！　これにて一鞭をくれ、東北に向かって紅沙溝沿いに馳せ、六里も行かずに往路に合し、また俄卜店を経由して敦煌県城に向かった。来たときの馬の蹄の跡はもう風砂に捲かれて消えてしまった。天上の北斗星と南山の影を標にゴビの中を一夜駆けたが、私と警官だけで、誰にも出くわさなかった。（以上、「陽関古道」終わり）

もう一つ、大いに記憶に値することがある。

私が大営盤で休んだその家は、南湖村の村長の家だった。家屋は新築で、ホールには真っ赤な緞子の目出度い掛け軸が掛けられ、その真ん中には、〝急公好義〟の四個の大金文字がはめ込まれている。この軸は前の県長謝某とこの県の商（業）会（議所）の会長兼第九師団参謀王某等が最近贈ってきたもので、村長の功績と徳を大いに誉めたたえている。ホール左端の大きなオンドルの上には三組のアヘンランプがずらっと並び、横になった三人の客人が揃って煙管を捧げてスースーハーハー、作業は佳境に入っている様子――客人中下手の二人は村長の親戚と友人である。二人は以前、村長が公金を前納しなければならない

項　目	価格	項　目	価格	項　目	価格
三六師軍馬9匹	360.00	軍糧・綿花・ブリキ	280.00	農業税本体64石	1560.00
徴発中に死亡した牛16頭	500.00	徴兵費・補官費	1040.00	換算した草価	358.00
来往の軍隊用の羊235頭	400.00	生アヘン（軍用）1800両	1260.00	指糧借価	120.00
糧秣供給56石	1500.00	軍用牛羊皮	153.00	金庫券	320.00
軍装費	717.00	軍用品・交際雑費	820.00	アヘン栽培の罰金	2300.00
合　計	12688.00〔以上、単位は元〕				

（上表、指糧借価・金庫券は意味不明だが、そのまま写した）

ときに借金してこれを助けてやり、いまはその取り立てに来た高利貸しの商人である。上手の一人は、県政府の収税班の督促責任者である。私が当地敦煌県の公安局長の友人であると口実を設けて村長と話をした時、彼は以下のように説明した。南湖全村の住民は合計六〇余家、人口五〇〇余、耕地を有するのはどうにか三一戸――毎戸耕地八〇畝（一畝は六・六六七アール）――野良仕事に耐える壮丁は最近三六師団の兵員補充のために三一人が連れ去られてしまった。それで、三一戸の内、実際にどうにか負担に応じられるのはわずかに二四戸。かつ、ここ数年来、負担はますます大きくなり、一般庶民は疲弊の極みにある。そうして（民国）二一年度の帳簿に記載された全村の負担項目を挙げて言うと、上表のような数値になる。

　農業税本体を基準にして割り当てる方式で、戸毎に分担させてゆくと、一戸一年五二八元五角二分弱となる（合計欄は一一六八八・〇〇ではないのか？　一一六八八・〇〇元÷二四戸＝四八七・〇〇元だが？）。ただし、戸毎の収穫量は穀物六四担（一担は五〇kg）に過ぎない。その総額は最高価格で計算しても二五六元前後にしかならないから、完全な赤字である。そういうわけで、一般庶民は〝飯は食わなくてもいいが、金は納めないわけにはゆかない〟という情況の中で、ただ幾畝かアヘンを植えて金額に対応することしかできない。アヘンを作れない人は全く気の毒で、借金以外は、体を売るか、物を売るかして払うほかない。要するに、特別な力が有って金を納めずに済むのでなければ、中流の家は段々貧家になり、その末はさらに下って一家四散、滅亡する！

村長はさらに「公金が緊急を要する時には、まず何より村長があちこちから借金してこれを納めなければならないが、その年利は三割前後、公金納入の後は、元金に利息を加えた分を一般住民の身に割り当てるが、村長が回収すべき貸し金は目下五〇〇〇元を超える」と説明した。最後、かれはまた「村長を勤めるのは奉仕みたいなもので、各戸は年にたったムギ四斗をくれるだけだ」と言い出した。

ところが、事実がとっくにかれに代わって〝借金して納入する時こそ村長が一番もうけられる時〟ということを説明している。村長の話を一席聴いて、私はこの世外の桃源郷に人間地獄を見いだした。これが脳裏に深く刻まれて消えることのない印象である。（以上「南湖村の村長の話」終わり）

八月七日午前一〇時、敦煌県城に戻る。八日夜、楊炳辰県長・省督学（視学官）趙子文に会い、明日三人で月牙泉に行くことを約束する。九日午前六時半出発、月牙泉へ。一行に、公安局長易仲権も加わる。夜、県城に戻り、月牙泉で捕った魚を油でいため（煎）て食べる。一〇日、一一日は敦煌城内に泊まる。一二日午前六時出発、易公安局長と千仏洞（莫高窟）に行き、夕陽の中を帰城。

一三日から一五日の間は敦煌城内に在る。主として郵便・電報事情とアヘンのことを記した「七　敦煌市街」を以下二段に訳出する（七〇種近い商品の市場価格表は省く）。

敦煌から天津あるいは上海あてに普通郵便一通を出すと、どんなに早くても四〇日はかかる。郵便は勿論敦煌で唯一の新式通信手段である。だが、敦煌から安西までの郵便路は三日を要し、おまけに三日間に一便しかない。安西から粛州［今の酒泉］への郵便路は四日を要し、かつ三日間で二便である。粛州から先、ようやく毎日昼夜兼行の二便になる。といった事情で、最速四〇日というのは各便順調に接続しての話である。そうでなくて一度放って置かれたりしたら数日たってしまう。電報についても、郵便局は先ず安西に郵送するほかない。それで、天津、上海一帯の商業情報が敦煌に届くには、どんなに早くても一〇日後になる。通常の道のりなら、敦煌から古城子［今の新疆奇台県］・西寧まではいずれも二一日。蘭州・迪化［今のウルムチ］・和闐［今の和田《ホータン》］へはいずれも三〇日。包頭へは七〇日。交通手段は大車（家畜に引かせる大型の荷車）か馬の背かである。敦煌は地理上南疆から北京・天津へのルートと青海から新省［新疆を指す］への近道ののど首をおさえており、西北の交通事業がもしよく発展の機会を得られるならば、必ずや繁栄の日を迎えよう。

敦煌に到着早々の人はある種珍しい印象を受けよう。県城の最も繁華な東関の什字街上を行くと、軽食の屋台を並べた小商人の幾人かが目に入る。かれらは商売をするかたわら暇を盗んでは屋台のそばに寝ころんでアヘンを吸う。当地の禁煙善後局の責任者は次のように言う。城内で登録済のアヘン〝営業所〟は合計四〇軒ある。その他になお外来の商人で直接に田舎へ行って生アヘンを買い付け、草原から北京・天津・包頭・帰綏（今のフフホト市）へ運ぶ者がいる。かれらは全く隊商として行動し、一部は連発銃を携行する。土匪にアヘンを奪われるのを防ぐためとも、徴税に抗するためとも言われる。本当のところはどうなのか？　本人たちだけが知っている。敦煌全体でどのくらいの生アヘンが生産されるのか、だれも見積もったりしない。植える者は植え、売る者は売り、吸う者は吸う。言ってみれば一切は無政府情況下に進行している。生アヘンが収穫されるやいなや、農民は政府の公課に迫られ、銭一元を借りて月に元利あわせて生アヘン六ないし一二両（一両は五〇ｇ）もの高値にもかまわず、借金して納税する。その結果、一箇月もたたないうちに生アヘンはどんどん商人に吸収され、東方の生アヘン市場に運ばれて儲けの種となる。当地ではアヘン価格が一元で四両から一元で二両半に高騰する。それだけではすまない。夢中恍惚としていたアヘン吸引常習者にとって、こうなったからには〝面に菜色（栄養不良の顔色）有り〟〝野に餓殍《がひょう》（餓死者）有り〟の虞《おそれ》を免れない。民族主義の立場から、大多数の敦煌人の〝怠け者が自分の仕事を年下の怠け者におしつける〟という無責任なやり方を見る時、精神をアヘンにむしばまれてしまった人びとのために本当に泣きたくなる！

ⅳ　敦煌から蘭州へ――一九三三年八月一六日～同年一一月一〇日――

八月一六日朝五時敦煌県城を出発、新店［今の新店台村］、疙疸井子［今の疙瘩井村］を経て甜水井子［今の甜水井村］に宿る。宿屋のオンドル上にはナンキンムシが充満。やむなく、建物を出て、ゴビ上露天で二時間眠る。

一七日黎明、疙疸井子を立ち、芦草溝を経て、六工村に到り宿る。

一八日早朝六工村を立ち、馬に乗ったまま安西県城西門に入る。「敦煌から安西まで全部で三八〇里（一九〇km）、普通四站に分けて行くが、私たちはたった三六時間で走破（出発から到着までの全時間で、睡眠・休息の時間も含めてのようである）、その結果馬一頭を乗りつぶした」（一一三頁）。午後は城内で休息。

一九日午前中、安西公安局で雑談。午後は宋公安局長と疏勒河畔に行き、川魚を逐う。

二〇日午後五時、日射しはそんなに強烈ではなくなった。同行の×××君とともに安西県城を立とうとし、「騎馬警官の先導で東門にいたると、――この時、政府の旅行証明書を持っていたにもかかわらず、城門の守衛に三〇分も足止めされた。駐屯軍の連隊長から妨害してはならないとの通知がとどいて、ようやく解放され、東に向かって馬を駆けさせた次第」（一一五頁）。小宛駅［今の小宛堡村］で二時間休憩後また騎乗して東へ。

二一日午前一〇時双塔堡［今の双塔堡村］に到る。一〇数戸の人家があって、他にアヘンとムギの畑が少々。午後四時ここを出、夜は布隆吉に宿る。

二二日の日中、布隆吉を発し、三道溝に入る。目次では「一〇　布隆吉と三道溝」。その五分の一ほどを以下に訳出する。

布隆吉城の周囲は六里前後あるが、今でも住んでいるのは二〇家ほどにすぎない。城内は、たった一本の大通りの両側に幾一〇軒か建物があるだけで、その他は一面遊牧に都合のよい草原である。草原上には一〇数本の大樹が点綴している。――話によると、これらの大樹の一部は年大将軍［年羹尭を指す］[7]西征の際のお手植えなる由。ところで、布隆吉は年氏麾下の一将帥の名前である。その後、左文襄［左宗棠を指す］西征の時にはこの城が大本営になり、新疆に入って後は屯田兵がここで開墾に従事した。しかし、現在はまるで様子が変わってしまった。城内には今でもなお安西県第二区区長様が住んでいて、かれの家が区役所になっている。一箇月前、この地は大変な騒ぎだった。そのわけは、省政府の禁アヘン委員会が派遣したアヘン調査委員の代表が当地にやって来てアヘン畑を実地調査した。各村の村長たちも当地にやって来てこのアヘン調査委員の代表様に挨拶し、あわせて三、四日がほど、代表様に日に三度の飯をご馳走し、アヘンや飼葉、および随員——県政府の委員と下役——の雑費で、総計五〇元以上かかった。しかし、大騒ぎしたからといって、勿論アヘン畑の精密な調査結果が出るわけではなく、一般民の肩にかかる負担がこれでちゃんと軽減されるわけでもない。区長や村長が代表委員をもてなすのに使った金は六〇元以上の額にもなって各村々の一般民の肩に割り当てられる。これもまた政治上の一幕のドタバタ芝居なのだ！（一一五～一一六頁）

二三日朝、三道溝の市鎮を出発、昼ごろ、馬にまたがったまま玉門県［今の玉門鎮、元の玉門県治。一九五八年に県制が撤廃され、玉門市に併入］城の北門に入り、城内に泊まる。

二四日午後五時、玉門県城南門を出、三十里店を経て、下赤金堡［今の赤金鎮の一部］に到る。

二五日午後四時、下赤金を立つ。

二六日昼、恵回堡［今の新民堡村］で休む。午後出立、双井子、嘉峪関を経る。

二七日午後四時、粛州（酒泉）城内に入る。

八月二八日から九月四日の間、粛州城を出なかった。「一二三　旅団の夜宴」はこの間の記事。以下に全文を訳出する。

九月一日、粛州駐軍××師団××旅団の×旅団長が甘粛省政府事務局の×視察員にご馳走することになった。時間は正午、場所は旅団司令部、陪席の客は粛州城内各機関・各団体の長と紳士たちで、他に粛州在勤中の公務員が数名。私も招かれて相伴した一人であった。もともと私は辞退するつもりでいた。だが、当地の習慣にてらすと、招待された客がやって来ないというのは、主人の面目を失わせることになる。また、×旅団長はとても客好きなのに、往路粛州に立ち寄ったとき、野外演習中で会えなかった。今回の復路では、折りを見て一度うかがうつもりではあった。それで、二度目の通知を受けた際に、この盛大な宴会に出席する決心をした。

私は時間厳守の習慣を捨てていなかったので、宿舎を出て、一二時に旅団司令部に着いた。×参謀長が中庭で出迎えてくれたが、応接間に入ってみると、結構たくさんの客人がいる。かれらの一部は二つのテーブルを囲んでマージャンの最中である。他にその回りに立って見ている者もいる。×視察員は妓楼の女二人の中の一人を抱いてでれっと座っている。女は当地の習慣に従って×旅団長が賓客を接待するために臨時に呼んだのだ。×旅団長はマージャン卓から立ち上がって私にちょっと挨拶してからまたマージャン卓へ戻った。酒泉県長×先生がたった一人スイカの種をかじりながら新聞を見ているのが目に入ったので、私はすぐにそこへ行って、向かいの椅子に座り、かれと閑話した。

午後二時、客の全員がそろった。女はもう×視察員から高等法院第四分院の院長の懐に移り、マージャン卓の公安局の×局長の席もアヘン酒印紙税局長に替わり、×県長の座っていた椅子は×参謀長に譲られた。二時間前に比べるとあの手この手のからくりも大分増え、スイカの種の殻も随分と床に散らかってきた。とは言え、相変わらず総体まだ穏やかで、そう大した変化はなかった。私はすべての新聞のどの一字も読み終わってしまった。菓子とスイカの種が遠方からもたらされた物であることは承知していたが、私の胃袋はそんなに欲しがりもしない。大して話すこともない。それで、にぎわいの最中で、私はかえってひどく空しくなってしまった！　三時ころやはり騒がしいのがあまり好きでない×参謀長は私を重囲の中から救い出し、いっしょに旅団司令部の東側の庭園に連れて行ってくれた。

旅団司令部は安粛道［清雍正七年、西暦一七二九年、安粛道を粛州に置く］の道尹公署の旧跡で、また三六師(8)団司令部の旧跡でもある。庭園は面影を留めていると言える。だが、空高くそびえた古木や両手で抱えるほどの大樹の多くは三六師団が切り倒して薪にしてしまい、ほとんど残っていない。これはいささか殺風景の感を免れない。目下、×旅団長が×県長と相談中で、この庭園の修理作業が近く始まるところである。庭園の北の角に教室が三つあるが、今は旅団指令部の電話室になっていて、ここで甘州（張掖）や安西の旅団司令部と通話できる。六畝（約四〇アール）の広さの庭園で、私と×参謀長は四方山の話をしながら二時間座っていた。そのうちに旅団長の従兵が宴会の開始を告げにきたので、ようやく応接間に戻った。

客人は全部で二〇人ほどで、三卓に分かれて座った。先ず主人が客人に酒を勧め、客人がこれに謝した後にまた返杯し、それから料理にとりかかる。一番忙しいのは二人の女たちである。常に三つのテーブルの周りをぬかりなく巡回し、懇ろにサーヴィスする。料理の四、五種を食べ終わると、客人たちは拳を始める。私の座ったテーブルは酒を飲む人が少ないようで、拳を打つ声も大して盛り上がらない感じだった。それで一回り打拳した後はまた女たちに皆に酌をさせた。乾杯がすむと、同卓の国民党党整委員会の×委員が何と一動議を提出した。

〝女たちは当然新来の年若い客人にお酌して飲んでもらうべきだ〟と。〝そうよ！　先ず×視察員にお一つ！〟×視察員が抵抗する間もあらばこそ、女は澄んだ声をあげつつ手ずから客人の口へ一杯の酒を注ぎこんだ。

私たちの×委員の上役の〝次は×視察員……〟と言う声の終わらないうちに、これにかぶせるように〝いやいや。私は飲みますよ。何も人に飲ませてもらうことはありません〟と言う少し甲高い声がした。〝そんな！　じゃ私の面子はどうなるの？　だめよ！〟女は客人の一人が手酌で一口飲もうとすると、いかにも怒ったようなそぶりで酒杯を捧げ、その口中へ攻め込もうとする。〝お前の面子なんかもう立てたじゃないか。うん！　今度はおれ様の面子だ！〟こうわめいた客人は口に酒杯がとどかぬうちに二本の指で女の手中の酒をテーブルの上に空けてしまった。

すると、テーブルにまた別の音声がひびいた。〝それじゃ君はこの女が好きじゃないのか？〟〝そうさ！当地の女たちは、当然なことによその女たちと同様にその人格を尊重されるべきだ。だからこんなやり口はとてもじゃないが受け入れられないよ！　旅団長が私たちにご馳走してくれているんだから、私たちがこれをじゃんじゃん空ければそれでいいじゃないか！〟

ある客人が以上のようなセリフを吐くと、座は三分ほど静まりかえり、女たちも客に酒を注ぐ芝居を止めてしまった。

つづいてまた酒の余興になり、最後の料理——手抓《てづかみ》羊肉——を食べ終わったときはもう夜の七時になっていた。手抓羊肉というのはとろとろに煮込んだ羊肉の塊で、客人が食べるときには五本の指を総動員して、むしり取るのだ。×旅団長のコックは回族で、手抓羊肉を作るのはお手の物だ。私は元来羊の肉は苦手なのだが、この時初めて臭味のない羊肉を食べた。

食事の後、×参謀長のところでまた二時間話し込み、当地の政治・軍事の諸問題に関して、大いに談及した。私は再び陣容を整えた竹牌の戦局には参加できないので、九時に魏県長（先の「酒泉県長×先生」の姓は魏だったのだ）といっしょに旅団司令部の正門を出た。翌日になって、昨日の午前一一時に旅団司令部に集まった客がその夜の一一時になってようやく辞去したことを知った。（以上、「旅団の夜宴」終わり）

「一四　金塔県滞在三日の思い出」では、一箇月半以前の往路、粛州（酒泉）東北の金塔県に立ち寄り、三日滞在した際の見聞を回想する。特に、金大垻［今の金大村。金塔県城の南にある］の農民の加重負担による窮状、水利の未整備、龍王菩薩信仰等を述べる。

九月五日午前一〇時、大車に乗じて粛州を立ち、臨水駅[9]［今は郷名］に到る。その夜一〇時、臨水駅を立つ。

六日午前一一時、高台県管轄下の塩池駅［今は郷名］に到る。以下に「一五　三頭引きの大車に乗って高台県を過ぎる」中の一部、塩業衰亡の様相等を訳出する。

塩池駅中、住民は六〇家前後、大部分は塩業に従い、牧畜業これに次ぐ。というわけで、牛羊の糞が当地の主要燃料になっている。甘粛のその他の多くの村落と同様、塩池駅の街道上、何時でも、一〇歳前後になってもズボンを穿かないたくさんの男の子、女の子が手に柳の籠を提げて牛の尻にくっついて歩き、ホカホカの牛糞が地上に落ちたと見るや、我先にとこれを手づかみにして、自分の柳籠に入れるのだ。

塩池駅から花墻子まで九〇里の道のり。四五里は草原、四五里は砂丘。新溝［今の深溝村］の村落が草原と砂丘の境に位置している。ずっと通ってきた道の南側遠くには白い雪の帽子を戴いた祁連山の余脈が連なり、北側には低い黒ずんだ一筋の禿げ山。なんと単調で、人の気を滅入らせる景色なのだ！　新溝は住民わずか一〇数家の村落なのにそれでも街道を行く旅客を相手にする私娼がいるとのこと。このような社会現象には全くぞっとさせられる。

七日午前、弱水湾曲部南岸の花墻子［今の花墻子村］に到る。ウリの産地として著名だが、夏場は蚊の大本営。甚だ悩ましい。ここより草の生えた河原をさらに東南に二〇里行って黒泉駅［今の黒泉郷］に到る。

八日午前黒泉駅を立ち、午後一時高台県城に入る。今日の道中の連れとなった前の甘粛高等法院第四分院の事務官と一緒に県政府を訪れたあと宿に入る。以下は相宿の種々相。

宿は様々な人びとでいっぱいだ。天津から来たカナキン売りの客がいる。山東から来た大道技芸者流がいる。四川から来た床屋の職人がいる。西安から来た旅の医者兼薬売りがいる。涼州（武威）から出て来た〝馬班子《うまぐみ》〟と称する売淫の娘たちがいる。甘州（張掖）および御当地高台県下の農村から来た塩売りがいる。さらに各部隊が派遣した提款《とりたて》委員たちがいる。そんなこんなで大にぎわい。夜、私たちは提款委員の戸口から漏れる小唄を耳にした。〝馬にまたがり鉄砲背負って、金持ちの家なら金巻き上げて、年頃の娘は馬の背に、年頃の娘は馬の背に……〟（一三〇～一三一頁）

九日早朝高台県の宿を出、当日午後六時、威狄堡の宿に入る。以下は、高台県出立時の、哀れな高台県長の話。

早朝出発。車が宿の大門を出ようとする時、県政府の小使がやって来た。かれの言うには、県長がたった今みずから見送るつもりで、城門のところまで来たのだが、車を衛兵に止められてしまった。上官の命令だと言う。目下軍事費が甚だ差し迫っている。前任の県長はあまりの金づまりに、機を見て（甘粛）省（政府）へ逃げ帰ってしまったので、県長が勝手に門を出るのを許さないのだそうだ。県長はどうしようもなくて県政府へ引き返し、小使をよこして挨拶させたということだ。私たちはただただ沈黙して大車の中に座ったまま威狄堡［今の臨沢県新華郷］へと出発した。（一三一頁）

一〇日は威狄堡で休息。

一一日午前、威狄堡を出発、始め二〇里ほどの草の生えた河原を行き、それから一〇里に渉る砂丘を越えると、遠くぼんやりとかすむ樹木の中に目的地が見えてくる。臨沢は確かに沼沢に臨んだ都市なのだ。俄然うれしくなる。ところが、数日の間に弱水の流砂のただ事でないことを知らされる羽目になる。

一八日朝、臨沢県城の東門を出て、東に向かい、一帯の村落、耕地の様相を実見。アヘンの畑、ムギ畑があり、また果樹園もあり、その間を水路が縦横に走って灌漑する。このようなところは確かに肥沃な土地と見えた。しかし、広い平原中、耕地は一部であり、雑草の生えるにまかせた荒れ地や水のたまった湿地の草原のほうがさらに多い。ポプラの林のある隆興村に宿る。

一九日朝、隆興村を出発、北上して牛車に乗ったまま仙姑廟の渡し場で弱水（別称黒水河、また張掖河とも）を越える。西に転じて弱水の北岸の平らで真っ直ぐな大路を行く。左側は水が澄んで底まで見える用水路と緑の葉が陰をつくっているポプラの並木で、右側は全部耕地で、このような景色がずーっと平川堡［今の平川郷］まで続いている。仙姑廟から平川堡の間、右手に見える耕地はそこかしこ流砂に侵略占拠されてしまっていた。あれさえなかったら、私は自分がほとんど上海西方の田舎にでも居るようなつもりになったろう！　平川堡で小憩の後、弱水を渡って臨沢県城に戻った。このたびの遠足によって、弱水と流砂が五年来至る所で臨沢の農民の耕地を奪い去っていることがよくわかった。（一三四～一三六頁）

二〇日から二四日の間に臨沢県に近い沙河鎮［今の沙河村］に行き、徴税の実際の情況を見聞する。一部分を以下に訳出する。

沙河鎮には二つの倉があって、一を沙河倉といい、一を甘州倉という。その実、二つの倉は同じ場所に設置されている。全部で八棟あるが、中はひどく壊れていて、どうにか用に堪えるのは四棟だけである。積穀容量は一五〇〇石以上。倉書・斗級・雑役等全部で一〇名ほどが臨沢県政府から派遣されてここで仕事をする。私が沙河鎮に在った数日はちょうど納税の日で、穀物を牛車に積んだ付近の農民たちがぞくぞくと沙河鎮にやって来た。車が倉に着くと、袋詰めにされた穀物はすべて車から下ろされて倉庫の事務所に運ばれる。斗級たちは早速手分けして一升、一斗と量り始める。量り終わって当然一斗となったのに、さらに三升や五升ほどが余分に地上に別に取り置かれる。これを看糧という。看糧を出してようやく倉書の所で納税証書がもらえ、帰宅できる。看糧は、県政府から派遣されて来て納税を監督する課長への謝礼になるのだとのこと。ただし、実際はやはり県政府の倉庫課のみなが分け前にあずかれるのだ。これは験糧や斛面等の（額外徴収の）悪習が改革されてから後の新しい手口である。往年省内各県の悪習の改革を提唱した甘粛省長薛子良[10]先生がこの種の情況を聞き及んだ時、どんな感想をいだかれるか知りたいものである。（一三八～一三九頁）

二五日昼過ぎ、沙河鎮を立ち、夕刻、沙井［今の張掖市沙井郷］の一旅宿に投じた。

二六日、馬糞を燃料にした宿のオンドルが熱すぎて背中が焦げそう。寝ていられず、早起きして早立ち。途中崖子村［今の下崖子村］付近の砂州で古墓を試掘した後甘州（張掖）城西門に入る。

九月二七日から一〇月五日の間は甘州にあり、山西商人、農産品、人民の負担、教育、新編第九師団[11]第三旅団のこと等々種々見聞を尽くした。「二〇　金の張掖」がこれに対応するが、以下にその大半を訳出する。

河西官界には――所謂上流人士の社会まで含めて――〝金の張掖、銀の武威、銅の山丹、鉄の高台〟という諺が行きわたっている。この諺は河西一帯の富裕地域を挙げつつ、さらにそれら富裕地域のランク付けをする。というわけで、張掖は当然一帯で最も繁栄している地域である。私はここ数日の滞在で各方面につき一応の理解を得た。

当地の繁栄の主要な社会的条件としては、当然当地農村の生産力を考慮しなければならない。張掖全県

項　目	数量	付　注	項　目	数量	付　注
コムギ	52668.00	単位石(100 *l*)	オオムギ	81928.00	単位石(100 *l*)
ソバ	1756.60	同上	ハダカムギ	1463.00	同上
ウルチ米	21928.00	同上	モチ米	5542.00	同上
大豆	29261.00	同上	未脱穀アワ	49000.00	同上
菜種	44600.00	同上	ゴマ	7020.00	同上
コーリャン	3561.00	同上	アヘン	146320.00	単位両(50g)
ヤマイモ	105300.00	単位斤(500g)			

（上表、張掖全県の年間農産物）

の年間農産物は結局どの程度の生産量になるのか？　当地の建設局が調査した本年の数値中から明確な回答を得ることができる。

これらの農産物こそ本年当地の農民が全県二五万三七一〇畝（一畝は六・六六七アール）の耕地から収穫した主要な成果なのだ。これを河西のその他各県の本年の数値と比較するなら、当然誇るに足る。しかしながら当地の一〇数年以前の生産量と比べてみたい。明確に低落を証明できる数字はないけれども、一〇数年来で、一〇万四八三〇畝――現有耕地のほとんど三分の一――の土地が荒蕪化し、放棄されている。このことは生産量が不断に減少していることを物語る！

目下張掖市街は依然として十分に盛っている。鼓楼を中心とした十字街頭は相変わらずとてもにぎやかで――とりわけ南街と河西街――、道路は石畳になり、モダンに手入れされている。路面の幅は一丈ほどで、ほぼ弧形を呈し、両側には各二尺幅の開渠があるほか、さらに幅は一定しないものの歩道があり、道の開渠寄りにずーっと並木が植えられている。全体として、涼州（武威）や粛州（酒泉）の大通りを彷彿させる。大通りの両側には河西各地のそれと比べても規模の大きい商店がたくさんある。一部の店舗は間口を大変広くとっているが、他にまた顧客を狭い通路から奥の中庭へと引き込んで、両側に並べたカウンターで商売をするのもある。商品中には品切れなしの大砲台印のシガレット、パリからの化粧品、一瓶三五元の三つ星の斧ブランドのブランデー、精巧を極めたアヘン吸引具、沿海部から来た上品な麻雀牌がある。この他にまたたくさんたくさんの〝太陽牌《にほんせい》〟の物品！

これら大店の主人はたいてい山西から来ている。かれらは営業に専念しているわけだが、少し近づきになると、雑談のなかで、客を相手に最近商売がどうも今一つぱっとしないと愚痴ったりする。かれらは国内の混乱には思いを凝らすのに、農村の購買力の低減にはあまり注意をはらわない。（市場での今月の物価はおおよそ以下の如しとして、三二品目の価格が表示されてあるが、うち五例のみ抽出する。キャラコ三三・三m八・六〇元、白砂糖五〇kg四八・〇〇元、アヘン五kg七八・〇〇元、羊毛五〇kg一六・〇〇元、白米一〇ℓ一二元）

張掖の主要通商ルートは全部で四つある。一つは北仁宗口に出て、阿拉善旗地、磴口を経て包綏に到るもの。これは駱駝の隊商のルートで、全行程約四〇日。一つは南民楽、扁都口、俄卜を経て西寧に到るもので、全行程約一〇日。この道路はもう出来上がっていて自動車が通行できる。一つは東涼州を経て蘭州に到るもの。もう一つは西粛州を経て安西に到るもの。後者二つを合わせたものが、河西を横貫する幹線路である。これら四本の交通路も張掖の繁栄を維持する要因の一つである。

張掖の人民は毎年全部で三〇万元以上の金額を持ち出すけれども、全県一年の教育経費はわずかに四六〇〇元にすぎない。県城内に創設間もない初級中学が一つあり、その経費は教育庁の補助金も入れて年に二七〇〇元。年に二七〇〇元の経費で一つの初級中学を維持するのだからその成果は想像がつくだろう。目下は相変わらず四二制の規定に従って四学年に分けてあるが[12]、生徒は全部合わせても八九人しかいない。ほかに高級小学が二つで、生徒は九四名、初級小学が六〇で、生徒千余名。初級小学の教科書に関しては、現代の出版社が刊行したものがすでに採用されている。とは言え、『千字文』『百家姓』『孟子』『論語』『大学』『中庸』等々も廃するわけにはいかない。学校教育とは別に、一箇所民衆書籍新聞館がある。しかし、毎日ここに来て閲覧する者、とりわけ所謂民衆なる者は極めてまれである。今年四月、教育局が城内に民衆教育館を開設した。館内には陳列室があり、古色燦然とした六朝の金銅三尊仏が一列に並べられてある。ほかにも仏教経典や衣装甲冑刀剣の若干がある。敷地の隅で狐やウサギが飼われており、門口の講演室は実際は茶店で、いつでも四、五卓の茶客がいて、一人二人の講釈師を囲み、それぞれに「趙雲阿斗を抱く」「包龍図のお裁き」から「私訂終身後花園」「災難を被った若旦那状元となる」等々の類の講釈に耳を傾ける。当地の所謂社会教育とは大体まずこのようなものである。敦煌滞在中、省視学官趙子文先生は私に〝河西の教育ではやはり張掖がいくらかましです〟と語ったことが思い出された。甘粛の教育の前途はどうなるのか？　私にはさっぱり見通しがたたない！

かつてここは甘州提督の駐防する所だったが、現在は新編第九師団第三旅団司令部の所在地である。第三旅団は新九師の精鋭をもって張掖に駐屯する。旅団司令部の規模は大変大きく、八大部局の組織を有する。将校は回族と沙拉人[13]である。将校相当官（軍医・主計等）の大半は漢人である。韓旅団長は大変客好きである。客は物々しい営門をくぐってしまえば、あとはいつでも応接室で韓旅団長[14]の満面春風の接待にあずかれる。応接室の四壁には各県から送られた〝徳政〟を顕彰する深紅の緞子が数えきれないほどたくさん掛け巡らされている。さらにオンドルの壁際に置かれた幅一丈ほどの木製の棚の上には付近一帯の上流人士の写真がぎっしりと並んでいる。もう陰暦の中秋節に近いので、ここ数日、民楽・臨沢二県の県長はじめ該地の紳士方いずれも張掖にやって来て旅団長に慶賀しているのだそうな。

紳士方については、やはり張掖が場所が大きいせいか、人材も多いようだ。紳士には勿論資格がある。一つは、現任の農会会長・商会会長・各区区長・各局局長等々、二つには前清ないし北京政府時代あるいは少し前にちょっとした役職を勤めた者、三つには暮らし向きが豊かでいくらかの地位のある者――要するに地域の権威者である。かれらの大部分は県政会議に出席する資格を有するが、日常唯一の任務は、(県)政府や駐屯軍と人民の間の〝仲介人〟になることである。この頃は多くの紳士方の――教育局長とか農会会長のような――屋敷の正門には〝就任通知〟だの〝吉報〟だのとでかでかと書いた赤い紙が貼ってある。いずれも青海南部辺区警備司令部の参議だの参謀を委嘱されたというものである。かれらの中の最高ランクが顧問で、委嘱されたのはただ一人、名声赫々たる当地の大紳士毛某である。その他は全部参議だの参謀だのの類である。かれらはなぜ委嘱されるのか？　地域においてものごとを処理する能力があるからだとも、駐屯軍の面倒をよく見るからだとも言われる。結局はどうなのだ？　ちゃんと説明してくれた人はただの一人もいなかった！

さて、ここ数日、張掖の官界中の目新しい話題は少し前に登場した、以下の二枚の匿名の貼り札である。

その一：

〝全県の皆さん、われわれ張掖の人民の現在の苦しみは如何ばかりか。路××と李××の人でなしの二匹の畜生はやって来ては、一本のアヘン苗も検査しないくせに銀貨六〇〇〇元をむしり取る。だれでも知っていることだ。あいつ等がわれわれの血と汗を勝手にもって行っていいはずがない。立ち上がってあいつ等に反対しよう！〟

その二：

〝皆さん是非来て張視察員の新しい手口を見て下さい〟という標題で、血だらけバラバラの人体を一匹のオオカミが貪り食らい、その傍らには馬蹄銀数個と大清銀貨一枚が散らばっている絵が描かれている。

これは本当なのか？　うそなのか？　事件が発生して当初から、地方行政に携わるお役人方はひたすらもう可否を言わない。当事者もまた何らはっきりした態度を示さず、〝三十六計〟中の最上策〝逃！〟を決め込んでいる。

（九月）二七日から一〇月五日の間、金の張掖から私がどのような印象を受け取ったか？　上記幾つかの事柄は仔細に味わうに値する。（以上、「金の張掖」終わり）

一〇月六日昼、友人礼君が私を甘州（張掖）城の東関まで送ってくれた。四十里舗にて一泊。

七日、祁連山北麓の一並びの支脈の裾を東に進み、沮渠蒙遜の誕生地南固城［今の民楽県南固郷］を経、民楽県西境の一村落に着いて一夜を過ごす。

八日、民楽県城［今の民楽県城、即ち洪水堡］西関に到って宿る。一三日までの間、民楽県に滞在。

一四日午前一一時、雪山に近接したここ洪水堡に別れを告げ、東北に進み、満洲から来た旗人の住む劉総旗［今は村名］を過ぎて、夕方土関というところ（一名［永寿村］）の宿で休む。

一五日、この日は土関に在り。

一六日午後、土関を発《た》ち、廟底下という炭坑の所在地や瓦窰溝村［今は瓦窰溝と称す］という製陶地を経て、夜の七時ごろ山丹県城内の旅館に着いた。山丹県城のにぎわいは高台と同じほどで、張掖には遠く及ばない。ここには用水路が一本あり、南関から城内に引き入れられ、それから城北へと流れ出る。城内の飲み水や洗い水はこの用水路から取る。時には上流で洗い物をしていて、下流で飲み水を汲んでいる。以後二二日まで山丹県城に在り。（一五〇〜一五一頁）

二三日早朝、友人湘君とともに県城の東門より山丹県城に別れを告げる。以下二段に訳出したのは二三日と二四日の記事。これで目次「二三　石燕飛ぶ」中の半分ほどに相当する。

五里余も行かずに、県城近郊の荘園は尽き、草の生えた河原へと歩み入った。三〇里の長丁場、南側遥か遠くには夏の雪を戴いた祁連山の余脈が長く連なっている。北側は相変わらずどす黒い龍首山の余脈で、山裾を電信柱と長城が規則正しく平行している。この三〇里が尽きたところに、住民二〇戸ほどの新河［今の新河村］がある。この数日大軍が境界線を越えて行く——新編第九師団第三旅団が甘州（張掖）から永登に向かって出発し、孫殿英[15]の部隊が西進するのを防止するため。それで、当地の情勢は大分緊張し、通りの小商いは目出度く店じまいしてしまい、兵站の人員と番兵が村の出入り口であたりに気を配っているだけだった。私たちの車夫は引張られるのを恐れ、大急ぎで食事をすませてすぐ出発した。食事というのは、人間様が食って飲んで、馬にも食わせて飲ませ、隠君子《アヘンちゅうどく》たちはその上さらに急いでオンドルにはい上がってスーハーやるので、本来ならどうしても二時間はかかる。このたびはどの仕事も大馬力で、一時間もかけないですませるや馬を車につないで出発した。私たちは高原の坂を上ってから荒れ果てた河原を二〇里ほど行き、廃墟となった集落の跡を過ぎてからさらに草の生えた河原を二〇里行った。すると、南北両側の山脈が接近してできた鞍部にオンボロボロの村落が出現した。私たちがこの硤口駅［今の峡口村］の古い集落に入ったのは日暮れて風も冷たくなったころであった。夜、病んで死にそうな宿の主は何と、もうすぐ御陀仏だから、甘州（張掖）で買った中秋の月餅の美味しいのを持ってないかと問いかけてきた。かれは私たちのお陰で口腹の欲が満たせるかもと思ったのだ。うまい具合に湘君が月餅をたくさん持っていたので、この凄惨にして出し抜けな要求にもどうにか応えられた。

（二四日）私たちは医者ではないし、また病人の長夜の呻吟を聞くのも耐えがたく、鶏が時を告げるころ、早速出立した。ほのかな星明かりのもと、幅一丈余り、一〇里ほどの長さの石の峡谷を抜けた。抜けた東側、草の生えた河原を一〇里も行かないうちに定羌廟［今の繍花廟］に着いた。ここには本来三〇余戸の住民が居たのだが、近年たびたび匪賊の害に遭い、人さらいや羊泥棒等年中寧日ない。そういうことで、ここを通る者もまた隊を組まずには行けない。現在の定羌廟は、人が住んでいる家は五、六軒だけで、その他の家屋には人煙なく、荒れ破れるに任されている。ここはあえて車を止めず、鞭を加えて前進させた。行く手の景色は相変わらず一面草の生えた河原で、河原の両側には依然として南の山と北の山が遙かに遠く向かい合いつつ連なっていて、電信柱と長城は北の山の山裾に平行している。なお、このあたりの南の山は祁連山の余脈の支山で、頂に雪はない。話によると、付近の山里では、風の吹く季節になるたびに岩壁のあたりに石燕が飛来するとのこと。硤口駅と水泉駅［今の永昌県水泉子村］の羊飼いの子供たちはしょっちゅうこの石燕を棒で打ち落として売り物にすると言う。本当にそんなことがあるのかと気になったので、さらに三〇里行って水泉駅に着くとすぐに半元出して所謂石燕なる物を一個買ってみた。何と、海中の甲殻動物の化石で、形状は私どもの郷里の海でとれるアサリの類であった。私が思うには、風化した礫石層の崖の中に海中の甲殻類の化石が混じっていたのであろう。これによって、古代の大陸が隆起して今の河西の陸地になったことがわかる。ただ、もともと海産の物とめったに接触しない内陸の住民がこのような化石を見つけ、その形が空を飛ぶ燕に似ていたものだから、石燕などと名付けられることになったのだ。おまけに当地の古籍に淫した老学究たちがこの石燕を〝商羊舞[16]、石燕飛[17]〟の石燕だとか何とか解釈した。また、女性が難産の時、片手で石燕を一個握りしめるとすぐに胎児が出てくる……等々の説もある。このようなテーマに関しては私は興味がないので、これ以上深くは立ち入らない。

二四日午後、永昌県西境の水泉駅を発《た》ち、三つの低い石だらけの山を越え、さらに草の生えた河原を二〇里行ってから、東に流れる澄んだ一筋の泉水の溝道に沿って進む。この全行程四〇里の終点で、私たちの大車は水磨関［今の永昌県焦家荘郷の所在地］の村の旅籠《はたご》へと駆け込んだ。

二五日早朝出立。永昌県城東門外の宿に投ず。午後は大雪となり、そのまま休息。夜は民楽より携えて来た青稞酒（ハダカムギの焼酎）を飲み、熟睡。

二六日明け方雪止み、永昌県城を出立。住民一〇数家の八壩［今の六壩郷八壩村］にて休息。「八壩もまたまったくオンボロボロの村落である。どの一事につけ目に入るすべては貧乏で、みじめくさい。私たちが泊まった宿の隣家は、どうにも暮らせなくなって、三箇月前に一八になる娘を売った。雇い主はその当座子供を産んでもらうためとか言って合計で銀二〇元の結納金をよこしたそうだ。ところが何とこの雇い主は、娘を連れて涼州［今の武威市］へ行って数日泊まった後に四〇元で妓楼に売りとばしてしまった。娘は妓楼で塗炭の苦しみの一箇月を過ごして後、今度は自分の体が八〇元で別の妓楼に転売されることに気づいた。自分がだんだんと郷里から遠ざかり、帰る道筋は断ち切られ、いっそう深い苦海に沈むかと思った彼女は、涼州まで来て自分を助けてくれるようにと、八埧へ行く人をさがして父母に言づてた。しかし、父母は娘を売って得た二〇元で、三日後に一〇元の公課と五元の借金を払い、三箇月の生活の費用として三元を使い、今は二元しか残っていないのだ。涼州への旅費は何とか都合をつけたとしても、家の生活費はどうする？　涼州に着いてから後の上申書の費用は？　帰りの費用は？　娘を連れ帰ったとして、さて何処にかたづける？　父親はこのような現実問題の前に往生し、娘は捨てられた。残った二元の金が一家数人の一、二箇月の余命を保つのだ。親たちは永別の境遇を思っては老いの涙も滂沱として止めがたいのだが、だからと言ってどうなるか？　結局は〝娘は例えば死んだようなものだ〟と思いなして自分に麻酔をかけ、〝阿Q〟式の精神でこの一場の惨劇の幕を引くのだ！」（一五三～一五四頁）

　この二六日、さらに武威境内豊楽堡［今の豊楽郷］まで進む。「この地で特記すべきものとしては、小学校をあげなければならない。時間割には国語・算術……等々現代学校教育課程の学科目が勝手に書かれてあるけれども、実際のところ『四書』『五経』の他には習字一科目があるだけだ。とは言え、河西ではこんなことは何も珍しいことではない。かりに誰かが責任者に質問したとするなら、質問した方が無知な世間知らずと言うことだ！」（一五四頁）

二七日朝（原文に「二十六晨間」とあるが、「二十七日晨間」とあるべきであろう）、豊楽堡を出立、午後、涼州（武威）城内に入る。孫殿英の部隊の西進に備える河西駐軍で旅館が満員なだけでなく、車輌が徴発され、私たちが雇える車はない。それで、一一月二日まで涼州城内に留まるほかなかった。

一一月二日夜、湘君はハミで知りあったカシュガルの回族の友人アダブラ（アブダラ？）君と涼州（武威）城東関で再会した。以下の二段は、そのアダブラ君に関わる。

私たちが明日は蘭州に向けて立つことを知ったアダブラ君は、すぐに私たちを自分の宿に案内した。たくさんの干ブドウ・アンズの砂糖漬け・角砂糖・磚茶《たんちゃ》等を取り出してもてなしてくれた後、さらに手抓飯《てづかみごはん》を作ってくれた。これで初めて手抓飯の作り方を知った。まず羊の脂身を鍋に入れて加熱する――優に鍋の半分は入れる――食塩を加えてこれがバーッとはじけるぐらいまでに油を熱してから、半寸角ほどのサイコロに切った羊の精肉を順に入れ、次に洗って切っておいた馬鈴薯をどっさり入れ、さらに水洗いしたウルチ米と刻んだ大根を入れ、きっちりと蓋をする。一時間ほどして、手抓飯が鍋ごとオンドルの上の小さな方卓上に運ばれてきた。さっそく銅の杓子で碗に盛る。それからは五本の指を総動員して、碗から口へと飯をかき込む。私はこれまで手抓飯を食べたことがなく、生まれて初めてのこととて手抓みの技はつたなかった。しかし、飯の滋味は充分に味わった。その美味さは勿論細切り豚肉と卵入りの炒飯等の比ではない。四杯食べて碗を置いた後、拭いた手で干ブドウをつまみながらアダブラ君の不慣れな漢語を聴いた。

アダブラ君が言うには「家には数百万の資産がある。ただし、カシュガルには資産数千万の大巴衣《バイ》（金持ち）はいくらでもいるから、自分の家等はちょっとした商売人と言える程度だ」とのこと。彼はトルキスタンのタシケントへ行ったことがあり、またヒンドゥスタンのペシャワールへ行ったこともある。それで、流暢ではないけれどもロシア語と英語も少しは話せる。実際のところ、経済上・交通上の関係よりして、彼らカシュガルの商人は漢語よりもロシア語と英語のほうがよほど上手なのだ！　イスラム商人同士の対話には万事まじりけなしの純正トルコ語が使われる。これは回族の使うアラビア語ともヒンドゥスタンのイスラム教徒の使うペルシャ語とも違う。アダブラ君はまたカシュガルの建築、カシュガルの習俗について語った。一切すべて欧化の度合は深い。カシュガルのあたりには、イギリスの勢力が入り、白系ロシアも潜伏しているし、また共産党も活動している。総体、新疆政府の役人たちの多年にわたる圧迫によって、人びとは次第に中国との間に垣根を作るようになった。つまり、アダブラ君は今回綿花を東に運んで来たのだが、荷が粛州（酒泉）に着いて、特税局へ百貨税を納める段になると、嘉峪関の関税も納めなければならない。イスラム商人をまるで外国から来た者あつかいにして税金を二重に徴収している。……これが事実なのだ。この誠実なカシュガルの友人に対して、どんな申し訳ができるのだ！　私たちはもうゆったりと落ち着いて話をしていられなくなった。一段落した後、アダブラ君に丁重に謝意を表し、宿舎に戻った。（一五八～一五九頁）

三日、友人逸君は私たちを涼州城の東郊まで送ってくれた。河東堡「今の河東郷」を経て、古浪県城に到って宿る。

四日午後古浪県城を出て南に向かい、夜一一時龍溝堡に到って宿る。

五日安遠街［今の天祝チベット族自治県安遠鎮］を経て、積雪の烏稍嶺［今は烏鞘嶺と書く］を越え、鎮羌駅［今の天祝県金強駅村］に宿る。

六日午前、荘浪河西岸に沿って進み、岔口駅［今、天祝県に属す］に到る。

七日昼ごろ永登県城に到る。孫殿英軍の西進を防ぐため、六千余の兵が城内に結集して騒然としている。それでさらに三〇里南下して南大通［今の大同郷］に到って宿る。

八日早朝、南大通を出発、正午ごろ紅城堡［今の紅城郷］を通り、午後咸水河に到って宿る。

九日、産塩地として有名な哈家嘴［今の永登県樹屏郷］等を経て硬水で悪名高い朱家井子［今の皐蘭県朱家井村、南は蘭州市安寧区と界す］に泊まる。省都まではもう四〇里である。以下明一〇日を仮想して、擱筆される。この最後の段落全文。

両側の土山は谷間の道に次第に迫り、山と山との間、幅一丈少々のたった一筋が通路となる。この谷あいの道を行くと、四周の沙土の剝落してしまった山の頂が見え隠れするのを望むことができる。谷の（上方）開口部沿いにまるで幾切れかのカステラを並べたみたいだ。ほかには谷の氷の上を車輪が転回して行く単調な音を耳にするだけである。こうしてたっぷり二〇里も行くと谷の出口になる。突然前面に明るく広々とした果樹園が出現する。園中ナシの樹が整然と並び、樹林の背後には滔々と流れる水の輝く黄河が見え隠れする。私たちのコースは東へ折れる。左手は山裾に寄り、右側は河辺の果樹園に近接している。

真っ直ぐに十里舗［つまり、安寧区十里店郷］、金城関を抜けて、南に向かって黄河の鉄橋を渡り、こうして皋蘭山北麓、黄河南岸に位置する蘭州市街にとうとうたどり着く。河西数箇月間の経歴ははや頭のなかの一個の記憶と化すのだ。（一六三頁）

Ⅴ　著者明駝について

著者明駝の経歴について、本冊点校者は「生平無考」と記した（三頁）〈二八五〉。紹介者にも何等知見はない。ただし、明駝は東南沿海地方の出身かとも思われる。九月一八日、臨沢県城郊外、弱水北岸の用水路とポプラの並木に彩られた仙姑廟―平川堡間の風景について、流砂に侵略占拠されてしまった右手を見なければという条件をつけた上で、「ほとんど上海西方の田舎にでも居るようなつもりになった」（一三六頁）〈三〇五〉と言う。一〇月二四日、水泉駅［今の永昌県水泉子村］で石燕なるものを手にしては「海中の甲殻動物の化石で、形状は私どもの郷里の海でとれるアサリの類で」（一五二頁）〈三一四〉と言っている。なお、八月九日、敦煌月牙泉に遊んでは「泉の面積は普陀山の盤陀庵の養魚地の六倍はある」（一〇二頁）と記している。中国仏教の霊場普陀山は杭州湾に浮かぶ舟山群島中の一島嶼である。以上、漠たる推測の「手がかり」三箇所を引いた。

「友人」や同行者のこと。八月二〇日午後、安西城を立つ時の記述には「同行の×××君」とある（一一五頁）〈二九七〉。九月五日、粛州（酒泉）を立つ時の記述には「友人允・靖の二兄が私を城東五里外の柳蔭橋のたもとまで送ってくれた」（一二八頁）とある。一〇月六日昼には「友人礼君が私を甘州（張掖）城の東関まで送ってくれた」（一四六頁）〈三一一〉とある。また、一〇月二三日早朝、山丹県に別れを告げるところで、「私と友人湘君等は県城の東門を出た」（一五一頁）とあって、「友人湘君」が初出する。この夜、硤口駅に宿をとり、瀕死の宿主に湘君が甘州（張掖）の月餅を恵む羽目になる（一五二頁）〈三一三〉。この後一一月二日夜、涼州（武威）城東関で、湘君は以前ハミで知りあったカシュガルの回族アダブラ君と再会する。湘君ともども明駝もアダブラ君の宿に招かれ、手抓飯を供応されることその他は本文中に訳出した（一五八～一五九頁）〈三一六～三一七〉。湘君はその後も同道したものらしく、同月七日永登県城近辺での記述にも登場する（一六一頁）。「（九月）三日午前、友人逸君が私たちを涼州の街の東のはずれまで送ってくれ、そこで別れの挨拶をした」（一五九頁）との記述もある。湘君は送られた「私たち」の内に含まれよう。逸君はここに登場するのみ。総じて、これら数名の「友人」なる者の詳細、実態は不明である。道中邂逅して、一時意気に投じただけの仲なのであったのだろうか。

「酒泉県長×先生」（一二三頁）〈二九九〉と初出するのが、後では「魏県長」（一二五頁）〈三〇二〉と記されている例がある。安西出立の際に初出の「同行の×××君」もその後に登場する湘君と同一人物の可能性がある。そうだとすると、さらにこの湘君は、敦煌出発の時から、蘭州にたどり着くまでの復路全行程を明駝に同行し、援護したのかもしれない。

范長江の名著『中国の西北角』は、一九三五年七月初旬に成都を出発して以後、東は西安まで、西は敦煌まで、北は包頭まで、一〇箇月を費やした旅行の記録である。これの「第四篇　祁連山北の旅」中の「三　弱水南岸の風光（上）」に「友人明駝君の統計によれば臨沢県第四区の民国一九年（一九三〇）度の収穫は一四四五石だったのが二三年（一九三四）にはわずか八八一石で、五六四石の減少となった。按ずるに耕地一〇畝についての平均収穫高を一石として計算すれば、五年の間に、すでに五六四〇畝の耕地が荒田となってしまったわけだ」（一五〇頁）という。范長江が、張掖から西行して臨沢県を過ぎるのは、一九三六年一月後半のこと。明駝は一九三三年九月後半臨沢県に西来しているが、范著の引く「友人明駝君の統計」は『河西見聞記』には見えない。「生平無考」の明駝は范長江の「友人」だったということを指摘しておく。ただし、范長江が何時、何処で、あるいは何時から、何処から明駝と友人になったのかはわからない。

范長江、本名は范希天（一九〇九〜一九七〇）。四川省内江県の人。一九三五年七月、二六歳の時、天津『大公報』の特約通信員として成都を出発。以後「西は敦煌まで、北は包頭まで、全行程四〇〇〇余里、時を経ること一〇箇月、その足跡は四川・陝西・青海・甘粛・内蒙古にまで及んだ。『大公報』に「長江」と署名された旅行記の連載が始まるや、たちまち多数の読者の熱烈な歓迎を受けた[18]」。

范長江の場合、西北旅行の目的、その際の身分等はっきりしている。対して明駝は西北旅行の目的について「去年（一九三三年）の夏、私は用事があって」（九六頁）〈二八五〉と記すが、用事の内容は一切不明であり、自分の身分についても触れない。

明駝著は蘭州から敦煌への往路のことは原則として対象にならない。彼の用事、旅行の主目的は往路で果たされたのであろうか？　復路はいくらか解放された気楽さもあったのだろうか？　滞在先や旅程中の交際相手はほぼ地方官吏や軍人である。こういう人たちの接待を受けたり、話をきいたりし、また地方都市の市況や教育事情、農村や宿駅の情況等々を観察している。もっとも道中の宿等は官衙や官吏の世話を受けず、独力もしくは湘君ともども自ら奔走した如くである。

註

（1）「西北行記叢萃」中の『西北考察日記』は、開本八五〇×一一六八㎜　1/32　印張八・五　挿頁二　字数二〇万三千　印数三千　ISBN7-226-02360-1/K・402　定価一四・八〇元。巻頭の「編者の話」中に、「西北行記叢萃」は「たくさんの西方旅行記中より選び集めて作成する。叢書の第一輯は一九世紀以降の西北旅行記中の名作併せて二五種を選んで収録し、一〇冊に編集する」と言い、末尾に「編者　二〇〇一年五月」とある。

（2）顧頡剛とその『西北考察日記』については、小倉芳彦著『抗日戦下の中国知識人─顧頡剛と日本─』（筑摩書房　一九八七年五月）および『小倉芳彦著作集Ⅱ─吾レ龍門ニ在リ矣─』（論創社　二〇〇三年七月）参照。

（3）底本には目次がないが、G本には「河西見聞記目録」と題して目次を載せる。またG本は底本にない六枚の写真と甘粛・青海両省省界付近の略図一枚を載せる。目次と地図に関してS本は底本と同様。

（4）原文「没面羊裘」。ある中国の友人に尋ねたら、「顔が隠れるようなフードつきの羊の毛皮の外套」ではなかろうかと解釈してくれた。ところが、范長江著『中国的西北角』（生活・読書・新知三聯書店香港分店　一九八〇年二月。以下、「范著原書」と表記する）に「没有面子的白老羊皮大衣」（九二頁）とあり、范長江著／松枝茂夫訳『中国の西北角』（筑摩書房　一九八三年二月。以下、「范書日訳」と表記する）はこれを「表をつけない白羊の毛皮の外套」（一〇三頁）と訳す。訳はその通りで致し方ないが「表をつけない」という現物のイメージがわかない。なお、范書日訳の原版は范長江著／松枝茂夫訳『中国の西北角』（改造社　一九三八年一月）で、当該箇所の訳に変わりはない（一五八頁）。松枝訳の底本は范長江著／孟可権編『中国的西北角』（天津大公報館出版部 一九三六年八月）のはずだが、上記范著原書で代用した。

（5） 巴彦布剌は鎮名か？ G本は巴彦布剌汎とし、S本は巴彦布剌泛とする。

（6） 西北科学考察団。一九二七年から一九三五年にかけて中国西北の新疆省・寧夏省などを調査した学術探検隊。スウェーデン人ヘディンを隊長とし、隊員はスウェーデン人と中国人が大多数。その活動は三期に分けられるが、学術上の成果は主として二八年秋から三三年秋にかけての第二期にあげられている。

（7） 年羹堯（一六七九～一七二六）清康熙の進士。四川総督、川陝総督を歴し、チベット・青海方面の平定に功あり。雍正帝の猜忌に遭い、死を賜わる。

（8） 新編第三六師団師団長は馬仲英。（郭卿友主編『中華民国時期軍政職官誌（上）』甘粛人民出版社 一九九〇年一二月 参照）

（9） 臨水駅をG本は臨水馹と作り、S本は臨水□（三字目空格）とする。

（10） 薛子良（一八九二～一九七三）子良は字、本名は篤弼。山西省解県（今の運城）の人。山西法政学校卒業。長安県長・北京政府司法部次長・内務部次長・京兆尹（北京市長）等を経歴して、一九二五年一〇月から翌年九月まで甘粛省省長。第二次大戦後、一九四七年四月には、行政院政務委員兼水利部部長。中華人民共和国成立後は、中国人民政治協商会議上海市委員会常務委員・中国国民党革命委員会中央委員兼上海市委員会常務委員等に任じた。（徐友存主編『民国人物大辞典』河北人民出版社 一九九一年五月 参照）

（11） 新編第九師団師団長は馬歩芳。（郭卿友主編『中華民国時期軍政職官誌（上）』参照）

（12） 底本とS本はここを「依旧照四二制的人分四級、……」と作るが、G本は「依旧照四二制的編制共分四級、……」と作る。今G本に従って訳した。ただし、四二制については不明。

（13）沙拉人。現在の中国の少数民族の一つ撒拉族であろう。撒拉族は自称撒拉爾《サラール》。青海省・甘粛省に居住し、多くはイスラム教徒で、言語はアルタイ語系チュルク語派に属す。一九九〇年の人口八・八万人。

（14）韓旅団長。范長江は一九三六年一月一八日「韓玉山先生」に「ぜひとも自分の軍隊（馬歩芳の基本部隊）を見てくれ」と引き留められて、張掖を立つのを半日のばしている（范書日訳一四七頁）。韓旅団長は范長江の会った韓玉山と同一人物のはず。

（15）孫殿英（一八八九～一九四七）字魁元、河南永城の人。河南省西部で活動した土匪より出身。一九二八年六月、蒋介石に収容、改編され、第一二軍軍長となる。一九三三年華北第九軍団長となる。同年五月、軍事委員会北平分会委員、青海省政府西区屯墾督辧となる。日中戦争中戦敗して捕らわれ、汪精衛政権の豫北勦共軍総司令等をつとめる。日中戦争終結後、新編第四路軍総指揮、第三縦隊司令官等に任ぜらる。国共内戦中河南省湯陰県で人民解放軍の捕虜となり、獄中にて病死。（徐友春主編『民国人物大辞典』河北人民出版社　一九九一年五月　他参照）

（16）商羊は伝説上の鳥の名。商羊が舞うと洪水が起こるという。『説苑』『論衡』『孔子家語』等に見える。

（17）石燕。『本草綱目』は、石燕には二種あると言う。一は燕の形に似た石で、雷風に遭えばよく飛揚する。一は蝙蝠に似た鳥で、鍾乳穴中に産し、石乳汁を食する。

（18）范書日訳巻末の松枝茂夫執筆「解説」による。

第十三章　秦代郷里社会での出来事——雲夢睡虎地秦墓竹簡・封診式より——

i　雲夢睡虎地秦墓竹簡

一九七五年暮れから翌春にかけて、中国湖北省孝感地区雲夢県（省都武漢の西北約八〇km）睡虎地にて総計一二座の戦国末から統一帝国期にかけての秦の小型墓が発掘された。そのうちの一一号と編号された小型の木椁墓の棺内には、墓主の遺骸、千百余枚の竹簡、ほかに毛筆・玉器・漆塗りの小箱等の若干の品が納められていた。

竹簡は、棺内の墓主の遺骸の頭部、右体側部、脚部、腹部等にかけて八つほどのまとまりをなして置かれていた。竹簡の長さは二三～二七・八cm（ほぼ秦尺の一尺から一尺二寸）、幅〇・五～〇・八cm。墨で書かれた秦隷（早期の隷書）体の文字の大部分は明晰に判読できる。文字の良好な保存状態に関しては棺内に浸透していた水が有利に作用したとみられる。

現代中国の研究者グループ睡虎地秦墓竹簡整理小組は置かれた部位、編綴痕、筆跡、内容等を検討して全竹簡を一〇種に分類して、それぞれに「編年記」、「語書」、「秦律一八種」、「効律」、「秦律雑抄」、「法律答問」、「封診式」、「為吏之道」、「日書甲種」、「日書乙種」の標題を附した。「語書」と「封診式」は竹簡上にもともと記されていたままの標題であるが、その他の標題は睡虎地秦墓竹簡整理小組の加工、案出にかかる。これら一〇標題千百余枚の竹簡の記事は戦国末から統一帝国期にかけての秦の統治制度・法制度を中心として軍事・経済・社会・習俗等の各方面にわたっている。司馬遷の『史記』や班固の『漢書』等の歴史叙述に多く手がかりを求めざるを得なかった秦史研究にとって、まとまった量の一次史料が出現したことの意味は大きい。

「編年記」はiiで、「封診式」はiiiで説明することとし、まずそれ以外の八種を簡単に説明しよう。

語書　全一四枚。一四枚目の背面に「語書」と標題が記されている。秦王政（始皇）二〇年（前二二七）四月南郡の郡守騰が南郡管轄下の各県・道（少数民族居住地域に設置した地方行政区画。県と同格）に通達した文書の写し。秦が昭王二八年（前二七九）、楚の北部を攻略して南郡を設置してから約五〇年。いまだに必ずしも秦の統治が貫徹したとはいえず、また東方に残った楚の動向も油断できない。このような情況下で、各県・道の官吏は綱紀を正していっそう職務に精励せよとの内容。

為吏之道　全五一枚。書き出しが「凡為吏之道」で始まる。文字どおり官吏たる者の心得を説く。『礼記』『大戴礼記』『説苑』等儒家文献と一致する箇所も多い。修辞法上有用な決まり文句を列挙したり、戦国魏国の法令二条を掲載する等、構成は複雑で、文意不通の箇所もある。

日書　置かれた場所と記載の形式から甲・乙二種に分類される。甲種は全一六六枚、乙種は全二五九枚。乙種の最終簡背面に「日書」と標記されてある。字数は甲種が乙種よりもかなり多いが、甲種と乙種で類似の記述が多い。これらの主要な内容は日時の吉凶の判断である。判断の事項は、旅立ち・官界への出仕・衣服の仕立・家屋の新築や屋根葺等々。その他、母屋の位置から井戸・倉庫・門等どのように配置するのが縁起が良いのか、妖怪に出遇ったらどう対応すれば良いのかといった説明もある。日書にはまた一日を一二時に分けてこれら各々を子丑寅卯等の一二支で言い表す記時法や楚国で用いられた月名呼称と秦国のそれとの対照表等暦法関係の記述も含まれる。

秦律一八種　全二〇一枚。田律（農業生産や山沢の管理）・厩苑律（公有の牛馬の管理）・倉律（公有倉庫の管理）等一八分野にわたる一〇八条の秦律の条文。各条文末尾に律名ないし律名略称が記されている。

效律　全六〇枚。官府の資材管理のための法律。上記秦律一八種中にも效律があり、重複する条文もあるが、こちらの方が分量も多く多岐にわたる。

秦律雑抄　全四二枚。各種秦律からの抜粋。律名は一一種あるが、秦律一八種中の律名と同一のものはない。

法律答問　全二一〇枚。問答形式を多用しながら、秦律中のとくに刑法関連のものを中心にして、条文・専門用語・条文の意図するところなどを解明、解説する。

ii　墓の主

編年記　この標題は整理小組によって附された。全五三枚、墓主の頭の下のところに横置きにされていた。昭王元年（前三〇六）から始皇三〇年（前二一七）までの、戦役を主とする秦の大事が年代順に記されている。さらに、この大事表の昭王四五年以降の部分には、喜という名の人物（姓は不明）の履歴とかれに関わる事項も並記されている。昭王元年から秦王政（始皇）一一年までの大事が一時に書かれているのに対して、この年代内の喜関連事項並びに秦王政（秦始皇）一二年以降のすべての記述は字体を異にし、おそらく後に追記したものと見られる。

編年記は秦国の大事表と喜なる人物に関連する事項との性質を異にする二内容よりなっている。大事表の記載と『史記』等の記載の多くは符合するばかりでなく、より詳細に記述されているところもある。また伝承の古書には見えない記述もある。死者の平生並びにそれに関わる事を記して、死者と一緒に墓葬内に入れる銘刻を墓誌と言い、東晋のころより盛んになった。編年記中の喜なる人物に関連する事項は墓誌の先蹤とみなせるかもしれない。「墓誌」部分から明らかなように墓主喜は秦の地方官吏であった。

以下、編年記の「墓誌」部分のあらましを抜粋してみる。

①昭王四五年（前二六二）一二月甲午の日、鶏鳴（丑）時、喜生まれる（一歳）。

②秦王政（始皇）元年（前二四六）、傅籍される（以後国家の割り当てる徭役や人頭税等を負担する義務を負う。一七歳）。

③三年（前二四四）巻（魏の地。今の河南省原陽の西）の戦いに従軍。八月、喜、史（書記）となる（一九歳）。

④六年（前二四一）四月、喜、安陸の令史（書記官）となる（二二歳。安陸は今の湖北省雲夢・安陸一帯。楚の領域であったが、秦は昭王二九年（前二七八）にこのあたりを攻略して南郡を設置した）。

⑤七年正月甲寅、鄢（安陸とともに南郡所属の県。今の湖北省宜城の南）の令史に転任。

⑥一二年（前二三五）四月癸丑、喜、獄を鄢に治む（二八歳。鄢の法律案件の審理を担当）。

この後、喜の父・母の死、男児・女児の出生のことを記すが、喜自身についての記述はなく、二八年（前二一九）担当箇所に「今、安陸を過ぐ」と天下統一後三年目の秦始皇の第二次巡遊が安陸の地を経過したことを一行録し、続けて「二九年」「三〇年（前二一七）」と二行に年代のみを記して「編年記」は終わっている。「獄を鄢に治」めて後間もなく喜は退官して郷里の安陸に戻り、その地で天下を統一した始皇帝の巡遊に際会し、そうして土に帰ったのであろうか。喜が「三〇年」に死んだなら、数えの四六歳。一一号墓の人骨に対する医学的鑑定が四〇余歳とするのと一致する。

秦の大事表部分は地方官吏としてのかれにとっての必須の執務要覧《マニュアル》であったろう。より広く、棺に納められた一〇種の竹簡のほとんどすべては地方官吏としての生前の喜の机辺に置かれ、執務要覧としての用をなしたであろう。

iii　封診式より

封診式　全九八枚よりなり、最終簡の背面に封診式の標題がある。内容上は二五節に分かれ、各節第一簡の上端に「治獄」「訊獄」「有鞫」「封守」「覆」「盗馬」「争牛」等の見出しが付けられている。このうち「治獄」と「訊獄」は被疑者を訊問する際の総則を示したものであり、「有鞫」と「覆」は被疑者の身元確認をその原籍地の県に依頼した同一レヴェルの行政機構間で交わされる公文書の文例である。残る二一節は上級官吏の裁判に資するために、案件を担当した下級官吏によって作成された「爰書《えんしょ》」とよばれる公の証明文書（公証書）の文例を主体とする。以下に二一節の爰書中より「経死（首つり）」「穴盗（〈壁に〉穴をあけての窃盗）」「出子（流産）」の三節を見てみよう。

経死　爰書：某里の里典甲が「里人の士伍（無爵の成年男子）丙が自分の家で首を吊って自殺しました。原因は不明です。報告にまいりました」と言います。●ただちに令史（書記官）某を派遣して検証させました。●令史某の爰書：牢隷臣（牢獄勤務の懲役囚）某とともに甲と丙の妻と娘を立ち会わせて丙を検分しました。丙の死体はその家の東の部屋の北側の壁の垂木にぶら下がって、南に向いていました。親指ほどの太さの麻縄を結んで環を作り、環の括り目は項のところになっていました。縄のもう一方は垂木に掛けられ、二重にまわしてから結んでありましたが、二尺ほどの長さを余していました。頭は垂木から二尺離れ、足は地面から二寸浮いていました。頭と背は壁にくっついていて、舌は唇のところまでとび出て、糞尿が垂れ流され、両脚を汚していました。縄を解くと、死体の口と鼻からフーッとため息をつくみたいに空気が排出されました。縄によって死体上に残された鬱血痕は、項のところ幅二寸ほどにはありませんでした。その他の部位には武器・棍棒・縄の痕跡は認められませんでした。垂木は両手の親指と人差し指を開いて作った輪の太さ、長さは三尺。西は堪《かん》（iv参照。土で築いた作業用のテーブルのようなもの）から二尺隔たっていて、堪の上にのって縄を（垂木に）掛けることができたのです。地面はかたくて足跡はたどれませんでした。縄の長さは一丈、上下に絹の単衣の短衣とスカートを着し、裸足でした。ただちに甲と丙の娘に命じて丙の死体を県役所に運搬させました（令史某の爰書はここまでで、以下は首つりの死体を検証する際の原則を記す）。

検分する際には必ず先ずその痕跡を仔細に観察せねばならず、勿論自分で死体のある場所に行って、縄の縛ってあるところを見、そこにもしも縄環の痕跡があったら、その後、舌がとび出ているかどうか、頭と足が縄を掛けたところと地面からそれぞれどれだけ離れているか、糞尿が流れ出ているかどうかをしらべる。それから縄を解いて口鼻から息が漏れるかどうか、縄痕の鬱血の情況を見る。死体の頭が項部で結んだ縄の環から出るかどうかを試してみる。もしもうまく抜けたなら衣服を脱がせて死体の全体・頭髪の内及び会陰部を徹底的に調べよ。舌が出ていなくて、口鼻から息も漏れず、縄痕の鬱血がなく、縄の環がぎゅっと締まっていて頭が抜けないときは、自縊とは確定しがたい。死後長い時間が経過している場合は口鼻から息が漏れるようなことはない。自殺する者には必ずその原因があるのだから、同居の者を訊問し、かれらに原因と思われるものを答えさせなければならない。

穴盗　爰書：某里の士伍の乙が以下の如く訴えでた。「昨夜わたしは自分の綿入れの長着一着を自宅の側室にしまい、部屋の戸を閉めてから、妻の丙と二人で広間で休みました。今朝起きて戸を開けて着物を着ようとしたら、だれかが部屋の中へと穴をあけ、綿入れの長着はなくなっていました。穴をあけて盗んだのが何者か、何人なのか、わかりません。ほかに無くなったものはありません。以上、申し上げます」●ただちに令史某を派遣して現場を検証し、犯人を捜させた。令史某の爰書：郷の責任者某、牢隷臣某といっしょに乙と里典の丁をつれて乙の側室を検証しました。側室は広間の東にあり、広間と並んでいて、南向きで戸があります。側室の後部は小堂になっていて、側室の（壁の）真ん中に新しい穴があり、穴は貫通していて、穴の下辺は小堂面と一致します。穴の縦径は二尺三寸、下辺の幅は二尺五寸。上辺は豚（が出入りする）穴のような形になっています。刃幅の寛い鑿で穴をあけたらしく、鑿痕の幅は二と三分の二寸。この穴の土は小堂の上にあります。つまり、穴があいた際にこぼれた土をそのままにして、側室の中へ押し入っています。側室の中、穴の内外の土には膝と手の跡が残っていて、膝跡、手の跡それぞれ六箇所です。穴の外側の土には秦綦履《しんきり》（ⅳを参照。底の滑り止めの凹凸模様が秦様式の靴）の跡が四箇所あり、履跡の長さは一尺二寸。履跡前部の凹凸模様の密なところは長さ四寸、中央の疎なところは長さ五寸、踵の密なところは長さ三寸。履跡より見るに古履です。側室の北側に塀があり、その高さは七尺。塀の北は通りです。北側の塀は小堂の北縁（側室の北端）から一丈（一〇尺）へだたっております。東側の塀は側室から五歩（三〇尺）隔たっていますが、この塀の上に少々ですが、最近壊れた部分があります。内外方向に順って壊れていて、人の脚が塀を踏み越えたときの痕跡のようですが、どれも長さや幅を測定することはできません。側室まわりも塀の外も地面がかたく、踏み跡はたどれません。（以上の次第で）犯人の人数、何処へ逃げたかはわかりません。側室の中に竹柖《ちくしょう》（ⅳ参照。竹製の小さな座卓）があります。この柖《しょう》は側室（の小堂上）の東北隅にあり、東側の壁からも、北側の壁からも各四尺隔たっていて、高さは一尺です。乙は「綿入れ長着を柖《しょう》の中央に置いた」と言います。●乙と丙を訊問すると、二人して「乙は今年の二月にこの着物を作った。生地は五〇尺、裏は絹地で、真綿を五〇斤入れた。繆繒五尺で縁飾りをした。盗人がどんな人物か、（盗まれた）時間はわかりません。心当たりがありません」と明言する。●丁と乙と同伍の士伍□を訊問すると、「乙が綿入れの長着を持っているのは見ています。縁飾りがあって、新しいものでした。裏地が何か、どうして無くなったのかは知りません」と言う。●以上によって着物の価格を評価しました。

出子　爰書：某里の士伍の妻甲が以下の如く訴えでた。「わたくし甲は妊娠六箇月でした。昨日昼、同里の大女子（成年女性）丙と争いました。二人互いに髪の毛をつかみあいましたが、丙が甲をひきずり倒してのしかかりました。里人の公士（二〇等爵制中の最下級の爵位）丁が助けにはいり、丙と甲とを引き分けました。甲は家に帰るとすぐに腹が痛くなり、昨夜胎児を流産してしまいました。いま甲は胎児を包み持ちきたって自首し、かつ丙を告発します」と。ただちに令史某をつかわして丙を逮捕しました。また嬰児の性別・発毛と胞衣《えな》の様相を検分しました。さらに隷妾（女懲役囚）中のいくども出産したことのある者に甲の陰部の出血と傷の様相を検分させ、また甲の家の者に甲が帰宅したときの様子や流産の様子を訊問しました。●県丞乙の爰書：令史某・隷臣（懲役囚）某に甲の持参した子を検分させましたが、すでに布きれで包んであったのが血凝り状になっていて、肘から手指までほどの大きさで、子供とは見えませんでした。そのままたらいの水の中に入れてこれを揺すると、血凝りは子供でした。その頭・体・腕・手指・太股から足・足の指まで人のようですが、目・耳・鼻・性別は判然としませんでした。水の中から出すと、また血凝り状になってしまいます。●別の一書式に言う：隷妾中のいくども出産した者某某に甲を検分させた。いずれも「甲の陰部辺には乾いた血があります。いまも若干出血していますが、経血ではありません。某は妊娠の末流産した経験がありますが、その際の陰部や出血は甲の□のようでした」と申しました。

iv　封診式三節補遺

首つり自殺、盗難、喧嘩による流産。これらは郷里生活の日常の内に突発した事件であり、いずれも県衙の警察機構が動き出す。三節を総合すると、県―郷―里―（什）伍の行政系列、犯罪捜査に携わるスタッフ、現場検証や身体検査の様相、士伍・公士といった爵制関連呼称、住居の構造、住宅と塀と通り、裏底もふくめて履物のこと、材料や作り方もふくめて衣服のこと、鑿や柖等の器物等々、種々の事項にわたっていて、内容豊富である。豊富な内容に比例して、疑問事項・論点も生ずる。例えば爰書とは何か、隷臣妾とは何か等に関しては詳細な論議が展開されている。さしあたり小論では、有力な一解釈を踏襲したり、また括弧の中に通例の現代日本語を入れたりした。出子の節、県丞乙の爰書に記された流出胎児の発達状態は、甲女の申し立てる妊娠六箇月にしては未熟だといった論議もある。以下に、これも論点の一つなのだが、穴盗の部屋の構造、間取りに関して、愚見を呈したい。

穴の位置、土の散らばった箇所、東側の塀の少しく壊れた箇所等含めて、結論は附図ⅰ「平面図」と附図ⅱ「東側からの立面図」を見ていただきたい。

最大の問題は、穴盗節中の「小堂」の解釈にかかる。明確な先行解釈を参照してみよう。小論末尾の【主要参考文献】（以下文献と略称）中の③は、東西に並列した広間と側室（以上部屋や塀の呼称は小論のそれに従う）中の、側室の北壁外に凸型に小堂（南端は側室北壁と共通で、北端に二本の柱、これに壇状の床と屋根が伴うといった開放構造を想定したのだろう）を付加する。また塀に関しては建物の北側に東西に長く走るも

附図ⅰ「平面図」

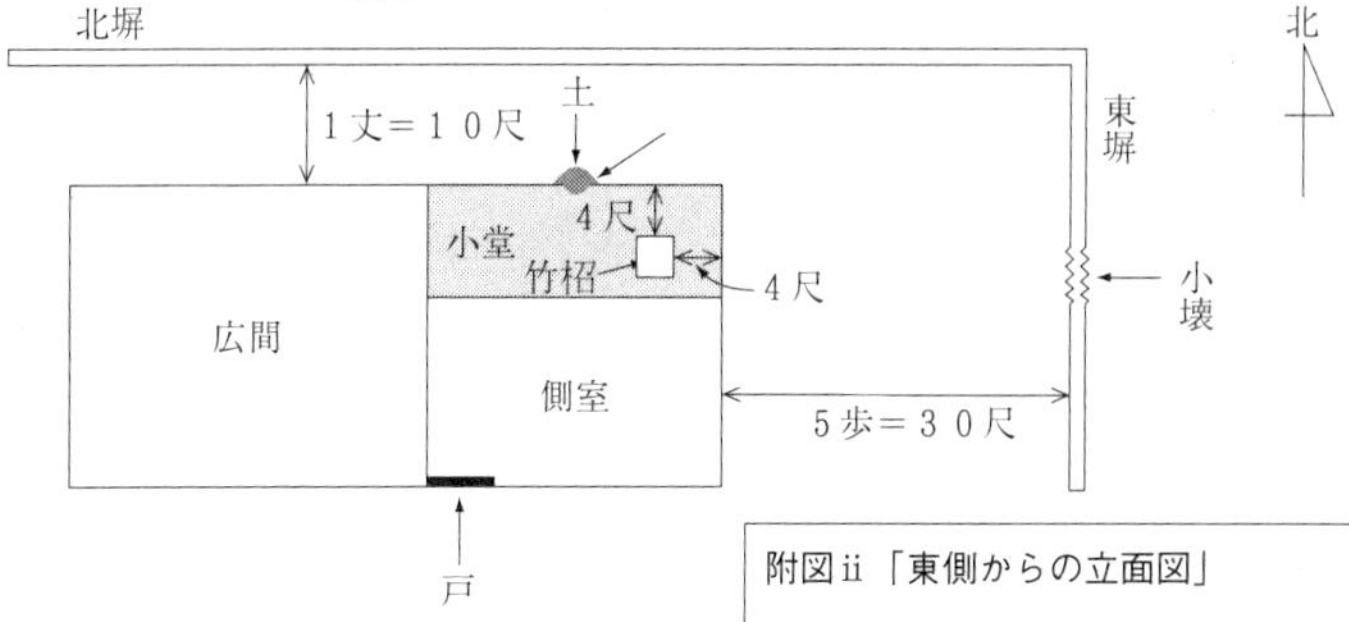

＜備考＞ 1．広間は原文では堂、大内。
2．側室は原文では房内、内。
3．小堂と竹 柖(柖 は原文どおり。
4．戸の位置は仮に定めた。

附図ⅱ「東側からの立面図」

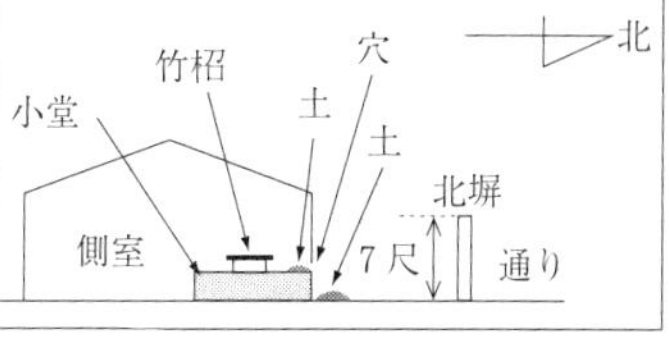

のとし、北塀から直角に折れる東塀は想定しない。③は以上の様相の「見取り図」を掲げ、小堂の北端から塀までを一〇尺と表示する。文献⑧は図を掲げないが、側室の「後方には小堂（テラス）があります」と言い、側室の北壁外に凸型にテラスを想定していて、テラスの北端から塀までが一〇尺と想定する。なお⑧は、小論と同様に建物の東側にも塀を想定しているようである。塀のことは措くとして、③⑧以外の解釈も、側室の北側外部に凸型に小堂を想定するらしい。解釈の一要点は、「側室の後部は小堂になっていて（原文：内後有小堂）」の後部（原文「後」）を「側室の北側に凸型に付設された施設」とみるか、「側室内の後方部分の施設」とみるかである。私見は後者である。附図にも注記したが、原文では、「小堂」の他に「堂」の語も用いられ、単に「堂」と言う場合は、「大内」とも互用して広間を指す。では堂とは何か？

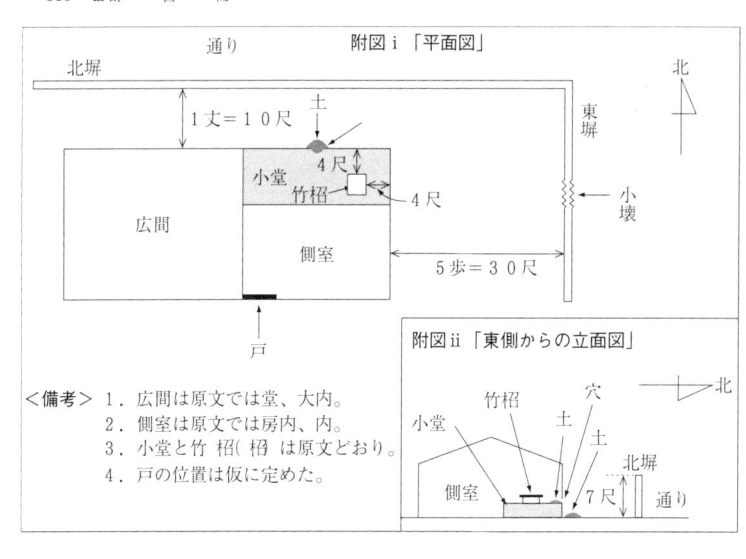

封診式の封守の節に「一宇二内」の句があり、文献②⑤の注釈は『漢書』巻四九「鼂錯伝」に「家有一堂二内」とあるのを引いて「堂とは即ち庁堂、内は臥室」とする。「庁堂」は、広間とかホールと訳せる。封診式・穴盗の家屋は、一堂一内、つまり、広間一、臥室一で、盗難にあった夜は、夫婦は広間で休んだのである。

『尚書』「周書・大誥」に「厥子乃弗肯堂。矧肯構（厥《そ》の子乃《すなわ》ち肯《あえ》て堂せず。矧《いわ》んや肯て構せんや）」とあり、清人兪樾の『群経平議』「尚書三」は「古人封土而高之、其形四方、即謂之堂（古人土を封じて之を高くし、其の形は四方、即ち之を堂と謂う）」と説明する。土を盛って方形に高く築きかためて家屋の基台としたものが堂である。そこから延伸して、家屋中の広間、主室も堂と呼ばれるのである。穴盗原文に「堂」とか「大内」とあって、広間と訳したのがこれである。他方、堂の原義の最小限は「土を方形に高く築きかためたもの」ということであろう。封診式・穴盗の「小堂」はそこに由来する。側室内後部を構成する小堂は、現代の中国農村の民家によく見られる炕（オンドル）と類似の施設（ただし、炕のように、内部に竈からの通煙孔があって、暖房の用をしたかどうかは不明）であった。

現代の中国農村の民家の炕上には炕桌児《カンジュアル》と称する脚の短い小さな座卓が配されていて、上にちょっと物を置いたり、簡単な作業をしたりするのに用いられる。穴盗原文の「竹柖」「柖」は炕桌児類似のものであったろう。

穴盗の小堂が現在の民家の炕のようなものだったとすると、経死にある堪とは何なのか？　自殺者は先ずここに乗って、垂木に縄をかける等の準備をし、縄環に首を入れ、最後堪を蹴って縊死した。足踏みの台の役割をしたのだから、堪も高さのあるものでなければならない。『説文』「土部」には「堪、地突也（堪とは地の突するなり）」とあり、清人段玉裁は「地之突出者曰堪（地の突出するものを堪と曰う）」と注する。首つりの実行された屋内には、土間のたたき面よりも高く構築された土台があったのである。例えば中国映画『紅いコーリャン』（原題『紅高粱』張藝謀監督、西安映画製作所　一九八七年）の肉屋を含めた盗賊集団のアジト内に、土で築いた作業用のテーブルのような構造物があったと思う。経死の節の「堪」はあのようなものをイメージすればよいのではなかろうか。

最後に「秦綦履」に触れておく。秦始皇兵馬俑坑出土の跪射俑（ひざまづく弓射兵の俑）中、靴底の滑り止めの凹凸模様まではっきりと造形されているものがある。「綦」は「履跡」「脚印」の意味。「秦綦履」で「底の滑り止めの凹凸模様が秦様式の靴」ということになろう。穴盗の賊の残した靴跡が、写真の跪射俑中の靴底と必ず同形とは断言できない。それでも凹凸模様が靴底前掌で密であり中央土踏まずの部分で粗になり後掌踵の部分でまた密になる様相など、爰書足跡の記載と出土俑の靴底とが重なるのははなはだ興趣をそそられる。

▲文献⑫より

【主要参考文献】

①林巳奈夫『漢代の文物』（京都大学人文科学研究所　一九七六年、のち朋友書店より一九九六年　再版）

②睡虎地秦墓竹簡整理小組『睡虎地秦墓竹簡』（文物出版社　一九七八年）
③小倉芳彦『古代中国に生きる』（三省堂　一九八〇年、のち『入門　史記の時代』ちくま学芸文庫　一九九六年）
④A.F.P.Hulsewé, *Remnants of Ch'in Law*, Leiden E.J.Brill, 1985.
⑤睡虎地秦墓竹簡整理小組『睡虎地秦墓竹簡』（文物出版社　一九九〇年）
⑥輿水優等『中国語図解辞典』（大修館書店　一九九二年）
⑦籾山明「雲夢睡虎地秦簡」（滋賀秀三編『中国法制史基本資料の研究』東京大学出版社　一九九三年）
⑧籾山明『秦の始皇帝―多元世界の統一者―』（白帝社　一九九四年）
⑨冨谷至『古代中国の刑罰―髑髏が語るもの―』（中公新書　一九九五年）
⑩早稲田大学秦簡研究会「雲夢睡虎地秦墓竹簡「封診式」訳注初稿（五）・（六）」（『史滴』一七・一八　一九九五年・一九九六年）
⑪工藤元男『睡虎地秦簡よりみた秦代の国家と社会』（創文社　一九九八年）
⑫秦始皇兵馬俑博物館『秦始皇兵馬俑博物館』（文物出版社　一九九九年）
⑬松崎つね子『睡虎地秦簡』（明徳出版社　二〇〇〇年）

あとがき

昨夏、勤務先日本女子大学の行事「二〇〇五年度（第七回）北京大学中国語学文化夏期研修」の伴をした。文学部と人間社会学部の二・三年生、計一四名の学生が、八月一四日から九月三日の間、北京大学哲学系の世話で研修をうけた。わたしは学生たち共々構内の勺園に泊まったが、台北から成田経由で八月二五日夜に到着した谷中信一教授（中国哲学）にひきつぎ、二六日午後一人勺園を出て、宣武区西経路の新北緯飯店（旧称天橋賓館　英語名は変わらず Beijing Rainbow Hotel）に移った。ここに二泊して、二八日帰国した。

二〇〇二年夏、兒龍介と連れだって上海出入りで、蘇州・杭州・寧波等をまわって以来三年ぶりの中国である。三年前は、特に上海の変貌におどろいた。そのまた三年前、一九九九年夏「中嶋敏先生と西夏王陵に行く会」総勢一四名で銀川に行ったが、往復、北京にも計三泊した。当時、頤和園や円明園を観光し、北京大学や清華大学の付近を通ったが、六年後、特に北大周辺はさらに激変した模様である。

研修期間中、学生は精励し、わたしにさほどの用事はなかった。ただし、学生を置いて、一人で遠出するのもはばかられた（二一日日曜日、地下鉄・バス・輪タクに乗り、北京東郊通州に往来。帰国の前日、河北省涿州に往来しようとしてバスを間違え、北京西南郊房山区韓村河に往来）。おかげで、「第一章　甲戌遊華録」では見るを得なかった（九〇頁）北大構内の蔡元培像、李大釗像、エドガー・スノウ墓を見た。他にもセルヴァンテス像だの西南聯大記念碑（馮友蘭撰文）だのというのも見た。構内の新華書店その他の書店、北大近辺の海淀図書城と風入松書店総店、都心の王府井図書城等の書店をときどきのぞいて、買い物をした。これらのかなりの部分は、勺園内の郵便局から、八月二三日、一括して航空小包（一六四六〇グラム、六一〇・八〇元）で家に送った（九月三日到）。記念の意も込めて、左に総計三二種の目録を掲げる。

二〇〇五年夏天（八月一四日～八月二八日）在北京買的書　目録

A語録、字・辞書類

①『毛主席語録　Quotations from Chairman Mao Tse-Tung（漢英対照）』（外文出版社　一九六六年袖珍第一版　同年一〇月重印　定価〇・六〇元　在故宮跟叫売的人買　買価　四五・〇〇元）

②『牛津中階英漢双解詞典（新版）　Oxford Intermediate Learner's English-Chinese Dictionary New edition』（商務印書館・牛津大学出版社　二〇〇一年六月第一版　二〇〇三年四月　第一〇次印刷　五八・〇〇元）

③中国社会科学院語言研究所詞典編輯室編『漢英双語　現代漢語詞典（二〇〇二年増補本）　The Contemporary Chinese Dictionary』（外語教学与研究出版社　二〇〇二年一一月第一版　二〇〇四年三月第七次印刷　九九・九〇元）

④『外研社（FLTRP）漢英小詞典』（外語教学与研究出版社　二〇〇四年四月第一版　同年九月第二次印刷　二六・九〇元）

⑤葉柏来著『解文説字』（華南理工大学出版社　二〇〇五年一月第一版第一次印刷　二三・五〇元）
⑥《古代漢語字典》編委会編纂『古代漢語字典（彩色版）』（商務印書館　二〇〇五年一月　第一版第一次印刷　八八・〇〇元）
⑦原編著王力等『古漢語常用字字典（第4版）』（商務印書館　一九七九年九月第一版　二〇〇五年七月第四版　同年八月第六六次印刷　二八・〇〇元）
⑧『文曲星』（電子辞典　北京金遠見電脳技術有限公司製　在北京大学内新華書店買　買価三二〇元）

B北京引導類

①余釗著『北京旧事』（学苑出版社　二〇〇〇年六月第一版　二〇〇四年三月第三次印刷　二八・〇〇元）
②龐洵著『北大地図』（広西師範大学出版社　二〇〇二年一〇月第一版第一次印刷　三九・八〇元）
③陳師曾画『北京風俗』（北京出版社　二〇〇三年一月第一版第一次印刷　六八・〇〇元）
④王彬・徐秀珊著『北京街巷図志』（作家出版社　二〇〇四年一月第一版　同年三月第二次印刷　四五・〇〇元）
⑤張清常著／張暁華整理『胡同及其他（増訂本）』（北京語言大学出版社　二〇〇四年一月第一版第一次印刷　三四・〇〇元）
⑥張清常著／張暁華整理『北京街巷名称史話（修訂本）』（北京語言大学出版社　二〇〇四年一月第一版第一次印刷　四二・〇〇元）
⑦秦人編著『人文北京』（中国書籍出版社　二〇〇四年九月第一版第二次印刷　三四・〇〇元）

⑧呉建群・楊志敏責任編輯『Hu Tong of Beijing photography 北京胡同』（中国旅游出版社　二〇〇二年六月第一版第一次印刷　二〇〇五年一月第二版第二次印刷　定価不記　買価七・三六$）

C古典注釈類

①中国社会科学院歴史研究所宋遼金元史研究室点校『名公書判清明集』（中華書局　一九八七年一月第一版　二〇〇二年六月第二次印刷　四〇・〇〇元）

②喬清挙注釈『全文注釈本　塩鉄論』（華夏出版社　二〇〇〇年五月第一版第一次印刷　一二・〇〇元）

③曹瑛・金川注釈『全文注釈本　世説新語』（華夏出版社　二〇〇〇年五月第一版第一次印刷　二〇〇三年一月第四次印刷　一四・〇〇元）

④呂偉注釈『全文注釈本　呂氏春秋』（華夏出版社　二〇〇二年一月第一版第一次印刷　同年五月第二次印刷　一二・〇〇元）

⑤施忠連主編『袖珍　古代経典誦読』（上海辞書出版社　二〇〇四年四月第一版第一次印刷　一九・〇〇元）

⑥李天華著『世説新語新校』（岳麓書社　二〇〇四年一一月第一版第一次印刷　三六・〇〇元）

⑦何清谷撰『中国古代都城資料選刊　三輔黄図校釈』（中華書局　二〇〇五年六月第一版第一次印刷　三八・〇〇元）

⑧徐松著／朱玉麒整理『中外交通史籍叢刊　西域水道記（外二種）』（中華書局　二〇〇五年七月第一版第一次印刷　四六・〇〇元）

D研究書、評伝類

①王国維著『二十世紀中国史学名著　観堂集林（外二種）』（河北教育出版社　二〇〇一年六月第一版第一次印刷　二〇〇三年一一月第二版第一次印刷　四一・六〇元）

②田余慶著『秦漢魏晋史探微（重訂本）』（中華書局　二〇〇四年二月新一版第一次印刷　四四・〇〇元）

③高敏著『魏晋南北朝史発微』（中華書局　二〇〇五年一月第一版第一次印刷　二六・〇〇元）

④汪栄祖著『史家陳寅恪伝』（北京大学出版社　二〇〇五年三月第一版　同年六月第二次印刷　二八・〇〇元）

E報告、小説類

①Edgar Snow（美）著／董楽山訳『英漢対照　西行漫記 Red Star Over China』（外語教学与研究出版社　二〇〇五年七月第一版第一次印刷　六八・〇〇元）

②白石・湯以平著『従囚徒到省委書記』（作家出版社　二〇〇五年五月第一版　同月第二次印刷　三九・〇〇元）

③温鉄軍著『三農問題与世紀反思』（生活・読書・新知三聯書店　二〇〇五年七月第一版第一次印刷　二二・五〇元）

④〔美〕黄仁宇著『汴京残夢』（新星出版社　二〇〇五年四月第一版　同年六月第二次印刷　一八・〇〇元）

本書の刊行について御配慮頂いた汲古書院の石坂叡志社長・同坂本健彦相談役に厚く御礼申し上げます。多忙の中、校正その他助力し、教示してくれた妻千津子にも感謝します。

二〇〇六年一月一日　六十八周歳生日

多田狷介識

著者略歴

多田　狷介（ただ　けんすけ）

1938年茨城県に生まれる。1960年東京教育大学文学部史学科（東洋史学専攻）卒業。1968年東京教育大学大学院文学研究科博士課程（東洋史学専攻）単位取得満期退学。同年東京教育大学文学部助手となる。1970年日本女子大学文学部専任講師となり、助教授を経て、1981年教授となり、現在に至る。

著書：『中国彷徨－大陸・香港・台湾－』（近代文藝社　1995年）、『漢魏晋史の研究』（汲古書院　1999年）

訳書：姚荷生原著『雲南のタイ族－シプソンパンナー民族誌－』（刀水書房　2004年）

訳注：「『人物志』訳稿（上）（下）」（『史艸』20号・21号　1979年・1980年）、「『中論』訳稿（上）（下）」（『日本女子大学文学部紀要』31号・32号　1982年・1983年）

汲古選書44

わたしの中国－旅・人・書冊－

二〇〇六年二月　発行

著　者　多田狷介
発行者　石坂叡志
印刷所　富士リプロ

発行所　汲古書院
〒102-0072 東京都千代田区飯田橋二－五－四
電話〇三（三二六五）九七六四
FAX〇三（三二二二）一八四五

ISBN4－7629－5044－0　C3398

汲古選書

既刊44巻

1 一言語学者の随想

服部四郎著

わが国言語学界の大御所、文化勲章受賞・東京大学名誉教授故服部先生の長年にわたる珠玉の随筆75篇を収録。透徹した知性と鋭い洞察によって、言葉の持つ意味と役割を綴る。

▼494頁／定価5097円

2 ことばと文学

田中謙二著

京都大学名誉教授田中先生の随筆集。

「ここには、わたくしの中国語乃至中国学に関する論考・雑文の類をあつめた。わたくしは〈ことば〉がむしょうに好きである。生き物さながらにうごめき、またピチピチと跳ねっ返り、そして話しかけて来る。それがたまらない。」（序文より）

▼320頁／定価3262円　好評再版

3 魯迅研究の現在

同編集委員会編

魯迅研究の第一人者、丸山昇先生の東京大学ご定年を記念する論文集を二分冊で刊行。執筆者＝北岡正子・丸尾常喜・尾崎文昭・代田智明・杉本雅子・宇野木洋・藤井省三・長堀祐造・芦田肇・白水紀子・近藤竜哉

▼326頁／定価3059円

4 魯迅と同時代人

同編集委員会編

執筆者＝伊藤徳也・佐藤普美子・小島久代・平石淑子・坂井洋史・櫻庭ゆみ子・江上幸子・佐治俊彦・下出鉄男・宮尾正樹

▼260頁／定価2548円

5・6 江馬細香詩集「湘夢遺稿」

入谷仙介監修・門玲子訳注　幕末美濃大垣藩医の娘細香の詩集。頼山陽に師事し、生涯独身を貫き、詩作に励んだ。日本の三大女流詩人の一人。

▼⑤定価2548円／⑥定価3598円　好評再版

7 詩の芸術性とはなにか

袁行霈著・佐竹保子訳　北京大学袁教授の名著「中国古典詩歌芸術研究」の前半部分の訳。体系的な中国詩歌入門書。

▼250頁／定価2548円

8 明清文学論

船津富彦著

一連の詩話群に代表される文学批評の流れは、文人各々の思想・主張の直接の言論場として重要な意味を持つ。全体の概論に加えて李卓吾・王夫之・王漁洋・袁枚・蒲松齢等の詩話論・小説論について各論する。

▼320頁／定価3364円

9 中国近代政治思想史概説

大谷敏夫著　阿片戦争から五四運動まで、中国近代史について、最近の国際情勢と最新の研究成果をもとに概説した近代史入門。1阿片戦争　2第二次阿片戦争と太平天国運動　3洋務運動等六章よりなる。付年表・索引　▼324頁／定価3262円

10 中国語文論集　語学・元雑劇篇

太田辰夫著

中国語学界の第一人者である著者の長年にわたる研究成果を全二巻にまとめた。語学篇＝近代白話文学の訓詁学的研究法等、元雑劇篇＝元刊本「看銭奴」考等。

▼450頁／定価5097円

11
中国語文論集 文学篇
太田辰夫著

本巻には文学に関する論考を収める。「紅楼夢」新探／「鏡花縁」考／「児女英雄伝」の作者と史実等。付固有名詞・語彙索引

▼350頁／定価3568円

12
中国文人論
村上哲見著

唐宋時代の韻文文学を中心に考究を重ねてきた著者が、詩・詞という高度に洗練された文学様式を育て上げ、支えてきた中国知識人の、人間類型としての特色を様々な角度から分析、解明。

▼270頁／定価3059円

13
真実と虚構―六朝文学
小尾郊一著

六朝文学における「真実を追求する精神」とはいかなるものであったか。著者積年の研究のなかから、特にこの解明に迫る論考を集めた。

▼350頁／定価3873円

14
朱子語類外任篇訳注
田中謙二著

朱子の地方赴任経験をまとめた語録。当時の施政の参考資料としても貴重な記録である。「朱子語類」の当時の口語を正確かつ平易な訳文にし、綿密な註解を加えた。

▼220頁／定価2345円

15
児戯生涯 一読書人の七十年
伊藤漱平著

元東京大学教授・前二松学舎大学長、また「紅楼夢」研究家としても有名な著者が、五十年近い教師生活のなかで書き綴った読書人の断面を随所にのぞかせながら、他方学問の厳しさを教える滋味あふれる随筆集。

▼380頁／定価4077円

16
中国古代史の視点 私の中国史学(1)
堀　敏一著　中国古代史研究の第一線で活躍されてきた著者が研究の現状と今後の課題について全二冊に分かりやすくまとめた。本書は、1時代区分論　2唐から宋への移行　3中国古代の土地政策と身分制支配　4中国古代の家族と村落の四部構成。

▼380頁／定価4077円

17
律令制と東アジア世界 私の中国史学(2)
堀　敏一著　本書は、1律令制の展開　2東アジア世界と辺境　3文化史四題の三部よりなる。中国で発達した律令制は日本を含む東アジア周辺国に大きな影響を及ぼした。東アジア世界史を一体のものとして考究する視点を提唱する著者年来の主張が展開されている。

▼360頁／定価3873円

18
陶淵明の精神生活
長谷川滋成著

詩に表れた陶淵明の日々の暮らしを10項目に分けて検討し、淵明の実像に迫る。内容＝貧窮・子供・分身・孤独・読書・風景・九日・日暮・人寿・飲酒　日常的な身の回りに詩題を求め、田園詩人として今日のために生きる姿を歌いあげ、遥かな時を越えて読むものを共感させる。

▼300頁／定価3364円

19
岸田吟香―資料から見たその一生
杉浦　正著　幕末から明治にかけて活躍した日本近代の先駆者―ドクトル・ヘボンの和英辞書編纂に協力、わが国最初の新聞を発行、目薬の製造販売を生業としつつ各種の事業の先鞭をつけ、清国に渡り国際交流に大きな足跡を残すなど、謎に満ちた波乱の生涯を資料に基づいて克明にする。

▼440頁／定価5040円

20
グリーンティーとブラックティー
中英貿易史上の中国茶

矢沢利彦著　本書は一八世紀から一九世紀後半にかけて中英貿易で取引された中国茶の物語である。当時の文献を駆使して、産地・樹種・製造法・茶の種類や運搬経路まで知られざる英国茶史の原点をあますところなく分かりやすく説明する。

▼２６０頁／定価３３６０円

21
中国茶文化と日本

布目潮渢著

近年西安西郊の法門寺地下宮殿より唐代末期の大量の美術品・茶器が出土した。文献では知られていたが唐代の皇帝が茶を愛玩していたことが証明された。長い伝統をもつ茶文化―茶器について解説し、日本への伝来と影響についても豊富な図版をもって説明する。カラー口絵4葉付

▼３００頁／定価３９９０円

22
中国史書論攷

澤谷昭次著

先年急逝された元山口大学教授澤谷先生の遺稿約三〇篇を刊行。東大東洋文化研究所に勤務していた時「同研究所漢籍分類目録」編纂に従事した関係から漢籍書誌学に独自の境地を拓いた。また司馬遷「史記」の研究や現代中国の分析にも一家言を持つ。

▼５２０頁／定価６０９０円

23
中国史から世界史へ　谷川道雄論

奥崎裕司著　戦後日本の中国史論争は不充分なままに終息した。それは何故か。谷川氏への共感をもとに新たな世界史像を目ざす。

▼２１０頁／定価２６２５円

24
華僑・華人史研究の現在

飯島　渉編　「現状」「視座」「展望」について15人の専家が執筆する。従来の研究を整理し、今後の研究課題を展望することにより、日本の「華僑学」の構築を企図した。

▼３５０頁／定価２１００円

25
近代中国の人物群像
――パーソナリティー研究――

波多野善大著　激動の中国近現代史を著者独自の歴代人物の実態に迫る研究方法で重要人物の内側から分析する。

▼５３６頁／定価６０９０円

26
古代中国と皇帝祭祀

金子修一著

中国歴代皇帝の祭礼を整理・分析することにより、皇帝支配による国家制度の実態に迫る。

▼３４０頁／定価３９９０円　好評再版

27
中国歴史小説研究

小松　謙著

元代以降高度な発達を遂げた小説そのものを分析しつつ、それを取り巻く環境の変化をたどり、形成過程を解明し、白話文学の体系を描き出す。

▼３００頁／定価３４６５円

28
中国のユートピアと「均の理念」

山田勝芳著　中国学全般にわたってその特質を明らかにするキーワード、「均の理念」「太平」「ユートピア」に関わる諸問題を通時的に叙述。

▼２６０頁／定価３１５０円

29
陸賈『新語』の研究
福井重雅著

秦末漢初の学者、陸賈が著したとされる『新語』の真偽問題に焦点を当て、緻密な考証のもとに真実を追究する一書。付節では班彪『後伝』・蔡邕『独断』・漢代対策文書について述べる。

▼270頁／定価3150円

30
中国革命と日本・アジア

寺廣映雄著　前著『中国革命の史的展開』に続く第二論文集。全体は三部構成で、辛亥革命と孫文、西安事変と朝鮮独立運動、近代日本とアジアについて、著者独自の視点で分かりやすく俯瞰する。

▼250頁／定価3150円

31
老子の人と思想
楠山春樹著

『史記』老子伝をはじめとして、郭店本『老子』を比較検討しつつ、人間老子と書物『老子』を総括する。

▼200頁／定価2625円

32
中国砲艦『中山艦』の生涯

横山宏章著　長崎で誕生した中山艦の数奇な運命が、中国の激しく動いた歴史そのものを映し出す。

▼260頁／定価3150円

33
中国のアルバ―系譜の詩学

川合康三著　「作品を系譜のなかに置いてみると、よりよく理解できるように思われます」（あとがきより）。壮大な文学空間をいかに把握するかに挑む著者の意欲作六篇。

▼250頁／定価3150円

34
明治の碩学
三浦　叶著

著者が直接・間接に取材した明治文人の人となり、作品等についての聞き書きをまとめた一冊。今日では得難い明治詩話の数々である。

▼380頁／定価4515円

35
明代長城の群像
川越泰博著

明代の万里の長城は、中国とモンゴルを隔てる分水嶺であると同時に、内と外とを繋ぐアリーナ（舞台）でもあった。そこを往来する人々を描くことによって異民族・異文化の諸相を解明しようとする。

▼240頁／定価3150円

36
宋代庶民の女たち
柳田節子著

「宋代女子の財産権」からスタートした著者の女性史研究をたどり、その視点をあらためて問う。女性史研究の草分けによる記念碑的論集。

▼240頁／定価3150円

37
鄭氏台湾史――鄭成功三代の興亡実紀

林田芳雄著　日中混血の快男子鄭成功三代の史実―明末には忠臣・豪傑と崇められ、清代には海寇・逆賊と貶され、民国以降は民族の英雄と祭り上げられ、二三年間の台湾王国を築いた波瀾万丈の物語を一次史料をもとに台湾史の視点より描き出す。

▼330頁／定価3990円

38
中国民主化運動の歩み
――「党の指導」に抗して――

平野　正著　本書は、中国の民主化運動の過程を「党の指導」との関係で明らかにしたもので、解放直前から八〇年代までの中共の「指導」に対抗する人民大衆の民主化運動を実証的に明らかにし、加えて「中国社会主義」の特徴を概括的に論ずる。

▼264頁／定価3150円

39

中国の文章——ジャンルによる文学史

褚斌杰著／福井佳夫訳　中国における文学の種類・形態・様式である「ジャンル」の特徴を、各時代の作品に具体例をとり詳細に解説する。本書は褚斌杰著『中国古代文体概論』の日本語訳である。

▼340頁／定価4200円

40

図説中国印刷史

米山寅太郎著

静嘉堂文庫文庫長である著者が、静嘉堂文庫に蔵される貴重書を主として日本国内のみならずイギリス・中国・台湾など各地から善本の図版を集め、「見て知る中国印刷の歴史」を実現させたものである。印刷技術の発達とともに世に現れた書誌学上の用語についても解説する。

▼カラー8頁／320頁／定価3675円

41

東方文化事業の歴史

——昭和前期における日中文化交流——

山根幸夫著　義和団賠償金を基金として始められた一連の事業は、高い理想を歌いながら、実態は日本の国力を反映した「対支」というおかしなものからスタートしているのであった。著者独自の切り口で迫る。

▼260頁／定価3150円

42

竹簡が語る古代中国思想

——上博楚簡研究——

浅野裕一編（執筆者＝浅野裕一・湯浅邦弘・福田哲之・竹田健二）

これまでの古代中国思想史を大きく書き替える可能性を秘めている上海博物館蔵の〈上博楚簡〉は何を語るのか。

▼290頁／定価3675円

●命名以前の老子と『老子』を索めて

43

『老子』考索

澤田多喜男著

【まえがきより】　新たに出土資料と現行本『老子』との比較検討をするとともに、現存諸文献を精査することによって、〈老子〉なる名称の書籍は漢代のある時期から認められる。少なくとも現時點では、それ以前には、出土資料にも〈老子〉なる名称の書籍はなかったことが明らかになった。……

【内容目次】

まえがき
老子——人物と書籍
帛書『老子』考——書名〈老子〉成立過程初探——
馬王堆漢墓出土の帛書《德篇》《道篇》考
——原初的『老子』試探——
『莊子』所見老耼考
馬王堆漢墓帛書續考——主として乙本の文脈において見た——
帛書『古佚書』乙本考
帛書『老子』から見た王弼所注本『老子』原本攷
郭店竹簡『老子』から見た『老子』の分章
郭店本『老子』攷（一）
郭店本『老子』攷（二）
『老子』の思想の基本的特徴について
——地上的なるもの・女性的なるものの重視——
『老子』王弼注考察一班
あとがき／索　引

▼440頁／定価5250円